北京市教委“北京地区高校科技发展报告”项目资助
北京知识管理研究基地项目

金融学科核心课程系列教材

保 险 学

徐 颖 王建梅 徐弥榆/编著

经济科学出版社

图书在版编目（CIP）数据

保险学/徐颖，王建梅，徐弥榆编著．—北京：经济科学出版社，2011.9
金融学科核心课程系列教材
ISBN 978－7－5141－0959－7

Ⅰ.①保… Ⅱ.①徐… ②王… ③徐… Ⅲ.①保险学－高等学校－教材 Ⅳ.①F840

中国版本图书馆 CIP 数据核字（2011）第 167617 号

责任编辑：卢元孝
责任校对：王肖楠
版式设计：齐　杰
技术编辑：王世伟

保　险　学
徐　颖　王建梅　徐弥榆/编著
经济科学出版社出版、发行　新华书店经销
社址：北京市海淀区阜成路甲 28 号　邮编：100142
总编部电话：88191217　发行部电话：88191540
网址：www.esp.com.cn
电子邮件：esp@esp.com.cn
北京欣舒印务有限公司印刷
永明装订厂装订
787×1092　16 开　21 印张　380000 字
2011 年 9 月第 1 版　2011 年 9 月第 1 次印刷
ISBN 978－7－5141－0959－7　定价：29.00 元
（图书出现印装问题，本社负责调换）

编委会名单

总 序

随着经济一体化与金融全球化的发展，我国金融改革从2007年以来呈现出快速发展的势头，步伐不断加快。因此，现有的金融类教材大都一定程度地存在着金融理论知识滞后于金融改革现实的问题，迫切需要更新，添加近三年金融改革的最新内容。因而，北京信息科技大学经管学院财务投资系教师经过三年多的打磨与研究，着手编写这套金融学科核心课程系列教材。系列教材共包含《金融学》、《国际金融》、《商业银行经营学》、《证券投资学》、《保险学》、《财政与金融学》、《中央银行学》、《金融工程学》等8本。

本系列教材严格按照教育部关于普通高等院校金融学科教学基本要求编写，以培养应用型经济与金融人才为原则，以在保证基础理论知识系统性的基础上进一步提升系列教材的实用性和针对性为宗旨。本系列教材具有三方面的特色：

第一，优化金融学科核心课程结构，减少教材之间的重复。本教材力求改变现有教材涉猎内容过多的现状，减少相近教材内容上的交叉和重复。如，《金融学》中，不再涉及国际金融中的汇率和国际收支方面内容，不再讲授证券投资学中的资产定价内容，不再涉猎金融工程学中金融创新的内容，不再介绍发展经济学中金融深化和金融抑制等内容。在有限的学时内，使教学内容更加突出和明确，从而优化了课程结构，提升教学的针对性，使教材更加具有实用性。

第二，为了培养应用型经济、金融人才，添加了金融改革实践的最新内容，其中，重点添加了近三年我国金融改革实践的新内容，同时添加了国际金融业监督管理机构对银行业、证券业、保险业监管的最新要求，并且结合国际、国内金融改革的实践，添加了相应的金融案例分析。

第三，力求理论基础知识与金融实践相结合。主要是三个方面：一是将金融学科专业基础知识的传授与金融从业人员资格考试及金融机构招聘等各类考试的介绍进行适当的结合。即在每一章节相应的知识点处添加了银行从业人员资格考试、证券基金从业人员资格考试、期货人员资格考试内容。添加了经济师考试两门课程——“经济基础知识”和“金融专业知识与实务”的相关内容。二是本学科教学改革的成果与教学内容相结合。三是面对面单纯讲授与金融模拟交易实训及上机实验活动相结合。

教材的最终成果可能会与编写宗旨存在差距，而且也可能存在不足甚至舛误。因此，我们以真诚的心，接受各位专家、学者、同行及使用者的批评与指教，以便我们今后不断完善和改进这一系列教材。

感谢编写委员会全体教师的辛勤劳动，并将此系列教材真诚地献给使用它们的学生们！

北京信息科技大学经管学院

葛新权

2010 年 7 月

前 言

本教材是在广泛吸收已有教材优秀成果的基础上编写而成的，以财经类本科生必须掌握的保险核心知识为主线，阐述了商业保险的理论和实务。由于篇幅所限，没有介绍社会保险和政策保险。

本教材的主要特点是：

1. 内容新颖，注重理论联系实际。本教材严格依据新修订的《中华人民共和国保险法》和相关法律编写，本着循序渐进、由浅入深、重点突出的编写理念，围绕保险原理与实务的基本要求来设计课程体系和教学内容。理论阐述与实例分析相结合，一般阐述与重点分析相结合，力求全面、系统地介绍保险学的基本概念、基本知识、基本原理、基本方法，在此基础上辅以相关的法律条文和最新的保险信息资讯，通过大量案例分析，来提高读者的理论水平和对实际问题的分析判断能力。

2. 突出实用性，适合本科教学。本教材在保证完整地介绍保险学基本原理的前提下，侧重于对理论的理解、运用和实际操作，加大案例分析的比重，每章都有阅读材料或与之匹配的案例综述，充分体现了“厚基础、宽口径”的本科教学理念，以提高学生概括、分析和解决问题的能力。

3. 结构完整，编写体例新颖。本教材的主要内容既包括风险和保险、保险的本质、保险合同、保险原则等基本原理，又包括保险险种、保险经营等实务操作，以及保险市场、保险监管等内容。每一章的内容通过本章概要、学习要求、基本理论与原理（包括专题介绍和案例分析）、本章小结、重要概念以及思考与练习等部分展现出来，循序渐进，深入浅出，以提高学生的学习兴趣。

本书适合作为财经类高等院校的金融、保险等专业的教材，也适合作为经济管理类高等院校的非保险专业，包括经济学、社会保障、投资理财等专业的教材，以及商业保险、社会保险、保险中介、银行保险、投资理财等从业人员和政府官员学习的参考书，还可以作为有一定文化基础的社会公民普及保险知识的学习用书。

本教材共分为4编14章，第一编为保险理论基础，包括风险与保险、保险原理、保险合同、保险的基本原则等四章内容；第二编为保险分类业务，包括财产损失保险、其他财产保险、人身保险、再保险等四章内容；第三编为保险经营实务，包括保险精算、保险营销、保险的承保与理赔、保险投资等四章内容；第四编为保险市场与保险监管。各部分的教学时数大致需要为：第一编20课时，第二编16课时，第三编12课时，第四编8课时。各类学生可根据本专业的情况做出取舍。

本教材由徐颖、王建梅、徐弥榆编写。徐颖负责编写第一、二、三、四、十三、十四章，王建梅负责编写第五、六、七、八章，徐弥榆负责编写第九、十、十一、十二章。徐颖负责大纲修订及全书统稿。

本教材直接或间接引用了一些保险学专家的优秀成果，在此由衷地表示感谢，具体篇目在参考文献上列出。同时，本书的出版得到了北京信息科技大学经管学院院长葛新权教授、财务投资系副主任徐文彬教授的帮助，在此一并表示感谢。

由于编者水平有限，加之时间仓促，本教材难免存在不足和缺陷，敬请专家、读者提出批评，以利改进和提高。

编 者

2011年7月8日

目　录

第一编　保险理论基础

第二编 保险主要分类业务

第三编　保险经营实务

第一编

保险理论基础

第一章　风险与保险

本章概要

“天有不测风云，人有旦夕祸福。”风险是客观存在的，而且总与损失相联系。如何有效地防范和化解风险、管理风险是社会发展必须解决的重要问题。本章首先阐述风险的内涵和外延，归纳风险的本质特征；然后阐明风险的构成要素及分类；最后引入风险管理的相关概念，介绍风险管理的基本方法，理顺风险与保险及风险管理之间的关系。

学习要求

1. 掌握风险的含义及风险的本质特征。
2. 了解风险的分类。
3. 理解风险管理的基本方法和主要程序。
4. 掌握可保风险的构成要件。

引　言

我国是世界上自然灾害最严重的国家之一，灾害种类多，发生频率高，分布地域广，损失金额大。据民政部事业发展统计公告，因自然灾害引发的各项风险损失，近十年来每年都维持在2 000亿元左右。而我们所面对的风险，除了天灾，还有人祸，每个人都面临着生、老、病、死、伤、残等人身风险，这些风险时时威胁着人们的生命、财富和健康。由此，了解风险的客观特性，掌握风险管理的办法，对防止损失发生、减少损失后果具有重要意义。

第一节 风险概述

一、风险的含义

随着人口增长以及物质财富的急剧增加，全球气候和生活环境也在发生着巨大的变化，人类正面临着比以往任何时候都要多的灾难与不幸：2006 年 7 月 17 日，印度尼西亚爪哇岛南部的印度洋海域发生强烈地震并引发海啸，至少 668 人死亡，1 438 人受伤，287 人失踪，74 100 人无家可归；2008 年 5 月中国汶川地震，房屋倒塌 779 万间，遇难人数 8 万多人；2010 年 8 月甘肃舟曲暴发特大山洪泥石流，1 254 人遇难，2 000 多人失踪。

这些自然灾难和意外事故，何时何地发生，致害何人，能够带来多大程度的损失，是无法预知的，即风险事故的发生是不确定的，或者说，风险一般与损失相联系，是引致损失事件发生的一种可能性。抽象出风险的定义，那就是，风险是一种客观存在的、损失的发生具有不确定性的状态。

二、风险的特征

（一）风险的客观性

风险的存在不以人的意志为转移，无论人们有没有意识到风险，风险作为引致损失发生的潜在因素，其存在独立于人的意识之外。例如，地震、海啸、洪水、台风等自然风险的发生，并不因人类是否了解、能否预测而改变；再如，随着科学技术的发展，以前不为人知的一些风险因素逐渐被人们所认识，但这不表示在被人们认识之前风险不存在。人们的主观努力只能在一定的时间和空间内改变风险存在和发生的条件，一定程度上降低风险发生的频率和损失程度，但是从总体上说，风险是不可能彻底消除的。

（二）风险的广泛性

风险不仅是客观存在的，而且是普遍存在的，或者说无处不在，无时不有。灾难事故一直与人类改造自然和各项社会活动相伴随，如自然灾害、意外事故、疾病、死亡、战争、瘟疫等，对人类的财产、生命、健康造成威胁，形成了各种风险。而且，这些风险随着生产力的提高和社会的进步，不但随时产生新的风险，而且风险事故造成的损失也越来越大。各式各样的风险已经渗入到社会、企业和个人生产、生活的方方面面，如国家面临政治风险，企业面临市场风险、技术风险，个人面临意外伤害、生老病死等风险。

（三）风险的不确定性

风险是客观存在的，但风险的发生却是不确定的，也就是说，当人们对风险因素所造成的后果不能确切预测的时候，不确定性便产生了。

不确定性在客观上的存在，有两个层次。

第一，主观的不确定性。风险是客观存在的，但是由于人类总体上的认知能力不足，无法准确预测损失是否发生、何时发生、何时发生以及损失发生的程度。例如，一个地区在一段时间内是否发生地震，从客观上说是确定的，但由于我们预测地震的仪器和技术水平还达不到准确预测的要求，因此地震的发生具有不确定性。

第二，客观的不确定性。人们对风险已经足够的认识，虽然采用了成熟的测量技术和评估手段，但由于天气、环境或其他社会因素的变化，导致实际结果与预期结果之间产生离差。例如，发射卫星时，科学家对气象、轨道、发射条件做了周密的调查和安排，对可能发生的一切风险采取了严密的防范措施，但是，由于某些条件的变化仍然会导致发射失败的可能。

（四）风险的可测性

风险具有不确定性，但并不是说风险是不可测的，相反，人们根据以往损失发生的记录，可以发现风险发生的规律性，利用概率论和数理统计的方法可以测算出风险事故发生的概率及其损失程度，通过构造损失分布模型，进行风险评估和损失预测。也就是说，人们对大量风险事故运用统计方法，可以准确地反映风险的规律特征。例如，死亡对个体来说是偶然的不幸事件，但是经过对某一地区各年龄段人们死亡率的长期观察统计，可以准确地编制出该地区的生命表，从而测算出各年龄段人们的死亡率。正是风险的可测性，为保险费率的厘定奠定了科学基础。

三、风险的构成要素

（一）风险因素

风险因素是指引起风险事故发生或增大风险事故发生的机会或扩大损失程度

的条件。风险因素是导致损失发生的潜在原因或内在原因。构成风险因素的条件越多，损失发生的可能性就越大。风险因素可以分为三种类型。

1. 实质风险因素。有的教材也称为有形风险因素，是指导致损失发生的物质的或有形的因素，即某些标的本身所具有能够引起损失或增加损失机会或扩大损失程度的客观原因，这些风险因素与人的主观意识或心理状况没有关系。例如，机器设备存在固有缺陷导致自燃，地壳异常变化导致地震、汽车刹车系统失灵导致撞车、农产品保存之前水分过大导致霉变等。

2. 道德风险因素。该风险因素与人的道德品质有关系，属于无形风险因素。是指人们由于主观上存在故意欺诈、隐瞒或其他不良企图，故意制造风险事故的恶意行为导致了损失的产生或损失程度的扩大。道德风险主要与个人的不诚实、不正直有关，由于主观上存在故意破坏的动机导致了社会财富的损毁和灭失以及人身伤亡事故的产生。在保险领域，道德风险主要表现为投保人利用保险谋取不正当利益，如制造虚假保险赔案，虚报保险财产价值等。

3. 行为风险因素。行为风险是指由于人们在行为上的粗心大意或漠不关心，导致了损失的发生或导致了损失的扩大。行为风险也属于无形风险，但不同于道德风险，行为风险只是人们在思想上麻痹大意，但主观上并不存在不良的企图和作恶的动机，其行为后果并不是其主观上故意的结果。例如，外出不锁门增加了盗窃的可能性；驾驶车辆不系安全带增加了车祸后伤亡的可能性等。

（二）风险事故

风险事故又称风险事件，是造成财产损失和人身伤亡的直接原因，或者说，风险事故直接导致了损失的发生。例如，地壳的异常变化引起了地震，地震直接导致了房屋坍塌和人员死亡，其中，地壳的异常变化是风险因素，地震是风险事故。如果只有地壳变化而没有地震，就不会有财产损失。风险事故意味着把可能导致损失的潜在风险因素变成了现实的结果。不过，风险因素和风险事故的区分并不是绝对的，例如，雷电直接作用在人身上导致人死亡，则雷电属于风险事故；如果由于雷电引起火灾，进而导致人死亡，则雷电属于风险因素，火灾属于风险事故。

（三）损失

保险学中的损失一般指的是非故意的、非计划的和非预期的经济价值的灭失或减少，它包含两层含义：一是“非故意的、非计划的和非预期的”，即突然遭受的损失，而不是有计划的价值减少，如自然折旧，不属于损失；二是经济价值的减少，即损失必须能够用货币来衡量，精神损失不能用经济方法来测算，不符合条件。损失分为直接损失和间接损失。直接损失是实质的、直接的损失，间接损失是由直接损失进一步引发的或带来的无形损失，包括额外费用损失、收入损失和责任损失等。例如，火灾导致了厂房、机器设备烧毁，进而停工停产导致了收入损失，这里，厂房、机器设备烧毁属于直接损失，收入损失属于间接损失。

（四）三者的关系

风险由风险因素、风险事故和损失共同构成，缺一不可。风险因素是引发风险事故的隐患，风险因素在一定的内在或外在条件下导致了风险事故的发生，而风险事故的发生直接导致了损失的后果。

四、风险的分类

按照不同的分类方法，风险可以有很多种分类。按照风险的性质分类，可以分为纯粹风险和投机风险；按照风险的影响程度分类，可以分为基本风险和特定风险；按照风险的损害对象分类，可以分为财产风险、人身风险、责任风险和信用风险。

（一）按风险的性质分类

1. 纯粹风险

纯粹风险是指只有损失机会而无获利可能的风险，其导致的结果只有两种，即有损失和无损失，而没有获利的可能。纯粹风险的发生，意味着社会财富的净损失，如自然灾害和意外事故以及人的生老病死等。纯粹风险的发生有一定的规律性，可以通过统计方法加以测算。纯粹风险有如下几个特点：（1）所造成的损失数额巨大。（2）可以通过采取措施来降低损失频率或减小损失程度。（3）可以通过购买保险来降低风险。不过，并不是所有的纯粹风险都是可保风险。

2. 投机风险

投机风险是既有损失机会又有获利可能的风险，其后果有三种：损失、无损失和获利。相对纯粹风险而言，投机风险多了获利的可能性，如买卖股票、商业投机等属于投机风险。投机风险的发生，并不一定表示社会财富的损失，往往是社会财富的转移，如股票交易中财富在买卖双方之间发生再分配，一方的盈利往往是交易方的损失，因此，投机风险不能通过购买保险的方式转移风险，风险损失后果一般由个体自己承担。

（二）按风险的影响程度分类

1. 基本风险

基本风险是指风险的涉及范围广，损失程度大，个人对风险的发生不能施加影响，也无力防范，即非个人所能防止、控制的风险。如失业、战争、地震等属于基本风险。这类风险影响的不仅仅是个人，往往是一群人甚至整个人类社会。由于基本风险个人无法控制和防范，而且其产生的根源一般与个人因素无关，因此基本风险的损失后果一般不应由个人承担，而且个人也无力承担。

2. 特定风险

特定风险，是指风险产生的后果只影响特定的个人或组织，其风险后果相应地由个人或组织承担。例如，个人出行遇到天灾人祸，或发生意外事故，其损失后果由本人负责。特定风险通常被认为在个人责任范围内，风险的防范或化解一般可以通过保险、防损和其他风险管理手段来应对。

（三）按风险的损害对象分类

1. 财产风险

财产风险是指由于自然灾害或意外事故导致有形的财产遭受损毁、灭失或贬值的风险，财产风险产生的后果是有形财产的直接损失从而使财产的利益相关者遭受经济损失。例如，房屋遭受地震损毁，船舶受到海啸袭击沉没，运输中的货物遭受雷击发生火灾等，这些风险事故使财产的所有权人（使用权人）受到经济损失，直接或间接减少了其经济利益。

2. 人身风险

人身风险是指由于人的生老病死等自然规律及各种灾害事故、意外事件等导致人的生命、身体、健康受到损失，如因意外伤残导致丧失劳动能力和生活来源，年老退休孤苦无依，疾病缠身导致巨额医疗费用等，这些人身风险都会引起个人或家庭的经济收入减少或支出增加，从而引起本人或其直系亲属的生活困难。

3. 责任风险

责任风险是由于人们的过失、疏忽或侵权行为造成他人的人身伤害或财产损失，按照法律规定必须承担的经济赔偿责任。责任风险的大小与一国法律的完备性和法律的执行力有关，法律越完备，执行力越强，这种侵权的民事赔偿责任风险越大。与财产风险或人身风险相比，责任风险较为复杂而且难于控制，尤其是一些专业技术人员，如医师、律师、会计师等职业的责任风险为甚。

4. 信用风险

信用风险，又称违约风险，是指交易对手未能履行约定契约中的义务而造成经济损失的风险，即受信人不能履行约定的义务，而使授信人的预期收益与实际收益发生偏离的可能性。

专栏1.1 中国近50年的重大自然灾害

1950年7月，淮河大水。由于泥沙淤积，河床高涨，淮河流域全面告急，河南、皖北许多地方一片汪洋，水灾淹没土地3 400余万亩，灾民1 300万。

1954年7月，长江、淮河大水。汉口长江水位高达29.73米，较历史最高水位的1931年高出14.5米，淹没农田4 755万亩，1 888万人受灾，财产损失在100亿元以上。

1963年8月，海河大水。8月上旬河北省连续7天下了5场暴雨，淹没104个县市7 294多万亩耕地，2 200余万人受灾，直接经济损失达60亿元。

1966年3月8日，邢台地震。死亡8 182人，受伤51 395人，倒塌房屋508万间。

1970年1月5日，通海地震。死亡15 621人，受伤26 783人，倒塌房屋338 456间。

1975年8月，河南大水。7 503号台风在福建登陆，造成特大洪水，毁房断路，人畜溺毙，直接经济损失100亿元。

1976年7月28日，唐山地震。死亡24.2万人，重伤16.4万人，倒塌房屋530万间，直接经济损失100亿元以上。

1978－1983年，北方连续大旱。1978年，全国受灾6.03亿亩，成灾2.69亿亩；1980年全国受旱3.92亿亩，成灾1.87亿亩；1981年全国受旱3.85亿亩，成灾1.82亿亩；1982年全国受旱3.11亿亩，成灾1.5亿亩；1983年全国受旱2.41亿亩，成灾1.44亿亩。

1985年8月，辽河大水。8 507、8 508、8 509号台风袭击东北地区，致使60多个市、县，1 200多万人，6 000多万亩农田和大批工矿企业遭受特大洪水袭击，死亡230人，直接经济损失47亿元，东北三省减产粮食100亿斤。

1998年夏天，全国性特大洪水。29个省（自治区、直辖市）遭受了不同程度的洪涝灾害。农田受灾面积2 229万公顷（3.34亿亩），成灾面积1 378万公顷（2.07亿亩），死亡4 150人，倒塌房屋685万间，直接经济损失2 551亿元。

2003 年春夏"非典"流行。中国内地累计病例 5 327 例，死亡 349 人；中国香港 1 755 例，死亡 300 人；中国台湾 665 例，死亡 180 人。

2008 年南方雪灾。低温雨雪冰冻灾害已造成 107 人死亡，8 人失踪，因雪灾直接经济损失 1 111 亿元。

2008 年 5 月 12 日，四川省汶川县发生里氏八级地震。这次地震灾区总面积约 50 万平方公里，69 227 人遇难，374 643 人受伤，17 923 人失踪。

2010 年上半年，全国自然灾害受灾人口 2.5 亿人（次），因灾死亡 3 514 人，失踪 486 人，紧急转移安置人口 644 万人（次）；农作物受灾面积 2 029.4 万公顷，其中绝收面积 304.6 万公顷；倒塌房屋 90.7 万间，损坏房屋 301.4 万间；因灾直接经济损失 2 113.9 亿元。

资料来源：http：//www.sina.com.cn。

第二节 风险的管理方法和管理流程

风险管理是经济单位通过对风险的识别、衡量、评价，采用合理的经济和技术手段，对风险实施有效的处理，以最小的成本获得最大安全保障的管理过程。简单的风险管理自人类社会有史以来就存在，但是系统的、专门的风险管理方法，是随着机器大工业的产生而产生，作为一门新兴学科，20 世纪 50 年代才在美国兴起，此后，迅速成为企业现代化经营管理中的一个重要组成部分。

风险管理方法是人们在风险识别、风险评估的基础上，针对具体风险所采取的控制、防范、化解、转移风险的技术措施。一般而言，常见的风险管理方法有两种：风险控制和风险融资。

一、风险管理的主要方法——风险控制

风险控制方法是指通过采取物理的、技术的风险管理方法，避免损失发生、消除和减少损失发生的机会、减轻已发生风险损失的后果或限制损失继续扩大，降低损失程度。

（一）风险回避

风险回避是一种消极的风险管理方法，通过放弃某项有风险的活动以防止风险事故的发生，虽然消极，但它却是一种简单易行的风险管理方法。适用这种方

法需要满足一定的条件。

1. 风险回避适用的条件

（1）某种特定风险所导致的损失概率和损失程度相当大。

（2）应用其他风险处理技术的成本超过其产生的效益。

专栏 1.2　风险管理的成本与收益

一家著名的化学品制造公司曾经计划在某一个小镇周围的农村地区进行一系列的试验。在准备试验的过程中，研究人员发现，他们的试验可能对该地区的财产造成巨大的损失。公司的风险经理受命为这种可能的损失购买保险，但是几乎没有一家保险公司愿意为其承保，而且保险公司索要的保费远远超过了公司愿意支付的范围，最后，不得已化学品公司决定终止原计划的试验。这个例子说明当处理风险的成本大于其产生的收益时，企业会完全放弃这个计划。

资料来源：段文军：《保险学概论》，西南财经大学出版社 2009 年版。

2. 风险回避的局限性

（1）回避了风险，同时也放弃了收益的可能

风险与收益相伴而生，任何一项经济活动几乎都与风险相联系，如果避免了风险，也意味着同时放弃了可能的收益。如为避免股票投资的风险，在回避投资的同时，也失去了股票高额投资回报的机会。

（2）许多风险无法回避

并非所有的风险都可以回避或应该回避，在许多情况下，回避风险并不可行。例如，人的生老病死风险无法回避，再如，为避免车祸风险就不敢出门或拒绝乘车，这种方式是不可取的，也是不可行的，因为有些事情必需要做，只要做就有相应的风险，因此，有时风险回避不具有可行性。

（3）回避一种风险的同时产生另外一种风险

风险回避的方法许多情况下不能消除所有风险，到达目标的路径很多，每一种路径都有相应的风险，回避了这种路径的风险，可能面临着另一种路径的风险。例如，从上海去天津，可以走水路、陆路或航空。如果为了避免飞机失事的风险，采取火车或轮船等交通工具，同样面临着该种交通工具发生事故的风险。

（二）风险隔离

风险隔离分为风险的分割和复制，分割又要分为分隔和分散。分隔就是将经济单位面临损失的风险单位分离，而不是把他们集中在都可能遭受同样损失的同

一个地点，也就是俗话所说的“不要把鸡蛋放在一个篮子里”。分散就是通过加大风险单位的数量，将特定风险在更大的样本空间里进行分散，以此来减少经济单位的损失。复制是指设置一份与原经济单位相同的物资或设备作为备份，这些复制品只有在原资产或设备被损坏的情况下才可以被使用。

分割和复制的特点：

1. 分割和复制的目的并不是力图减少风险单位本身损失的严重性，而是减少总体损失的程度。

2. 分割和复制减少的是一次独立风险事故的损失，但是同时增加了风险单位。

3. 分割风险单位能不能减少平均预期损失，更大程度上取决于分割风险单位减少损失程度是否比降低风险事故或损失发生概率在经济上更有可行性。

（三）风险防控

风险防控是指企业对不愿放弃也不愿意或不能转移的风险，通过降低损失发生概率或损失的严重程度来降低损失期望成本的各种控制技术或方法。这种风险管理方法对防止风险发生和减轻风险损失后果较为有效，主要包括风险预防和风险抑制两种方法。

1. 风险预防

风险预防是指在风险损失发生以前消除或减少可能引发损失的各种潜在风险因素，即通过对风险的事前分析采取预防措施，防止风险的发生。风险预防的目的在于减少损失发生的可能性，降低损失发生的概率。风险预防一般可以采取以下措施：工程物理法，如设计建筑防火结构，设置房屋、设备防盗装置等；行为教育法，如消防教育、职业安全教育等；程序规范法，如制定汽车年检规范、进行消防安全检查等。风险预防方法在人们的生产生活中占有重要的地位，多数风险通过采取事前防范，大部分可以得到有效的控制，如，通过改造煤矿井下通风安全设备，可以大大减少煤矿瓦斯爆炸惨剧的发生；兴修水利、防沙造林可以大大减少水灾洪灾造成的巨额损失。

2. 风险抑制

风险抑制是指风险事故发生时或发生以后采取补救措施防止损失继续扩大的风险管理方法。风险抑制是对付风险的有效技术，与风险预防的作用和地位相似：风险预防是事前防止损失发生，风险抑制是事后减少损失的灾害后果。例如，在建筑物上安装火灾警报系统和火灾自动喷淋系统，可以减轻火灾损失的程度，防止损失进一步扩大；再如，轮船上安装救生艇，飞机上安装降落伞，汽车上安装安全气囊等，都是有效的风险抑制措施。

二、风险管理的主要方法——风险融资

风险融资方法属于财务型风险管理方式，是指通过事先的财务安排筹集或预提资金，在损失发生后由预留的资金来弥补经济损失的后果。

（一）风险自留

风险自留，又叫风险自担，是指经济单位或个人通过提前筹措资金的方法，承担风险事故损失的一种风险管理方法。其实质在于，当风险事故发生并造成一定的损失之后，经济单位通过内部资金的融资来弥补所遭受的损失。这种方法一般是由于经济单位没有其他选择，或者对风险认识不足，或者认为损失不大自己可以承担，或者认为自担风险后果经济上较为可行，而采取的自担风险管理方式。风险自留按性质分类可以分为主动自留和被动自留。前者是经过风险分析和成本权衡，认为自担风险在经济上有可行性，如家庭储蓄以备养老和医疗，企业留有后备资金等；后者是指那些无法转移或分散的风险被迫由自己承担，如车辆保险免赔额以内的风险损失，只能由被保险人自己承担。

1. 风险自留的适用条件

风险自留的可行程度取决于损失预测的准确性和补偿损失的适当安排，也就是说，风险自留这种管理方式的使用需要满足一定的条件：

（1）风险所致损失频率和幅度低；

（2）损失短期内可预测；

（3）最大损失不影响企业或单位的财务稳定。

但是，由于人们往往对风险的严重性估计不足，或对风险的损失程度预测不准确，在发生特大灾难时由于储备的资金不足无法弥补风险损失而陷入困境；或者过高地估测风险损失，预留超额的风险资金，结果挤占了资金降低了资金使用的效率。

2. 风险自留的主要措施

（1）将损失计入经营成本。是指在风险事故发生时，经济单位把意外的损失计入当期损益，即吸收于短期的现金流通之中。

（2）建立意外损失基金。又称自保基金或应急基金，是经济单位基于对所面临风险的识别和衡量，并根据其本身的财务能力，预先提取，用以补偿风险事故所致损失的一种基金。

（3）贷款用以补偿风险损失。在风险事故发生后，经济单位通过借贷筹借资金以补偿风险事故所造成损失。

（二）风险转移

风险转移是指通过合同安排、签订免责协议、套期保值、购买保险等方式，将风险从一个主体转移到另一个主体。在风险不能回避、没有专业能力防范和控制的情况下，风险转移是处理风险的一种较为有效的方式，实践中应用的范围非常广泛。

1. 风险转移的两种方式

（1）保险转移，是指经济单位利用购买保险的方式将风险转移给保险公司。这种风险管理方式应用范围最广，最为普遍。一般来说，对于损失频率低、损失程度大的风险，较适合采用购买保险的方式，如火灾、意外事故、自然灾害等。

（2）非保险转移，是指经济单位利用除保险方式以外的方式将风险转移给他人，如安排担保协议，免责条款等。非保险转嫁具有灵活、费用较低等优点，但也有其局限性：在非保险转嫁中，由于不存在大量风险单位的集合，因而无法合理地均摊损失，使接受转嫁者面临巨大风险；而且因接受转嫁者承担风险能力的限制，使这种转嫁不具稳定性，保障程度不高；转嫁方可能需要支付比保险费更高的合同纠纷诉讼费用。

非保险转移风险管理的主要方式有：免责条款，是指合同的一方通过合同条款，对可能发生的对他人人身伤害和财产损失的责任转移给另一方承担；保证，是指由保证人对被保证人因其行为不忠实或不履行某种明确的义务而导致权利人的损失予以赔偿的一种书面合同；公司化，是指企业通过发行股票，将企业经营的风险转移给多数股东承担。

2. 保险转移和非保险转移的关系

保险转移和非保险转移作为风险管理的两种方式，都属于财务型风险管理技术，但是二者之间还是有较大的区别：

（1）保险转移的受让人有意识地接受大量的风险单位，进行与之相关联的风险分析，非保险转移的受让人不能这样做。

（2）保险转移通过专门的契约保险合同来实现风险的转移。非保险转移是附属于其他的契约来完成风险的转移。

3. 风险的非保险转移适用的条件

财务型非保险转移方法所能处理的风险，既可以是纯粹风险，也可以是投机风险，这种方法所使用的对象比较广泛，而且，与保险转移相比，非保险转移的直接成本较低，所需费用一般低于购买保险的保险费。但是，非保险转移风险管理方式的实施需要满足一定的前提条件。

（1）转让人与受让人之间的损失必须能够明确的划分。

（2）受让人应当有能力并愿意承受适当的财务责任。

（3）这种方法对于转让人和受让人双方，应该都是有益的。

三、风险管理的主要流程

风险管理是一个科学的、连续的过程，它主要包括以下几个环节：建立风险管理目标，识别和衡量风险，分析和估算风险，选择风险管理技术，检查和评估风险。

（一）建立风险管理目标

风险管理的目标是选择最经济有效的方法使风险成本最小，即选择最小的管理成本获取最大的安全保障。不同的场合、不同的公司有不同的风险管理要求和目标，但一般来说，风险管理目标都应当包括减少和避免损失发生、降低损失发生的严重性、减少损失的进一步扩大，节约风险管理成本，减少人员遭受意外伤害，维持生产生活的持续性，减少社会财富的净损失等。简单说，就是损失发生前要避免、预防或减少损失发生；损失发生后尽量降低损失程度，通过修复损失尽快地恢复到损失前的状态。

风险管理目标一般包括损前目标和损后目标。

1. 损前目标

是指风险事故发生之前，风险管理应该达到的目标，它可以分为经济目标、安全系数目标、合法性目标和社会公众责任目标。

（1）经济目标：风险管理必须经济合理，只有这样，才可以保证其总目标的实现。

（2）安全系数目标：将风险控制在可以承受的范围内。

（3）合法性目标：企业不是独立于社会的个体，它受到各种各样法律规章的制约，企业必须对自己的每一项经营行为、每一份合同都加以合法性的审视。

（4）社会公众责任目标：当一个企业遭受损失时，受损的绝不仅仅是企业本身，还有它的股东、债权人、客户、消费者、劳动者，以及一切与之相关的人员和经济组织。

2. 损后目标

损后目标从最低的生存目标到最高的持续增长目标，风险管理成本也随之不断上升。

（1）生存目标：当企业发生重大损失后，它的首要目标就是生存，因为只要生存下去就能有恢复发展的希望。因此，损失后风险管理第一目标是生存。

（2）持续目标：持续经营活动是指不因为损失事件的发生而导致企业生产经营活动中断，企业的风险管理者应尽可能地在损失后保证生产经营的持续性。

（3）收益稳定目标：收益的稳定性可以帮助企业树立正常发展的良好形象，增强投资者的投资信心。

（4）发展的目标：企业只有不断地推出更新更高品质的产品，才能牢牢地吸引顾客，企业只有不断地开拓新市场，才能在市场占据领先地位。

（5）社会责任目标：企业及时有效的处理风险事故带来的损失，减少损失所产生的不利影响，可以减轻对国家经济的影响，保护与企业相关的人员和经济组织的利益，因而有利于企业承担社会责任，树立良好的社会形象。

（二）识别和衡量风险

风险识别是风险管理的基础，是指经济单位和个人对所面临的以及潜在的风险因素加以判断、归类，对风险的性质进行鉴定的过程。风险识别的主要目的是通过调查分析揭示可能发生风险的环节，挖掘潜在的风险因素，并对其影响后果加以定性估计。该过程包括两个环节：确定风险源，并对风险因素进行分类；分析风险和衡量风险，对风险因素进行初步量化。

常用的风险识别方法有：现场调查法、风险列举法、流程图分析法、事故分析法、投入产出分析法、保单对照法、财务报表分析法等。其中，流程图分析法，是将一个特殊活动过程连续生动地描述成一幅流程图，在辨别整个生产过程的关键工序后进行风险识别的方法；投入产出分析法，是通过分析企业内各部门之间和企业与外部之间的商品和服务流量的关系，来识别企业所面临风险的一种分析方法；事故分析法，是对可能发生损失的事故进行研究，并探究其原因和结果的一种方法。

风险识别方法如果单独使用都存在一定局限性：（1）任何一种方法不可能列出经济单位面临的全部风险，更不可能分析出导致风险事故的所有因素，因此必须根据经济单位的性质以及每种方法的用途将多种方法结合使用。（2）由于经费的限制和不断地增加工作会引起收益下降，风险管理人员必须根据实际条件选择效果最优的方法进行方法组合。(3) 风险识别是一个连续不断的过程，仅凭一两次调查分析不能解决问题，要经过多次识别才能获得较为准确的答案。

（三）分析和估算风险

风险识别以后，下一步的工作就是进行分析和估算，也就是在风险识别基础上，对风险采用定性和定量分析相结合的方法，估计和预测风险发生的概率、损失程度、分布状况和损失频率。这个环节主要包括以下几步骤。

1. 估测损失概率。即估测损失发生的可能性。

2. 估测损失程度。即估测损失发生后果的严重性。

3. 估测损失的波动程度。即估测预期结果和实际结果的偏差，波动性越大，损失的不确定性也越大，相应的，风险也越大。

（四）选择风险管理技术

风险测算出来以后，需要根据风险发生的概率、损失严重程度等因素，决定需要采取何种风险管理方法，也就是选择最优的方法组织实施风险管理，以达到风险成本的最小化。例如，对于能够回避的风险或者可以预防的风险，可以采取风险控制方法；对于风险管理成本太高的风险，可以采取购买保险的方法；也可以多种风险管理方法综合使用，以达到最优的安全保障效果。

（五）检查和评估风险

检查和评估风险是风险管理的最后一步，是指对风险管理技术的适用性和效果进行分析、检查、修正和评估。由于风险的性质具有可变性，人们的风险管理水平也具有阶段性，通过及时地检查和评估风险，发现工作中的错误和偏差，定期进行修正，不断地提高风险管理效益，降低风险管理成本。

专栏1.3 泥石流灾害敲响保险警钟，舟曲之殇谁安慰

从1998年的洪灾到2008年的南方低温雨雪冰冻灾害；从汶川大地震到2010年春季的西南五省大旱，入夏后的全国性的大洪灾，而今又在甘肃舟曲出现了历史上最大的一次泥石流灾害，一系列触目惊心的自然灾害不仅敲响了环境保护的警钟，也使巨灾险建设再度成为社会关注的焦点。

2010年8月7日晚至8日凌晨，甘肃省甘南州舟曲县发生强降雨引发泥石流灾害，舟曲县城部分被淹。截至8日21时25分，甘肃舟曲县特大泥石流灾害已

造成1 294人失踪，发现127具遗体，受伤群众117人，重伤住院29人。

在重大自然灾害发生之后，保险公司往往成为媒体聚焦的重点之一。但是，“从风险的角度来看，在应对自然灾害中，只有保险是远远不够的”。美国法特瑞互助保险公司全球副总裁丹尼斯·贝斯特表示，企业的整个风险就如一座冰山，商业保险只能涵盖水面上的冰山一角，而深藏在水中的大部分却无法得到保障，这些包括市场份额损失、公司声誉等。

“从风险管理来说，巨灾防损一般有三个环节，第一是风险识别，第二是风险化解降低，第三是风险转移和分摊。”丹尼斯·贝斯特表示，一般保险公司主要处理的是风险的转移和分摊，也就是所谓的剩余风险。但是如果缺乏风险管理的前面两个环节，就会导致最后的剩余风险很高；反之，如果能够重视前面两个环节，提前做好风险识别，最大限度化解、降低风险，最后再采用保险的手段来转移、分摊风险，这将使得剩余风险大大降低。

资料来源：http：//money. eefoo. com。

第三节　风险与保险

风险、风险管理与保险之间的关系十分密切。

一、风险与保险的关系

（一）风险的客观存在是保险产生和存在的前提

风险的客观性、广泛性，使人类社会时刻面临着遭受损失的不确定性，威胁着人的生命健康和社会财富的安全，对损失进行管理和财务补偿是一种客观需要。风险既是风险管理存在的基础，也是保险存在的前提，没有风险就无须保险，也不需要风险管理。风险是保险产生的客观原因。

（二）风险的发展是保险发展的客观依据

高科技技术的广泛使用，在提高人们的生活质量的同时，也产生了新的风险，而且随着人们知识水平的提高，原来不能转移和对付的风险也有了新的管理方法和措施，风险的增多和人们对风险的不断认识，对保险提出了新的和更高的要求，促使新的险种不断出现。

二、风险管理与保险的关系

风险管理与保险都以概率论等数学和统计学原理作为分析的基础和方法，二者具有一定的相似性。

（一）保险是风险管理的重要方法

保险是风险管理的传统有效手段，对于需要分散风险的经济单位而言，可以通过小额的支出转移巨额的风险损失，获得巨大的经济保障；而对于接受风险的单位来说，通过集合多数单位的风险并进一步进行分散，利用大数法则经营风险，在获取经营利益的同时，保障了社会再生产的顺利进行，实现了损失的经济补偿。此外，风险管理的其他方法在保险经营中也间接有所体现，如防损与减损，损失控制等，保险作为风险管理的重要组成部分，得到了广泛的应用。

（二）保险是对可保风险的风险管理

风险管理的范围包括保险，但不仅仅是保险，保险主要是一种风险融资，对受损标的进行经济补偿；而风险管理是对标的进行全方位、全过程的风险控制，包含了物理的、技术的和财务的管理过程。而且，并不是所有的风险都能通过购买保险的方式进行风险转移，必须是纯粹风险而且满足可保风险的要件，才可以得到保险公司的承保。

专栏1.4　俄罗斯大火烧出几多制度反思，森林保险刻不容缓

2010年8月，俄罗斯爆发森林大火，滚滚热浪，持续的高温加上干旱使得俄罗斯广袤的森林狂烧不止，一场大火烧出了俄罗斯对其危机预防和风险管理的制度反思。除了危机预防，关于这场大火暴露出的另一个问题也成为舆论关注的焦点，那便是风险管理。俄罗斯大气物理研究所副所长亚历山大·金兹堡强调，俄罗斯很少有农林主购买保险，这让他们在这次大火中损失严重。

之所以造成这种结果，除了农林主们缺乏保险意识外，也有森林保险体系并不完善的原因。据了解，虽然目前世界上许多国家和地区都开展了森林保险业务，但是也只有日本、北欧（主要是瑞典和丹麦）和美国等少数国家形成了完善的体系，有力地保障了森林和农林主的利益。而这些在森林保险业务方面比较成功的国家，其森林保险业务也具有很多共同点，其中最大也是最重要的共同之处就在于国家在立法上给予保障。

首先，日本、美国和北欧各国的政府都制定了相关的法律法规，以规范和支持开展森林保险业务，如日本议会专门通过《森林火灾国营保险法》来保障森林保险业务的开展，并设立了森林火灾保险特别会；其次，这些国家的森林保险业务种类多样，例如，北欧森林保险的险种由单一的灾害险种（如火灾保险）逐步发展到包括风暴、干旱、鼠害等以及附加险的综合险种。多种多样的保险业务更加全面地降低了灾害损失风险，也更加全面地保障了林主的利益。

这些成功的典型可以给其他国家很多在森林保险建设上的启示：森林保险知识的宣传普及、国家在立法上的保障、政策性保险与商业保险结合的模式、保险产品设计上的灵活性和市场性等，所有这些对于人们建设完善的森林保险体系有着巨大的指导意义。

资料来源：http：//money. eefoo. com。

三、可保风险的要件

所谓可保风险，就是能够通过购买保险的风险管理方式转移的风险，通俗说就是可以被保险公司承保的风险或可以向保险公司转移的风险。可保风险只能是纯粹风险，即只有损失机会而无获利可能的风险，但也不是所有纯粹风险都可以转嫁，只有满足以下特定条件的可保风险才可以由保险公司承保。

（一）风险的性质必须是纯粹风险而不是投机风险

投机风险是无法通过保险来转移的，因为：（1）投机风险有获利的可能，因而使风险损失的预测变得十分困难；（2）投机风险有时表现为基本风险，但基本风险损失为一般商业保险所不能承担；（3）投机风险的风险事故发生对某人是损失，但对他人来说可能是获利，因而对于全社会而言，可能并没有实质性损害。

（二）风险的发生必须是偶然的、意外的

风险是一种损失的不确定性，从总体标的来说，风险的发生是必然的，但相对个体来说，风险的发生是偶然的，意外的，个人所不能控制，无法施加影响的，风险发生后造成的损失程度也是不可精确预测的。如果风险是必然的，非意

外的，如时间、地点、损失程度都能够确定，这种情况大多是事前人为故意地安排，对于这种情况，保险公司都不能也无力承保。再如，房屋、机器设备的自然磨损、折旧，是必然发生的损失，既不是偶然的，也不是意外的，因此也是不可保的。强调风险发生的偶然性和意外性，一方面是为了防止发生道德风险，另一方面是符合保险精算的原则，因为只有大量随机（偶然）事件的发生才符合大数法则，才能够用统计方法进行分析。

（三）风险必须是大量的、独立的

风险必须是同质的、独立的，或者说是同分布的大量的标的都有遭受损失的可能性。只有这样才符合保险的精算原则，满足大数定律的要求（所有观测样本应具有风险的同质性和足够多的样本数量）。数量的充足程度、事故发生的独立性关系到实际损失与预期损失的偏离程度，影响保险经营的稳定性。一方面，只有某一风险损失的发生具有普遍性，才能产生大量共同转移风险的保险需求，另一方面，只有形成一定规模的风险标的，才能把风险在同质的总体样本中进行分散。参加保险的经济单位如果不满足这些条件，保险公司就要承担巨大的经营风险，提留巨额的准备金，不利于公司的稳定经营。相反，参加保险的同质的经济单位越多，保险公司的赔偿损失能力越强，而且，保险的购买者也会降低相应的保费。

（四）风险发生频率低，但损失程度大

风险的发生可能导致重大的经济损失，经济单位或个人才会产生对保险的需求。对于经济单位而言，以小额固定保费的支出换取大额风险损失在经济上具有可行性，例如，飞机发生坠毁的概率很低，但是，一旦发生就机毁人亡，损失后果非常严重，这种风险对于保险双方当事人来说具有经济性。如果风险损失程度小，如丢失雨伞或书包，对个人的损失程度轻微，一方面引不起重视，另一方面选择保险方式也是不经济的，而且对于保险公司而言，他们也不愿承保这种小额损失，通常以免赔的方式不予赔偿。

不过，风险虽然发生的程度大，但是不能大面积或高频率发生，如战争时期，天天发生天灾人祸，承保这种巨灾风险对保险公司而言是不经济的，有可能因赔款过多而导致破产。

（五）损失的发生具有确定的概率分布

保险经营的数理基础，首先是根据损失的记录或统计资料，测算损失发生的

概率分布。保费的计算是建立在对未来损失预测的基础上，如果风险损失的概率分布不能被精确的计算出来，这个风险是不可保的，否则，保险公司的经营没有科学依据会非常被动。不过，需要指出的是，数理统计的结果只能针对过去某个时期，对未来只能根据过去的统计资料进行预测，如果当前的条件、环境发生了较大的变化，这种预测就会不够准确，但是一定程度上可以得到及时地补充和修正。

（六）损失能够确定并能够用货币计量

损失的发生在时间上、地点上、数量上能够被确定，而且必须能够用货币准确地计量出损失的大小，这是保险理赔的基础，如果上述因素有一条不确定，就不能签订保险合同并做出赔款补偿。因为，作为明确约定权利和义务的保险合同，必须明确保险责任，如承保何种损失，损失发生的时间和空间范围，损失赔偿到何种程度等。这些核心内容如果不能确定，是不能签订合同转移风险的。之所以强调这一点，还有其他原因，就是保险公司要用确定的损失资料来预测和修正未来的损失。

四、巨灾风险与保险

简单地说，巨灾风险是指可能造成巨大财产损失和严重人员伤亡的风险。目前，国际上对巨灾风险并没有统一的定义，各国基本上都根据本国实际情况对其进行定义和划分。

专栏1.5 缓慢前行：中国十年巨灾保险探索路

2010年，玉树地震、舟曲泥石流，乃至近日在内蒙古发生的30年来最严重的“白灾”，不断发生的各种灾害，都是对巨灾保险体系的呼唤。据一位知情人士日前透露，保监会已将巨灾保险制度的方案上报国务院。不过，何时审批下来，何时进入实施阶段，尚待时日。

中国倡导和研究建立的巨灾保险制度，已有近十年时间，但一直进展缓慢。此次甘肃舟曲发生特大泥石流灾害，这个话题再次升温，但是，对于这样一个专家叫好、业界呼应的产品，却始终“雷声大雨点小”。对此，有专家解释为，“行业缺乏经验数据，商业保险公司难以获得政府扶植是巨灾保险发展停滞不前的主要原因。”一家大型保险公司有关负责人也指出，“尽管这两年中国连续遭遇巨灾侵袭，但总体而言，巨灾发生的频率并不是很高，无法通过大数法则进行数理测算。"为此，有专家提出了解决方案：通过国家建立一家政策性保险公司承保巨灾风险，这家公司可以是国家财政扶持、市场化运作经营。在此基础上，超出部分再由一些商业保险公司进行补充。因为，政府需要科学地管理财政预算，特别是，在应对国家发生巨灾的时候，合理调配应急储备基金。

在今年的"陆家嘴（600663）金融论坛"上，保监会副主席周延礼表示，巨灾保险制度是一个需要政府推动、政策支持、市场化运作的概念。"建立巨灾保险体系，技术性很复杂，相关的融资和立法也很复杂。"瑞士再保险中国区执行总裁魏希霆（Robert Wiest）认为，中国建立巨灾风险体系，需要考虑各个相关方的利益，首先需要明白，有哪些风险可以转移给保险公司，保险行业需要提供多大的保障；第二是保险公司可以提供什么样的保险结构，现有的承保能力如何分配到各地区、各风险中去；第三是如何与政府合作。

资料来源：《第一财经日报》，2010 年 11 月 30 日。

本章小结

1. 风险是一种客观存在的、损失的发生具有不确定性的状态。风险的主要特征是：风险的客观性、风险的广泛性、风险的不确定性、风险的可测性。

2. 风险的构成要素有风险因素和风险事故。风险因素又分为实质风险因素、道德风险因素、行为风险因素。

3. 风险有不同的分类标准：按照风险的性质分类，按照风险的影响程度；按照风险的损害对象分类等。

4. 常见的风险管理方法有两种：风险控制方法和风险融资方法。

5. 风险、风险管理与保险之间的关系十分密切。并不是所有的纯粹风险都可以通过购买保险的方式转移，只有满足特定条件的可保风险才可以转嫁给保险公司。

重要概念

风险　风险因素　实质风险因素　道德风险因素　行为风险因素　风险事故　纯粹风险　投机风险　基本风险　特定风险　风险管理　可保风险

思考与练习

1. 什么是风险？风险的特征是什么？

2. 风险的构成因素有哪些，它们之间有怎样的相互关系？

3. 道德风险和行为风险有什么区别？
4. 纯粹风险和投机风险有什么不同？
5. 什么是风险管理？风险管理有哪几种方式？
6. 风险管理由哪些环节组成？
7. 风险与保险有何关系？
8. 什么是可保风险？需要满足哪些条件？

第二章 保险原理

本章概要

保险是转移风险的有效方式。本章首先阐述保险的内涵和外延，辨析保险与其他经济行为的异同；其次介绍保险的职能和作用；然后按照不同的分类标准对保险进行分类；最后总结世界保险业的发展历程，并描述中国保险业的发展轨迹。

学习要求

1. 掌握保险的定义、本质和特征。
2. 掌握保险与其他经济行为的异同。
3. 理解保险的作用和功能。
4. 了解保险的各种分类标准。
5. 了解世界保险业的历史沿革。
6. 了解现代保险业的发展特点。

引　言

保险通过筹集资金补偿经济单位所受的灾害损失，为社会再生产的顺利进行保驾护航。如，2010 年 2 月，我国山西长治漳村煤矿发生井下透水事故，造成了严重的经济损失，人保财险长治市分公司现场查勘定损，赔偿人民币 1 202 万元。5 月，新疆局部地区遭受大风、降温、降水、冰雹等严重灾害天气，农牧业生产遭受巨大损失，人保财险巴音郭楞蒙古自治州分公司赔付受灾作物 32 万余亩，赔款 2 777 万元，有 1.2 万余户次农户受惠。6 月，福建省发生暴雨灾害，福建省保险业累计接到报损案件 1.58 万件，支付赔款 5 855.53 万元。

那么，保险的本质是什么，为什么能够补偿经济单位的损失，根据什么原则补偿，补偿到什么程度，为什么有这项补偿功能。这些将从本章开始逐一讲解。

第一节 保险的内涵和外延

保险学所说的保险，是一项经济制度，一种合同行为，与日常生活中人们所说的“这样做是否保险”是两个概念。由于保险涉及金融、法律、经济、社会生活的多个方面，因此，需要从多个角度对这个概念进行界定。

一、保险的定义

（一）保险的内涵

根据2009年10月1日正式实施的《保险法》中的定义，保险是指投保人根据保险合同约定，向保险人支付保险费，保险人对于合同约定的可能发生的事故因其发生所造成的财产损失承担赔偿责任，或者当被保险人死亡、伤残、疾病或者达到合同约定的年龄、期限等条件时承担给付责任的商业保险行为。

保险本质上是一种经济补偿制度，理解保险的内涵需要把握以下核心要点：

1. 经济补偿是保险的本质特征；
2. 经济补偿的基础是数理预测和合同关系；
3. 经济补偿的费用来自于被保险人缴纳的保险费所形成的保险基金；
4. 经济补偿的后果是风险的转移和损失的共同分担。

（二）保险的外延

保险概念的外延可以从以下几个方面加以理解：

1. 从金融角度：保险是对不可预计的损失重新分配的融资活动，即经济单位或个人将损失风险转移给另一个风险组织，然后在组织成员中重新分摊损失的经济活动。

2. 从法律角度：保险是一方同意补偿另一方损失的契约性规定。

3. 从经济角度：保险是一种经济补偿制度，它通过收取少量保险费的方法承担被保险人约定的风险。当被保险人一旦发生约定的自然灾害、意外事故而遭受财产损失或人身伤亡时，保险人给予经济补偿。

4. 从精算角度：保险是一种复杂和精巧的运算机制，它通过对损失的数理预测，将风险从某个个人转移到团体，并在一个公平基础上由团体中的所有成员来分担少数人的损失。

5. 从社会保障角度：保险是一种社会工具，这一社会工具可以进行损失的数理预测，并对损失者提供补偿。补偿基金来自于所有希望转移风险的社会成员所做的贡献。

二、保险的属性和特征

保险是一种商品交换行为，一种合同行为，一种融资和资金运用行为，一种经济补偿行为，其具有多方面的性质和特征。

（一）保险的属性

1. 保险具有商品交易性

保险基金是通过商业等价交换原则筹集起来的后备基金，其奉行的是权利与义务相对等的原则，也就是说，交易双方即投保人和保险人，其转移风险的行为是建立在平等基础上进行的民事行为。保费是单个保险商品的价格，投保人自愿以保费为代价向保险人分散和转移风险。保险人以大数法则和数理统计为计算依据，为所承担的风险责任设计合理的费率。双方的等价交换是建立在经济原则上的平等交易。

2. 保险具有契约属性

保险是一种合同行为，交易双方要达到分散和转移风险的目的，必须约定各自承担的风险和责任，并明确下来以经济合同的形式固定，体现双方的权利义务关系，形成法律约束力，约束双方自觉履行合同约定，承担相应的责任和义务。保险的这种契约属性，具体表现为：在保险市场上以货币为支付手段进行契约交易。如果没有保险合同，就无法成立保险关系，在发生风险事故后容易产生纠纷。

3. 保险具有资金运动属性

保险是一种融资和资金运用行为。保险在集合多数人风险的同时，必须筹集相应的风险资金做后盾，在责任事故发生以后，必须以货币资金形式进行赔偿。而且，保险基金并不是静止不动的，必须在运动中增值，也就是说，保险一方面具有保障补偿功能，另一方面具有投资增值的功能，把筹集的静止状态的资金投入到产业部门或证券市场，一方面获得投资收益提高偿付能力，另一方面通过投资收益降低经营成本或降低投保人的保费支出。

4. 保险具有经济补偿属性

这是保险的本质特征，也是保险赖以生存和发展的根本所在。通过签订保险合同筹集资金，在被保险人发生合同列明的责任事故时承担补偿责任，这是保险的根本功能。保险以数理统计为依据，合理精算费率，提取准备金，对被保险人的损失进行经济补偿，帮助其恢复到灾害事故发生前的状态，或给付一定的金额帮助人们渡过难关。

5. 保险具有互助性质

这是保险的派生属性。虽然保险是一种有偿的合同行为，个体通过保险这种机制分散风险，但从总体上说，这种分散机制起到了互助共济的效果，即保险集合个体单位的风险然后在总体单位中进行分散，形成了“一人为众、众为一人”的互助结果，这种互助关系通过保险人征集多数人的保费建立保险基金，然后赔偿少数人的经济损失来实现。

（二）保险的基本特征

1. 经济性。保险是一种经济保障活动，是整个国民经济活动的一个有机组成部分。其保障的对象，财产和人身都直接或间接属于社会再生产中的生产资料和劳动力两大经济要素；其实现保障的手段，最终都必须采取支付货币的形式进行补偿或给付；其保障的根本目的，无论从宏观的角度还是微观的角度，都是为了发展经济。

2. 互助性。保险具有“一人为众、众为一人”的互助特性。它在一定条件下，分担了个别单位和个人所不能承担的风险，从而形成了一种经济互助关系。这种经济互助关系通过保险人用多数投保人缴纳的保险费建立的保险基金，对少数遭受损失的被保险人提供补偿或给付而得以体现。

3. 法律性。从法律角度看，保险是一种合同行为，是依法按照合同的形式体现其存在的。保险双方当事人要建立保险关系，其形式是保险合同；保险双方当事人要履行其权利和义务，其依据也是保险合同。没有保险合同，保险关系就无法成立。

4. 科学性。保险是一种科学处理风险的有效措施。现代保险经营以概率论和大数法则等科学的数理理论为基础。保险费率的厘定、保险准备金的提存等都是以精密的数理计算为依据的。

三、保险的比较特征

（一）保险与赌博

保险与赌博具有相似之处，二者都依赖于偶然因素的出现，都属于射幸活动，从表面上看，无论保险还是赌博，当事人所付出的代价与所得报酬之间没有对等关系。但是，保险与赌博作为两种不同的经济行为，二者具有本质的区别：

1. 目的不同：保险的目的在于互助共济，利人利己；赌博的目的在于不劳而获，侥幸求利，损人利己。

2. 手段不同：保险以概率论和大数法则为计算损失的数理基础，而赌博纯粹凭偶然和运气。

3. 风险的性质不同：保险处理的是纯粹风险，只有损失而无获利的可能；赌博面对的是投机风险，既有损失的可能性也有获利的可能性。

4. 结果不同：在保险场合，风险是客观存在的，不论你投保与否，风险始终存在，或者说风险的存在与人的主观意识没有关系，而且参加保险的结果是转移风险，获得损失补偿的机会；而在赌博的场合，风险是人为创造出来的，如果不参加赌博就不会面临风险，因此赌博是人为地制造风险，其结果只能是增加风险。

（二）保险与救济

保险与救济也具有相似之处：二者都是对经济生活不安定的一种补救行为，都是补偿灾害事故损失的手段，其目标均为努力使社会生活正常和稳定。但是，二者属于不同的经济制度，之间有本质的区别。

1. 性质不同：保险是一种双务有偿的合同行为，成员内部之间进行互助，其前提以投保人自愿缴费为基础，属于一种对价交易，具有明显的商业属性；而救济是一种单方面的无偿给予，是一种他助行为，以捐资者自愿捐赠为前提，没有对价作基础，捐助双方无对等的义务，属于无偿的经济帮助。

2. 补偿方式不同：保险的补偿或给付，有一定的计算方法，而且补偿金额与保费数额、损失数额具有给定的数量关系；而救济中救济金的多少，完全没有数理测算依据，如果说有，也只是根据财力大小，量力而行。

3. 面临的风险不同：保险对风险事故的补偿，是基于合同对风险责任的事前约定；而救济所面临的风险，一般而言，捐助者与被救助者可能遭受的风险没有必然关系。

4. 提供保障的主体不同：保险保障是由商业保险公司提供的，是具有互助合作性质的经济实体，提供保障是一种商业行为；救济包括民间救济和政府救济。民间救济是由个人或单位提供，是一种慈善行为；政府救济属于社会行为，通常被称为社会救济。救济机构一般属于事业机构。

（三）保险与储蓄

保险与储蓄都是以现在的剩余为将来的经济支出需要做资金准备，两者都是为了保障经济生活的安定，都体现了有备无患的思想。尤其是人寿保险中的长期生存保险和两全保险，带有较强的储蓄性质。但是，二者毕竟属于两种不同的经济行为，还是有很多的区别：

1. 目的不同：储蓄是为了获取稳定的利息收益，而保险的目的是为了转移风险，长期寿险实现的储蓄功能只是转移风险带来的副产品。

2. 收益的确定性不同：储蓄中何时得到本利、得到多少，都是在储蓄行为发生时能够确定的，而且本利的提取不以灾害事故的发生为前提；而保险金是滞后给付的，并且给付的具体时间是不确定的，无论已经交付多少保费和交付时间的长短，只有保险事故发生时才给付，或者说保户获得赔款或给付以保险事故的发生为前提。

3. 收益的计算方法不同：储蓄最终收益的大小计算较为简单，即本金加利息，即使采用浮动利率，计算也相对简单，是一种自助行为，属于个人财富在生命周期中的纵向再分配；保险的收益计算相对复杂，其本质是用众人的储蓄补偿少数人的损失，需要借用精算方法，以严格的数理计算为基础，它体现互助合作精神，属于社会财富在参与者中的横向再分配。

4. 消费者不同：保险的消费者必须符合保险人的承保条件，经过核保可能会有一些人被拒保或有条件地承保；储蓄的消费者可以是任何单位或个人，一般没有特殊条件的限制。

5. 行为性质不同。保险是互助互济的行为，是自利与他利的结合；储蓄则是个人行为，无求于他人。

第二节　保险的功能和作用

保险作为风险管理的重要技术手段，一种经济补偿制度，其根本职能是补偿被保险人因保险标的发生风险事故所遭受的经济损失，或在人们遭受生老病死及意外事故时缓解被保险人的经济压力。保险提供的基本服务是减少人们对不确定性的忧虑，补偿经济损失，保障人们生产、生产的平稳和安宁。

一、保险的功能

保险的功能与其性质和属性相对应。保险具有风险管理功能、经济保障功能、资金融通功能。

（一）风险管理功能

这是保险最基本的功能。投保人通过购买保险这种风险管理方式，以少额的保费支出换取了保险人巨大的风险保障潜在收益；而保险人通过汇聚个体的少量保费形成巨额的保险基金的方式，把个体风险在总体样本中进行聚集与分散，事前缓解人们的不安定情绪，事后进行风险损失补偿。作为风险管理最有效、最常用的方式，保险分散和转移风险的功能已经受到社会的普遍认可。英国前首相丘吉尔曾说，“如果我办得到，我一定要把保险这个字写在家家户户的门上以及每一位公务员的手册上。因为我深信：通过保险，每个家庭只要付出微不足道的代价，就可免遭万劫不复的灾难。”

（二）经济保障功能

这是保险最重要的功能。无论是自然灾害或疾病意外，都可能造成经济单位生产中断、营业停止，或者造成人们身体的伤残无法工作、遭受精神痛苦以及收入上的损失，甚至造成家庭的生活困难。如果事前通过购买保险的方式约定风险责任转移，就会在灾后按实际损失额在保险金额范围内获得经济补偿，保障生产生活的顺利进行。保险为保障社会经济平稳运行保驾护航的功能，是保险能够随着社会发展而发展的行业基础。通过发挥经济保障功能，使保险同时具有了一定的社会管理功能。

（三）资金管理功能

保险不仅具有保障功能，还有融资和投资功能。资金管理功能和保障功能一样，都是保险主要功能的两个方面。首先，保险通过筹资，收取保费以及自有资金形成保险基金；然后，运用资金进行投资，包括实业投资和证券投资，合理地进行资产配置，取得最大化收益。保险的资金管理功能，使保险机构成为金融市场主要的非银行金融机构之一，以及证券市场重要的机构投资者。保险业聚集的庞大保险资金是促进国民经济发展、稳定金融市场秩序的重要载体。

二、保险的作用

（一）保险在宏观经济中的作用

保险在宏观经济中的作用是保险对全社会和国民经济总体所产生的经济效

应。其作用具体表现在以下几个方面：

1. 保障社会再生产的正常进行

社会再生产过程会因为遭受各种灾害事故而被迫中断无法进行，如果保险业能够发挥经济补偿功能，把个别单位、个别地区的风险事故在全体单位和更大范围区域内分散，有利于社会财富的合理再配置，能够提高帕累托优化效率，使灾后的修复工作得以迅速开展，保持国民经济的持续稳定发展。

2. 推动商品的流通和消费

商品必须通过流通过程的交换才能进行消费，而在交换行为中难免存在着交易双方的信用风险和产品质量风险，人们为此需要花费巨大的资信调查成本，包括时间和精力，阻碍了交易的顺利进行。保险中的部分险种可以克服这些障碍，一方面降低交易双方的信息获取难度，另一方面为一方的失信提供经济补偿，从而促进了商品的流通和消费。

3. 推动科学技术向现实生产力转化

任何一项科学技术的产生和应用，既可能带来巨大的物质财富，也可能遇到各种风险事故造成经济损失。保险可以为新技术的开发和应用提供保障，为其可能带来的风险提供援助，促进新技术的推广使用，加快新技术向现实生产力转化。

4. 促进社会的安宁稳定

保险的防灾防损特点体现了保险的社会管理功能。就社会总体而言，无论采取何种风险管理措施，灾害事故的发生是必然的，财产损失和人员伤亡也在所难免。在发生保险责任事故的时候，保险人会按照合同约定履行赔偿或给付的责任，使被保险人在最短的时间恢复生产和经营，从而保障人们的经济生活的正常进行，稳定社会。

5. 增强国际支付能力

在对外贸易、国际远洋运输和国际交往中，保险是必不可少的一个环节，它不仅可以促进对外经济贸易，增加资本输出或引进外资，保障国际贸易的顺利进行，而且可以带来巨额的贸易收入，成为国家积累外汇资金的重要来源，增强一国的国际支付能力。

6. 拓展资本市场的资金来源

保险资金具有金融资产配置的功能，保险业汇聚的巨额资金是金融市场及资本市场的重要来源，其资金管理功能可以提高国民储蓄率和投资率，把部分闲置的资金用于经济建设，优化社会资源配置，提高社会资金的使用和周转效率，促进社会经济的发展。

（二）保险在微观经济中的作用

保险在微观经济中的作用是保险作为经济单位或个人风险管理的财务手段所产生的经济效应。其作用具体表现在以下几个方面：

1. 帮助企业及时恢复生产经营

保险之所以在宏观上能够保障社会再生产的正常进行，是因为其在微观上能够使企业在遭受重大灾害事故时可以得到经济补偿，有足够的外援资金重新购置资产，及时恢复生产和经营。这也是企业财产保险深入千家万户，成为企业风险管理主要方式的原因所在。

2. 帮助企业提高资金使用效率

企业购买保险进行风险管理是需要花费成本的，即支出相应的保费，把企业不确定的、突然发生的巨额灾害损失转化为日常的、固定、少量的保费支出，形成企业的生产成本或流通费用，从而平滑企业的财务预算支出，节约了风险管理成本，提高了资金使用效率。此外，保险公司在连续提供保险服务的过程中，对风险管理水平高、不发生或少发生风险事故的企业降低费用或给予优惠费率，也降低了企业的财务成本，节约了企业的运营资金。

3. 有利于安定人们的生活

人在世界上生存，不可避免地会遭遇自然灾害和意外事故，生、老、病、死、意外、伤、残，谁也无法全部避免，而一旦遭遇了这些风险事故，必然影响甚至摧毁人的健康，降低收入水平和生活质量，甚至陷入生活贫困。参加保险是家庭风险管理的有效手段，通过购买保险来提供各种风险保障，解决因生老病死伤残等人身风险造成的经济困难，维持原有的生活质量。

4. 有利于民事赔偿责任的履行

在社会生产和日常生活中，企业和个人经常会因为过失、疏忽或侵权行为造成他人的人身伤害或财产损失，按照法律规定必须承担经济赔偿责任。例如员工在受雇时发生意外职业伤害，雇主必须承担赔偿责任；专业技术人员，如医师、律师、会计师等职业在执业过程中，对服务对象造成了伤害，必须承担职业责任；销售商、制造商必须为其销售的产品承担质量责任，一旦侵权，必然面临巨额的索赔，这些都给责任人造成了巨大的财务支付压力。如果购买相应的责任保险就可以转移责任风险，在减轻侵权人的支付压力同时也保障了被侵权人的合法权益。

第三节 保险的分类

随着人类社会的不断发展，人们所面临的风险种类越来越多，而随着科学技术的不断进步和人们管理风险水平的不断提高，保险业提供的险种也在不断丰富和扩大。对日益繁杂的险种进行分门别类，辨别不同类别险种的内在要求，不仅有利于保险经管，而且有利于社会公众对不同险种的甄别，帮助其根据各自的需要选择相应的险种。

一、按保险经营的性质分类

按保险经营的性质，即按保险经营是否以盈利为目的，保险可以分为商业保险和社会保险。

（一）商业保险

本书所探讨的保险都是商业保险，即保险双方当事人（投保人和保险人）都是平等的民事主体，在自愿平等的基础上意思表示一致，签订保险合同，确定权利义务关系，投保人履行缴纳保费的义务获得保险人保险保障的权利；保险人收取保费承担风险补偿责任。商业保险的可保风险种类不仅包括人身风险，还包括财产风险和责任风险。这种商业保险由公司法人经营，以盈利为目的。

（二）社会保险

社会保险是指国家和政府通过立法形式，采取强制手段，为满足全体公民或劳动者因遭遇年老、疾病、生育、伤残、失业和死亡等社会特定风险，而暂时或永久失去劳动能力、失去生活来源或中断劳动收入时的基本生活需要，提供经济保障的一种制度。主要包括养老保险、医疗保险、失业保险和工伤保险。

社会保险具有以下特点：保障性，这是实施社会保险的根本目的，就是保障劳动者在其失去劳动能力之后的基本生活，从而维护社会稳定；法定性，即由国家立法强制实施，保险待遇的享受者及其所在单位都必须按照规定参加并依法缴纳社会保险基金，不能自由选择是否参加；互济性，是指社会保险费由国家、企业、个人三方负担，社会保险机构要用互助互济的办法统一调剂基金，实行收入再分配；福利性，即不以盈利为目的，以最少的花费，解决最大的社会保障问题；普遍性，社会保险实施范围广，一般在所有职工及由其供老的直系亲属中实行。

商业保险与社会保险的比较主要是人身保险与社会保险的比较。两者都是以风险的存在为前提，以概率论和大数法则为制定保险费率的数理基础，以建立保险基金为提供经济保障的物质基础。其区别主要表现为：

1. 风险的性质不同。商业保险中的人身保险所处理的风险是所有自然人在一切领域中的生命、身体、健康风险，而社会保险所处理的人身风险是劳动领域中存在的风险，保险内容范围限于劳动领域中的各种风险。

2. 保障的对象不同。人身保险的保险标的是有经济负担能力而且有保险保障愿望的自然人，而社会保险的保险标的是劳动者的人身，其保险主体是特定的，即劳动者（含其亲属）。

3. 经营主体不同。人身保险的经营主体是商业保险公司，以保险合同为实施依据；而社会保险可以由政府或其设立的机构办理，是依法实施的政府行为。我国经办社会保险的机构是由人力资源和社会保障部授权的社会保障机构。

4. 实施方式不同。人身保险合同的订立贯彻平等互利、协商一致、自愿订立的原则，双方的权利和义务是对等的，多投多保，少投少保，不投不保；而社会保险具有强制实施的特点，以贯彻国家的劳动政策和社会政策为宗旨，强调社会公平的原则，投保人的交费水平和保障水平的联系并不紧密。其实施的目的是维持劳动力的再生产。

5. 保障功能不同。人身保险的保障目标是在保险金额限度内对保险事故所致损害进行保险金的给付，可以满足生存、发展与享受的各个层次的需要；社会保险的保障目标是通过社会保险金的支付保障社会成员的基本生活需要，即生存需要。

6. 保费负担不同。投保人承担人身保险的全部保险费，社会保险的保险费通常由个人、企业和政府三方共同负担，其基金来源于用人单位和劳动者的缴费及财政的支持。

二、按保险业务的范围分类

按保险业务的范围分类，保险可分为人身保险、财产保险、责任保险和信用保证保险。

（一）人身保险

人身保险是以人的生命、身体或健康作为保险标的的一类保险。当人们遭受保险合同中约定的不幸事故或因疾病、年老以致丧失工作能力、伤残、死亡或年老退休时，根据条款规定，保险人对被保险人或受益人给付预定的保险金或年金，以解决病、老、伤、残、死所造成的经济困难。根据保障的范围，人身保险又可分为人寿保险、意外伤害保险和健康保险。

（二）财产保险

这里的财产保险是指狭义财产保险，即以有形的物质财产为保险标的，为有形财产的利益相关者提供经济保障。狭义财产保险主要包括火灾保险、货物运输保险、运输工具保险等。广义的财产保险除了包括狭义财产保险以外，还包括以与物质财产有关的利益为标的的财产保险，即利益保险，以及以损害赔偿责任为标的的财产保险，即责任保险。

（三）责任保险

责任保险是以被保险人的民事损害赔偿责任为保险标的的保险。责任保险以被保险人依法应承担的民事损害赔偿责任为保险标的，以第三人由于被保险人侵权而请求被保险人赔偿为保险事故。责任保险主要包括公众责任保险、产品责任保险、雇主责任保险和职业责任保险。

（四）信用保证保险

信用保证保险是以担保为实质、承保信用风险的保险。它是由保险人作为保证人为被保证人向权利人提供担保的一类保险业务。当被保证人的作为或不作为致使权利人遭受经济损失时，保险人承担经济赔偿责任。

三、按保险业务的承保方式分类

按保险业务的承保方式分类，可以分为原保险、再保险、共同保险和重复保险。

（一）原保险

原保险是指投保人与保险人之间直接签订合同所确立的保险关系。当被保险人在保险期内由于保险事故造成损害时，保险人对被保险人承担赔偿或给付保险金的责任。

（二）再保险

再保险也称分保，是指保险人在原保险合同的基础上，通过签订分保合同，将其所承保的部分风险和责任向其他保险人进行投保的行为。

原保险与再保险的区别：

1. 合同主体不同。原保险合同主体一方是保险人，另一方是投保人；再保险合同主体的双方都是保险人。

2. 保险标的不同。原保险合同中的保险标的既可以是财产及其利益、责任和信用，也可以是人的寿命与身体；再保险合同中的保险标的只能是原保险人承保的保险合同中责任的一部分。

3. 合同性质不同。原保险合同中的财产保险合同属于补偿性质，人寿保险合同属于给付性质；再保险合同只具有补偿性质，再保险人按合同规定对原保险人所支付的赔款或保险金进行分摊。

（三）共同保险

共同保险又称为联合共保，简称共保，是指由两个或两个以上的保险人联合直接对同一保险标的、同一保险利益、同一保险事故提供保险保障的方式。共同保险的保险金额总和小于或等于保险标的的价值，发生保险损失时按照保险人各自的承保比例来进行赔款的支付。

共同保险与再保险的区别：在共同保险中，每一个保险人直接面对投保人，风险在各保险人之间横向分散；在再保险中，投保人直接面对的是原保险人，原保险人又与再保险人发生关系，投保人与再保险人之间没有直接的联系，两者通过原保险人发生间接关系，风险在各保险人之间纵向分散。

（四）重复保险

重复保险是指投保人对同一保险标的、同一保险利益、同一保险事故分别与两个以上保险人订立保险合同，且保险金额总和超过保险价值的保险。由于重复保险可能诱发道德风险，各国一般通过法律形式对重复保险予以限制，在发生保险事故造成保险标的损失时，通常要求按一定方式在保险人之间进行赔款的分摊计算。重复保险一般仅限于财产保险。

共同保险与重复保险的区别：在共同保险中，若干保险人事先达成协议，联合起来共同承保，投保人与各保险人之间只有一个保险合同；在重复保险中，投保人与各保险人分别签订保险合同，因而存在多个保险合同。

四、其他分类

1. 按保险的实施方式分类，可以将保险分为自愿保险和强制保险。

2. 按被保险人的不同，可以将保险分为团体保险和个人保险。团体保险是以集体名义使用一份总合同向其团体内成员提供保险；个人保险是以个人名义向保险人投保的家庭财产保险和人身保险。

3. 按保险经营主体分类，可以分为民营保险和公营保险。民营保险包括个人保险（劳合社）、合作保险（相互保险、合作保险）、公司保险（股份公司保险、相互公司保险）。公营保险包括国家保险和国有保险公司保险。

4. 按保险精算技术分类，保险可分为人寿保险和非人寿保险。

第四节 保险业的历史发展

人类社会从开始就面临着自然灾害和意外事故的侵扰，在与大自然抗争的过程中，古代人们就萌生了对付灾害事故的保险思想和原始形态的保险方法。

一、保险业的起源和发展

（一）海上保险的起源和发展

保险思想和原始的保险雏形在古代已经产生。据史料记载，约在公元前四五世纪，在古埃及石匠中曾有一种互助基金组织，向每一成员收取会费以支付个别成员死亡后的丧葬费。

但具有现代意义的保险是近代资本主义迅速发展的产物。关于现代保险的起源，比较一致的看法是源于海上保险。由于海上贸易经常出现各种海难事故，风险非常大，因此人们逐渐摸索出一条对付海难的方法，即共同海损。当船只在遭遇危险时，为了保护船只不至于沉没而使全部货物都损失，通常会采取抛弃部分货物的方法来保证航行的安全，这种损失由全船货物的货主，甚至是全船货物的全体受益人共同承担，这就是共同海损。

还有一种说法认为海上保险的起源是海上借贷。所谓的海上借贷，是指船舶起航前船主或货主以船只或货物作抵押向贷款人借入资金，若船舶或货物在航海中遇难，依其损失程度，可免除一部分或全部债务；若船舶及货物安全抵达目的地，则须偿还本金及其利息。由于借贷利息往往很高，比一般的贷款利息要高得多，超出一般借贷的利息就被看成是早期保险费。

1384年在意大利的佛罗伦萨，诞生了世界上第一份具有现代意义的保险单，它承保一批货物从法国南部的阿尔兹运到意大利的比萨。在这张保单中，有明确的保险标的、明确的保险责任，如“海难事故，其中包括船舶破损、搁浅、火灾或沉没造成损失或伤害事故”。在其他责任方面，也列明了“海盗、抛弃、捕捉、报复、突袭”等所带来的船舶及货物的损失。

以后，随着海上贸易中心的转移，海上保险制度也从意大利经葡萄牙、西班牙，于16世纪初传入到荷兰、英国和德国。1720年，英国成立了伦敦保险公司和皇家交易保险公司，正式成为经营海上保险业务的专业保险公司。当时，经营航运、贸易及保险的商人经常在劳埃德咖啡店内进行交易，该咖啡店也注意收集最新的航海及贸易的行情并发布给这些商人。1696年9月，劳埃德办了一份《劳埃德新闻》，重点报道航运消息。这份小报的出版更使劳埃德咖啡店成了航运消息的传播中心，保险经纪人就利用这个机会，将保单递给每个饮咖啡的保险商，由他们在保单上依次签上自己的姓名及承保金额。以后，这些独立的保险商就被称为劳埃德保险人。

1871年，英国议会正式通过法案使它成为一个正式的社团组织，即劳埃德保险社，简称劳合社。劳合社本身并不经营保险业务，是它的会员在各自经营，它只是为会员提供活动场所和监督他们的行为。劳合社对保险和保险法发展的影响非常大。例如，标准的劳埃德海上保险单被后来制定的《1906年海上保险法》作为法定的保险单，至今仍在普遍有效地使用。

现在，在伦敦的保险市场上活跃着三大保险团体：利物浦保险人协会、劳埃德保险人协会和伦敦保险人协会。这三个保险协会共同组成“技术及条款委员会”，专门拟定海上保险通用的条款。

专栏2.1 劳合社与中国

劳合社作为全球再保市场的风向标，自2007年4月16日起，劳合社正式以再保险公司形式在中国运营，这打破了劳合社全球唯一保险市场的形态。在世界各国，劳合社都是以保险市场的身份在经营，承保业务由80多个辛迪加在劳合社这个实体市场上签发保单完成。辛迪加作为劳合社市场内的独立单位，除了开展再保业务，还承接直保业务。只有在中国，劳合社的身份是一家公司。相对于伦敦市场总计80多个辛迪加而言，截至2010年6月，只有16个辛迪加加入中国公司。

劳合社市场的所有辛迪加会各自发展不同的专业领域，他们单独或共同承保业务。每个辛迪加每年需按当年承保数额的百分比缴纳一定资金至劳合社市场的中央基金，在辛迪加无法支付赔偿时，劳合社将动用中央基金进行赔偿。

一位曾在国外工作过的保险业资深人士称，劳合社是以专业承保特殊风险而著称，很多领域包括直保和再保都只有劳合社能够承保。劳合社2009年在全球的收入约为350亿美元，共实现盈利39亿英镑，其中有7%的业务来自中亚和亚太地区，而来自中国的只有1亿美元多一点。

资料来源：http：//www. sina. com. cn，2010年5月20日。

（二）火灾保险的起源和发展

真正的火灾保险，一般认为起源于德国和英国。1591年德国汉堡市的造酒业者为了筹划重建被火灾烧毁的酿造厂的资金而成立了火灾合作社，凡加入的社员遇到火灾后均可从合作社得到重建建筑物的资金。1676年，由46个合作社合并成立了汉堡火灾保险局。这便是德国公营火灾保险的始祖。

但是，德国的这种公营火灾保险只是原始的火灾保险，真正的现代火灾保险是在伦敦大火以后才发展起来的。1666年9月2日，英国伦敦由于皇家面包店的烘炉过热，爆发一场大火，烧毁了伦敦面积的83.26%，财产损失1 200多万英镑，20万人无家可归。1667年，一个名叫尼古拉斯·巴蓬的牙科医生独资开办了一家专门承保火险的营业所。1680年巴蓬与其他合资者一起开办了一家4万英镑资本金的火灾保险公司，开创了私营火灾保险的先例。在公司经营规则中明确提出了保险费的标准，并实行按照危险等级差别收取保险费，如砖石建筑的费率定位为2.5%的年房租，木屋的费率为5%。这种差别费率被沿用至今，由此，巴蓬被赋予了“现代保险之父”的称号。

1710年，以发明灭火器而闻名的查理士·波维创立了名为伦敦保险人的保险公司，开始经营不动产以外的动产保险，营业范围遍及全国。1714年，又出现了联合火险公司，其保费的确定，除砖造房屋与木造房屋有所区别外，还依照建筑物的位置、使用目的、财产的种类等，采用风险分类的方法来确定，这又使保险费率的计算又前进了一步。

到19世纪中叶，主要资本主义国家都已相继完成了工业革命，物质财富大量增加，火灾保险公司不断成立和壮大。从19世纪开始，为了控制同业的竞争和规定统一的承保办法，在欧美各国陆续成立了保险同业公会或类似的组织，火灾保险日趋成熟。

（三）人寿保险的起源和发展

最早的人寿保险雏形是源自于公元一世纪时罗马的一个宗教团体组织 Collegia Tenuiornm。参加此宗教团体的会员必须缴纳定额的入会费，当他死亡后，他的遗族就可以领到一笔丧葬费用。然后，直到中世纪欧洲又形成所谓的“基尔特”（Guild）组织，“基尔特”组织是由一群职业相同的人，基于互助扶持的精神所成立的团体，除了保护会员职业上的利益之外，也对其会员的死亡、疾病、窃盗、火灾等灾害，共同出资救济。

1653 年，意大利银行家洛伦佐·佟蒂向法国政府提出了一个募集国债的计划。该计划规定，公债本金每年的利息只分配给该年的生存者。这便是 1689 年开始在法国实行的联合养老制，有人称为“佟蒂年金制”或“佟蒂制”，并于 1689 年正式实行。根据这种制度，认购人每人交纳 300 法郎。政府把认购的人按年龄分组，一定期限后，每年支付一定数额的公债利息。年龄高一些的组群，利息就多分一些，因此，生存者领取的利息会逐年增加，最后的生存者则领取全部的利息。而至该组的人全部死亡时，政府即停止支付利息，公债本金收归政府所有。

1693 年，英国著名的数学家、天文学家埃蒙德·哈雷（著名的哈雷彗星的发现者），以西里西亚的布雷斯劳市的市民死亡统计为基础，编制了第一张生命表——哈雷生命表，精确表示了每个年龄的死亡率，提供了寿险计算的依据。18 世纪 40～50 年代，辛普森根据哈雷的生命表，做成依死亡率增加而递增的费率表。1762 年成立的伦敦公平保险社，率先根据生命表，按照年龄与身体状况计算合理的保险费，真正地建立了现代意义上的保险组织。1870 年，英国制定和实施人寿保险公司法，对人寿保险施行严厉的监督，人身保险业的发展走上正轨。

（四）责任保险的起源与发展

责任保险是对无辜受害人的一种经济保障。尽管现代保险已经有 300 多年的历史，但责任保险的兴起却只是近 100 年的事。1855 年，英国铁路乘客保险公司首次向铁路部门提供铁路承运人责任保障，开了责任保险的先河。1870 年，建筑工程公众责任保险问世；1875 年，马车第三者责任保险开始出现；1880 年，出现雇主责任保险；1885 年，世界上第一张职业责任保单——药剂师过失责任保险单由英国北方意外保险公司签发；1895 年，汽车第三者责任险问世；1900 年责任保险扩大到产品责任，承保的是酒商因啤酒含砷而引起的民事赔偿责任。

进入20世纪，责任保险迅速兴起和发展，大部分的资本主义国家都把很多的公众责任以法律规定形式强制投保。第二次世界大战后，责任保险的种类越来越多，如产品责任保险以及各种职业过失责任保险层出不穷，这些在发达的资本主义国家已成为制造商和自由职业者不可缺少的保险。

（五）再保险的产生与发展

现代再保险制度也是从海上保险开始。随着海上保险的发展，产生了对再保险的需求。最早的海上再保险可追溯到1370年。当时，一家叫格斯特·克鲁丽杰的保险人，承保自意大利那亚到荷兰斯卢丝之间的航程，并将其中的一段经凯的斯至斯卢丝之间的航程责任转让给其他保险人，这是再保险的开始。17世纪初，英国皇家保险交易所和劳合社开始经营再保险业务。1681年，法国国王路易十六曾公布法令，规定“保险人可以将自己承保的保险业务向他人进行再保险”。18世纪，荷兰鹿特丹的保险公司1720年将承保到西印度的海上保险向伦敦市场再保险，丹麦的皇家特许海上保险公司1726年成立后从事再保险，德国1731年汉堡法令允许经营再保险业务，1737年西班牙贝尔堡法律和1750年瑞典的保险法律都有类似的规定。随着保险形式多样化和保险公司之间的竞争加剧，逐渐出现了专业再保险公司，推动了再保险的发展。

二、我国保险业的发展及趋势

（一）古代中国的保险思想

中国的保险思想萌芽较早。孔子主张“耕三余一”，每年如能将收获粮食的三分之一积储起来，这样连续积储3年，便可存足1年的粮食，即“余一”。如果不断地积储粮食，经过27年可积存9年的粮食，则可达到太平盛世。这可谓最古老的社会保险思想。战国以后，逐步形成一套较完善的仓储制度，魏有“御廪”，韩有“敖仓”，汉代设有备荒赈济的“常平仓”，隋朝设“义仓”，这可以说是原始形态的人身救济后备制度。

尽管我国保险思想和后备救济制度产生很早，但因中央集权的封建制度和重农抑商的传统观念，商品经济发展缓慢，从而保险业赖以产生的经济基础和物质基础都不具备。所以，始终没有产生商业保险。

（二）近代民族保险业的发展

中国资本主义形式的保险业是随着帝国主义对中国通商贸易和经济侵略而来

的。1805年，英、印商人在广州成立“谏当保安行”，亦称为广州保险协会或广州保险社，这是外商在中国开设最早的保险公司。继英国之后，美国、法国、德国、瑞士、日本等国的保险公司也相继来华设立分公司或代理机构，经营保险业务。

1865年5月，中国第一家华商企业——上海华商义和公司保险行成立。这是我国第一家民族保险企业，打破了外国保险公司对中国保险市场的垄断局面。

1875年12月，李鸿章授意轮船招商局在上海创办第一家规模较大的保险招商局，从而成为中国民族保险业里程碑。不过，保险招商局财力有限，只能承保船值1万两和货值3万两的货船，而当时每艘船的价值都在10余万两，所以余额部分还须向外商保险公司投保。1865～1912年的40多年间，成立的各类华商保险公司约有35家。1912～1925年，陆续成立的保险公司有39家。1926～1936年，全国有保险公司40家，分支机构126家。

抗战期间，国民政府迁都重庆，内地保险业得到了相应的发展，保险中心则由抗战前的上海转移到重庆。但上海由于原来的英、美、法租界的特殊关系，与其他地区比较相对安全稳定。大量游资为寻找出路竞相投入保险业，新开设的保险公司较战前增加了两倍多。

抗战胜利后，保险业中心复移上海。集中在上海的大量游资再度竞相投资保险业，形成了民族保险业发展的第三次高潮。截至1948年，上海保险机构增至241家，其中华商178家、外商63家。

（三）现代保险业的发展

1949年10月20日，中国人民保险公司（PICC）在北京成立，在各大区设立分公司，由中国人民银行总行直接领导。PICC的成立，宣告了新中国统一的国家保险机构的诞生。在随后的1952年，PICC由中国人民银行领导改为财政部领导，至此我国由国营保险公司垄断的独立保险市场初步形成。

由于对保险的积极作用认识不足，1958年10月在西安召开的全国财贸工作会议决定停办国内保险业务，直至1979年才恢复。

1979年11月，全国保险工作会议在北京召开，国内保险业务开始复苏，一批高等学府相继设立了保险专业。截至1990年年底，我国海外保险机构已发展到60多家。保险业也逐渐打破了中国人民保险公司独家经营的格局。

1986年，成立了新疆生产建设兵团保险公司（2002年10月18日，该公司正式更名为“中华联合财产保险公司”，由一个地区性保险公司变成全国性保险公司)；1988 年 3 月，第一家区域性股份制保险公司平安保险公司在深圳成立；1991 年 4 月，交通银行全额投资组建的第一家全国性股份制综合保险公司太平洋保险公司成立。这三家公司的成立打破了保险市场由中国人民保险公司垄断的格局，标志着市场竞争机制的形成。后来，陆续成立了新华、泰康和华泰等全国性股份保险公司以及天安、大众、永安、华安等区域性股份保险公司。

1992 年，平安保险公司由区域性保险公司改为中国平安保险公司，同年 9 月，美国国际集团所属美国友邦保险公司在上海设立分公司，这是我国保险市场对外开放以来，第一家经批准进入中国保险市场的外国保险公司。

1995 年 6 月 30 日，《中华人民共和国保险法》获利第八届全国人民代表大会常务委员会第 14 次会议通过，并于同年 10 月 1 日起施行，标志着我国保险业迈进了法制建设的新时期。

1996 年 11 月 26 日，加拿大宏利人寿保险公司与外经贸信托在上海合资设立中宏人寿保险有限公司，这是我国保险市场对外开放以来，批准设立的第一家合资保险公司。同年中国人民保险（集团）公司的财产保险公司和人寿保险公司分设。平安、太平洋等中资公司也逐步实行产、寿险分开经营。

1998 年 11 月 18 日，经国务院批准，中国保险监督管理委员会在北京正式挂牌成立，集中统一地监督管理全国保险市场。

2000 年 6 月 16 日，国内首家保险经纪人——江泰保险经纪有限公司在北京揭牌，成为中国第一家全国性的综合保险经纪公司。

2003 年对中国的保险业来说是很不平凡的一年。中国人保、中国人寿和中国再保险三家国有企业完成重组改制；中国人保在香港成功上市，成为国内首家在境外上市的国有金融企业；中国人寿保险股份有限公司在纽约和香港两地同步上市，创造了当年全球资本市场首次公开发行融资额的最高纪录；保险资金运用管理体制改革取得突破性的进展。

2004 年 12 月 11 日中国保险业入世过渡期完成，保险业进入全面对外开放的新时期，呈现出以我为主、优势互补、合作共赢、和谐发展的对外开放新局面。

2006 年 6 月，《国务院关于保险业改革发展的若干意见》（又称“国十条”）正式发布。

2007 年 1 月 9 日，众人瞩目的中国保险行业第一股中国人寿登陆 A 股市场；同年 3 月 1 日，中国平安保险（集团）股份有限公司登陆 A 股市场；12 月 25 日，国内第三大保险集团中国太保登陆 A 股市场。

2009 年 10 月 1 日，新《保险法》正式实施。同年，我国保险行业年度保费收入首次突破 1 万亿元。

（四）全球化背景下中国保险业发展的新趋势①

随着我国与世界经济相互联系和相互影响日益加深，我国保险市场对外开放不断深化，以及全球保险业发展模式的不断变革和演进，当前我国保险业也发生了深刻的变革。

1. 实行价值管理，营造良好的产业生态环境

目前，我国保险业还比较普遍地存在"以保费规模论英雄"、以规模增长代替发展的现象，把保险业发展有意无意地理解为保费收入的增长，导致了过度竞争、偿付能力不足、盈利能力弱、诚信状况不佳等问题。随着国际先进保险经营理念不断传入我国保险市场，以及政府监管针对性和有效性的不断提高，追求有价值发展的理念将得到越来越多从业者的理解、认同和响应，市场主体将越来越注重业务品质的提高、内涵价值的提升和长远目标的追求，全行业将树立起价值增长理念和效益意识，并按价值增长的要求建立盈利模式，开展后援集中，大力探索电话销售、网络销售，积极创新产品和服务，不断提高竞争层次和盈利能力，传统上"铺摊子"、"上规模"的发展模式将逐步被摒弃。

2. 走综合经营道路的大型保险集团成为市场主导力量

与全球保险业发展模式趋同，我国保险业呈现出强劲的综合经营和集团化发展趋势。截至目前，我国已有8家保险企业成立了控股（集团）公司。同时，有一些保险企业先进入产险、寿险等专业领域，并通过主业公司控股的方式走上了集团化发展道路。这些保险控股（集团）公司凭借集团的综合金融服务能力和子公司的专业化经营水平开展多元化经营，成为市场主导力量。发挥整体优势、推出综合服务、降低经营成本的能力，以及以专业化经营为基础的综合经营能力是其竞争能力的重要标志。

3. 专业化的中小保险公司日益成为保险市场生力军

从保险业发达国家的市场结构看，虽然大型金融保险集团在市场中占据主导地位，但专业化的中小保险公司依然在市场主体数量中占多数并发挥着重要的作用。随着政府部门政策扶持力度的不断加大，中小保险公司将利用差异化优势，实施差异化战略，凭借专业性强和经营灵活在细分市场中获得竞争优势，走专业化保险公司的发展道路，与大型金融保险集团形成共同发展的局面，成为提高保险市场效率、增加市场供给、拉动市场较快增长的重要力量。

4. 资本运作兴起促进保险业做大做强

席卷当今世界的保险业资本运作浪潮昭示着我国保险业，引进战略投资者、

① 参考 http：//bbs. yingjiesheng. com。

上市、并购等资本运作方式是建立健全现代企业制度和完善公司治理结构的重要途径，也是增强市场控制力、提升自身价值、提高国际化水平和实现做大做强的重要途径和手段。随着我国保险业对外开放步伐的加快和全球保险一体化的推进，我国保险业资本运作将越来越活跃，并逐步融入到国际保险业资本运作大潮中去。近年来，中国平安保险集团、中国人寿保险集团频频开展资本运作，取得了显著成效，对我国保险市场产生了强大而积极的影响。

5. 后援集中推进保险业向集约化管理模式转型

长期以来，我国保险业以分散的运营模式为主导，其局限性越来越明显。为增强风险管控、客户服务、运营管理方面的能力，顺应现代保险业集约化管理的趋势，我国一些大型保险集团率先构建后援中心，再造信息化系统和变革业务流程，实现“以客户为中心、以产品和服务为核心”的后援集中。这其中以中国平安保险集团最具代表性，其后援中心已在上海投入运作，目前开始向低成本地区扩张，在成都建设第二后援中心。

专栏 2.2　2010 年中国保险业十件大事

1. 我国首次发起召开保险监管国际联席会议。2010 年 12 月 6 日，中国保监会在京首次召开保险监管国际联席会议，来自 11 个国家和地区的保险监督官出席了会议，并围绕加强合作、共同防范跨境风险等议题深入交换意见。

2. “一行三会”联合推进农村金融创新，政策性农业保险加速推向全国。截至 2010 年 11 月，全国农业保险覆盖农户 1.29 亿户次，提供风险保障 3 794 亿元，承保主要粮、油、棉等农作物 6.53 亿亩，约占全国播种面积的 33%。保费规模已达全球第二位。

3. 新保险法“如实告知”惹争议。自 2009 年 10 月 1 日正式实施以来，“不可抗辩”条款也在司法实践中出现了“第一案”。

4. 世博亚运保险圆满收官，标志着我国保险业参与国际重大项目保险水平提升。中国人保作为我国保险企业的代表，成功获得“世博会保险全球合作伙伴”资格，独家承保了组织者需求范围内的保险业务，获得普遍好评和赞誉。

5. 险资掀起新一轮增资潮。据统计，2010 年共有 46 家公司增资 331.7 亿元，8 家公司发行次级债 225.5 亿元。

6. 我国保险机构退市现首例，安邦接手瑞福德健康险。2010 年 1 月，安邦财险收购瑞福德健康保险股份有限公司获保监会正式批准，并于 2 月将瑞福德正式更名为“和谐健康保险”。

7. 保险公司股东准入门槛提高，银行参股保险“热情不减”。2010 年 5 月 21 日，《保险公司股权管理办法》出台，《办法》提高了股东准入门槛，并首次就保险市场同业竞争做出了规定。

8. 国内保险集团首获国际权威评级。2010 年 7 月 26 日，国际著名评级机构——贝氏评级公司（A. M. Best Co.）正式授予中国再保险股份有限公司及中国财产再保险股份有限公司、中国人寿再保险股份有限公司两家子公司“A 级”的财务实力评级和“a 级”的发行人信用评级（ICR），评级展望为稳定。

9. 短期出口信用险承保规模突破 1 500 亿美元。2010 年 12 月 28 日，中国出口信用保险公司公布最新统计数据显示，截至 12 月 24 日，中国信保总承保规模达到 1 811.7 亿美元，其中短期出口信用保险的承保规模突破了 1 500 亿美元。

10. 政策力挺，航运保险迎来发展契机。2010 年 8 月 9 日，保监会同时批复中国太平洋、中国人保在上海试点设立“航运保险运营中心”。航运保险作为连接航运业和金融业的服务平台，在货物吞吐量世界第一的港口——上海，迎来了前所未有的发展机遇。

资料来源：《金融时报》，2011 年 1 月 5 日。

本章小结

1. 保险本质上是一种经济补偿制度，正确理解保险的内涵和外延。

2. 保险具有如下属性：商品交易性、契约属性、资金运动属性、经济补偿属性和互助性质，具有如下特征：经济性、互助性、法律性、科学性。

3. 保险的职能与其性质和属性相对应，具有转移风险功能、经济保障功能和资金融通功能。

4. 保险有多种分类方法，可以按保险经营的性质分类，按保险业务的范围分类，按保险业务的承保方式分类。

5. 关于现代保险的起源，比较一致的看法是源于海上保险。随着我国与世界经济相互联系和相互影响日益加深，我国的保险业发生了深刻的变革。

重要概念

保险　商业保险　社会保险　人身保险　财产保险　责任保险　信用保证保险　原保险　再保险

思考与练习

1. 如何理解保险的内涵和外延？

2. 如何理解保险的属性和基本特征？
3. 保险与赌博、保险与救济、保险与储蓄分别有何实质性区别？
4. 保险有哪些功能和作用？
5. 商业保险和社会保险有何区别？
6. 如何理解保险业发展的新趋势？

第三章 保险合同

本章概要

保险合同是建立保险关系的双方当事人之间订立的法律契约，是保险交易的必经程序。本章首先概述保险合同的一般特征，比较保险合同与一般民事合同的共性和特性，并对保险合同进行分类。接着介绍保险合同的主体、客体、内容和形式等合同基本要素，在此基础上，描述保险合同的订立、生效和履行等问题，讲述保险合同的变更、无效、解除和终止。最后讲解保险合同的解释原则和争议处理。

学习要求

1. 掌握保险合同不同于一般民事合同的特征。
2. 了解保险合同的种类。
3. 掌握保险合同的主体的构成要件，了解合同的客体、内容和形式的基本含义。
4. 理解保险合同的订立和生效的规定性。
5. 掌握保险合同变更、无效、解除和终止的各种情形。
6. 了解保险合同的解释原则。

引 言

商业保险是一种商品，商品的买卖或交易必须经过一定的程序进行，也就是说，商业保险活动是在一定的法律规范下通过签订保险合同进行的。保险合同不是普通的民事合同，具有其特殊性。那么，保险合同具有哪些特有的特征，合同的主体、客体、内容和形式是什么，其订立、生效和履行和程序要素有哪些，其变更、无效、解除和终止的规定有哪些，如果出现保险纠纷，有怎样的解释原则和争议处理方式，是这一章要重点介绍的。

第一节 保险合同概述

保险合同，也称保险契约。《中华人民共和国保险法》第十条规定，“保险合同是投保人与保险人约定保险权利义务的协议。”投保人是指与保险人订立保险合同，并按照保险合同负有支付保险费义务的人。保险人是指与投保人订立保险合同，并承担赔偿或者给付保险金责任的保险公司。具体而言，就是按照投保双方稳定的契约，投保人向保险人支付保险费，而保险人在合同约定的保险事故发生后，对因其发生所造成的财产损失承担经济赔偿责任，或者当被保险人死亡、伤残、疾病或达到合同约定的年龄、期限时，承担给付保险金。

一、保险合同的特征

保险合同属于民事合同的一种，它具有一般合同所共有的法律特征，遵循一般合同的平等、自愿、公平、诚实信用、公共利益、协商性等原则，其共同特征如下：

1. 订立合同以设立民事权利义务关系为目的。也就是说，保险合同双方通过设定合同要形成某种法律关系。例如，投保人通过购买保险的行为，与保险人形成了保险权利义务关系，一旦发生约定的保险事故，有权向保险公司请求赔偿或给付保险金。

2. 合同的当事人必须具有完全的民事行为能力。精神病人、未成年人之间达成的协议通常不能算作具有约束力的合同。

3. 合同双方当事人意思表示一致。当事人在订立合同时，法律地位是完全平等的，任何一方不能把自己的意志强加给他方。例如，保险人之所以愿意承担被保险人的某种风险，是因为它可以收取相应的保险费，双方就风险的大小与保费的多少达成了一致意见。

4. 合同内容必须合法。只有在合同当事人做出的意思表示是合法的、符合法律要求的情况下，合同才具有法律约束力，并受到国家法律的保护。如果当事人以违禁物品投保货物运输保险，即使保险人签发了保单，也不能产生合同的效力。

专栏 3.1 案例分析：保险合同标的的合法性

1999 年 1 月，某建筑公司将一辆桑塔纳向保险公司投保了一年期车辆损失险和第三者责任险，并在签单时一次缴清了保险费。投保后该车与他人轿车相撞，两车受损，建筑公司提交索赔申请后，保险公司在审查该案时发现桑塔纳在投保时和出险时未参加车辆管理机关的年检，几天后，建筑公司又提交了一份桑塔纳车的行驶证复印件载明该投保和出险时年检合格。保险人经调查得知，该合格证是为了索赔，临时交纳了罚款并进行年检后得到的。本案应如何处理？

分析：不予赔偿，但鉴于投保人不是故意骗保，可以将投保人所交保费退还。

车辆近期参加年检并年检合格是车辆行驶的法定条件，建筑公司不参加年检而继续行驶，是一种严重违反国家法规的行为。保险公司不应对其严重违反国家法规的行为提供保险保障。

另外，建筑公司在车辆受损并维修后进行了年检并合格，只能证明年检时合格，不能证明投保和出险时合格。

保险合同虽然具有一般民事合同的特征，但是，它毕竟是一种特殊的经济合同，具有一般合同所不具有的特征。

1. 保险合同是双务合同

依据合同当事人双方的权利义务关系区分，可分为双务合同和单务合同。双务合同是指合同双方当事人相互享有权利，承担义务，一方的义务为他方的权利。反之，只有合同一方享有权利，而他方仅负有义务的合同叫单务合同。保险合同的形成是以双方当事人支付对价为基础，是一种双务合同，但与一般买卖合同的双务性质不同：在买卖合同中，双方的义务都是确定的，一方交钱，一方交货；在保险合同中，投保人的义务是确定的，即按时交纳保费，而保险人承担的义务（指保险金的赔偿或给付）是不确定的，取决于偶然事件的发生与否。

2. 保险合同是有偿合同

根据合同当事人双方的受益情况，可将合同分为有偿合同和无偿合同。有偿合同是指若要享有合同权利就必须偿付相应的代价，而无偿合同是指可以享有合同权利而不必偿付代价。保险合同是有偿合同，投保人以支付保险费作为代价换取保险人对风险的承担。不过，保险合同的有偿性，并不要求双方当事人的权利义务存在绝对对等的关系，例如，投保人不能因为自己支付过保险费，就要求保险人必须给予赔偿给付（发生保险事故及长期人寿保险除外）。

3. 保险合同是非要式合同

按照合同的成立是否需要特定的形式，可将合同分为要式合同和非要式合同。要式合同是指按法律要求必须采取一定形式或完成一定程序才能成立的合同，如专利转让合同必须采用书面形式才能成立。非要式合同是指法律对合同的成立不要求必须具备一定的形式或履行一定的程序。非要式合同在当事人意思表示一致时合同即成立，但要式合同要求在特定形式成就时才成立生效。《保险法》第十三条第一款指出：投保人提出保险要求，经保险人同意承保，保险合同成立。这表示保险合同于双方当事人意思表示一致时即告成立，即保险合同属于非要式合同。

4. 保险合同是最大诚信合同

保险合同的订立，是以合同当事人的诚信为基础。采取欺诈、胁迫等手段所签订的保险合同为无效合同，从订立之日起，就没有法律约束力。而由于保险事故发生的偶然性以及保险合同双方信息的不对称性，保险合同要求当事人的诚信比其他合同更为重要，因此称为最大诚信合同。(详见本书第四章第一节)

5. 保险合同具有附合性

根据合同订立过程中双方的地位来划分，一种是议商合同，即合同在双方平等协商后成立；另一种是附合合同，指合同双方力量不对等，其通常做法是一方印制好标准合同条款，而另一方表示接受。保险合同具有附合性。投保方只有在保险公司设定的不同险种的标准合同中进行选择，一般情况下不能修改其中已定的条款内容。保险合同附合性特征主要有如下含义：保险合同的条款是由保险人按标的、危险种类及经营习惯制定的基本型或标准型条款，即使被保险人对合同条款有附加要求，不同的附加内容也是事先制定好的，届时只需在主合同上加贴或注明即可，每一种保单仅对符合条款要求的标的，承担保险责任内的保障。

6. 保险合同具有射幸性

"射幸"的原意是碰运气的意思。保险合同的射幸性主要表现在保险人的赔偿或给付在合同期内是不确定的，若保险期内发生保险事故，则被保险人得到的赔偿远远超出其支付的保费；若无损失发生，则被保险人只付出保险费而得不到任何赔付。保险人的情况正好与此相反，如发生保险事故，保险人的赔付要远远高于其收缴的保费；如不发生保险事故，则只收取保费而不赔付（长期人寿保险例外，因其带有储蓄性，不存在射幸性)。需要说明的是，保险合同这种射幸性质只是就每个保险合同而言的，如就全部承保的保险合同总体来看，总保险费收入与总赔偿金额基本平衡，并不存在偶然性和射幸性。

二、保险合同的种类

按照不同的分类标准，保险合同可以做如下分类：

（一）财产保险合同和人身保险合同

按照保险合同标的的不同，保险合同可以分为财产保险合同和人身保险合同。财产保险合同是以财产及其有关利益为保险标的的保险合同，可以分为财产损失保险合同、运输工具保险合同、货物运输保险合同、农业保险合同、责任保险合同、信用保险合同、保证保险合同和海上保险合同等。人身保险合同，是以人的寿命和身体为保险标的的保险合同，可以分为人寿保险合同、意外伤害保险合同和健康保险合同等。

（二）定额保险合同和损失补偿保险合同

以保险合同的保障性质为标准，可以将保险合同分为定额保险合同和损失补偿保险合同。定额保险合同是指当保险合同约定的事故发生时，保险人按照合同约定的保险金额给付保险金的保险合同。人身保险合同即属于定额保险合同。损失补偿保险合同是指保险人承担的保险责任就是补偿被保险人的实际损失，并不得超过保险金额。各种财产保险合同均属于损失补偿合同。补偿以损失的存在为前提，只有在发生保险事故并造成被保险人经济损失时，保险人才有赔偿的义务。

（三）足额保险合同、不足额保险合同和超额保险合同

以保险金额与保险价值的关系为标准，可以分为足额保险合同、不足额保险合同和超额保险合同。足额保险合同又称全额保险合同，是指保险金额与保险价值完全相等的合同。订立足额保险合同，当保险标的遭受保险事故发生全损时，保险人按保险价值赔偿。如保险标的遭受部分损失，保险人按照实际损失进行赔偿。不足额保险合同是指保险金额低于保险价值的保险合同。订立不足额保险合同后，当保险标的发生全损，保险人按保险金额进行赔偿，保险金与保险价值的差额部分，由被保险人自己承担。如保险标的遭受部分损失，由保险人按照保险金额与保险价值的比例承担赔偿责任。超额保险合同是指保险金额高于保险价值的保险合同。财产保险保额超过保险价值的，超过部分无效。

（四）定值保险合同和不定值保险合同

以保险标的的价值是否事先在保险合同中约定，可以分为定值保险合同和不定值保险合同。定值保险合同需要双方当事人事先约定保险价值并在保险单中载明，当发生保险事故时，不需要再对保险标的进行估价，直接按照合同约定的价

值以及保险标的的实际损失与保险金额之比来确定应当赔偿的数额。一般情况下，海洋货物运输保险大都采用定值保险合同。此外，船舶保险合同和保险标的价值不易确定的财产保险合同有时也采用此种合同。不定值保险合同指保险合同当事人事先不约定保险标的的价值，仅约定保险金额，在保险事故发生后，以保险事故发生时保险标的的实际价值为赔偿计算标准的保险合同。财产保险多采用不定值保险合同。

（五）原保险合同和再保险合同

按照合同订立主体的不同，可以分为原保险合同和再保险合同。原保险合同是指订立合同的双方当事人中只有一方是保险人。再保险合同是由原保险的保险人与再保险接受人订立的保险合同，双方当事人都是保险人。再保险合同以原保险合同为基础，但相互独立，即再保险接受人不得向原保险的投保人要求支付保险费。原保险的被保险人或者受益人，也不得向再保险接受人提出赔偿或者给付保险金的请求。

（六）补偿性合同和给付性合同

根据保险人支付保险金的行为性质不同，可分为补偿性保险合同和给付性保险合同。补偿性保险合同，是指当保险事故发生时，保险人根据被保险人的要求并对保险标的的实际损失进行核定后支付保险金的合同。大多数的财产保险合同都是补偿性保险合同，尤其是不定值保险合同。给付性保险合同，是指保险人与投保人协商一定的保险金额，待保险事故发生时，保险人负有支付全部保险金义务的合同。该类保险合同多为人身保险所采用。

第二节　保险合同的主体、客体、内容和形式

理解保险合同首先要理解保险合同的三要素，即保险合同主体、客体和内容，此外，还要理解保险合同的形式。

一、保险合同的主体

保险合同的主体分为保险合同当事人、保险合同关系人和保险合同辅助人三类。

（一）保险合同当事人

1. 投保人

投保人又称要保人，是指与保险人订立保险合同，并按照保险合同负有支付保险费义务的人。投保人是任何保险合同不可或缺的当事人之一，它既可以是自然人也可以是法人。

投保人应当具备以下三个条件：

第一，投保人必须具有相应的权利能力和行为能力，否则所订立的保险合同不发生法律效力。原保险合同中的投保人可以是一方，也可以是多方，人寿保险合同的投保人必须具有完全的民事权利能力和民事行为能力。再保险合同中的投保人必须由原保险人充当。

第二，投保人对保险标的必须要具有保险利益，即对保险标的具有法律上承认的利益，没有保险利益，投保人不能与保险人订立保险合同，若保险人在不知情的情况下与不具有保险利益的投保人签订了保险合同，该保险合同无效。

第三，投保人应承担支付保险费的义务，不论投保人为自己利益还是为他人利益订立保险合同，均应向他人支付相应的保险费。

2. 保险人

保险人又称承保人，是指与投保人订立保险合同，并承担赔偿或者给付责任的保险机构。在我国，保险人专指保险公司，它具有以下三个法律特征：

第一，保险人是组织、管理和使用保险基金的法人，它通过收取保险费建立保险基金来经营保险业务，在保险事故发生时依保险合同履行赔偿或者给付保险金的责任。

第二，保险人是履行赔偿损失或者给付保险金义务的机构，保险人的这种赔偿或给付义务是依据法律规定或者保险合同的约定，而不是因为侵权或者违约行为而产生。

第三，保险人是依法成立并允许经营保险业务的保险公司，保险经营是一种金融行为，设立保险公司经营保险业务必须符合法定条件，得到国家保险监管部门的批准，并且在规定的业务范围内开展经营活动。

（二）保险合同的关系人

1. 被保险人（insured），是财产或者人身保险合同保障的人，在保险事故发生时遭受损失并享有保险金请求权的人。被保险人可以是自然人、法人，也可以是其他社会组织，但应满足下列条件：

（1）在保险事故发生时，被保险人受到经济或人身损害。在财产保险中，因保险事故直接遭受损失的是保险标的，被保险人则因保险标的的损害而遭受经济上的损失。在人身保险中，因保险事故直接遭受损害的是保险人本人的身体、生命或健康。

（2）被保险人享有保险金请求权。因保险合同可以为他人的利益而订立，因而投保人没有保险赔偿金的请求权，只有请求保险人向被保险人或受益人给付保险赔偿金的权利。

被保险人与投保人可以是同一个人，也可以不是同一个人。

2. 受益人（beneficiary），是由投保人或被保险人在保险合同中指定的享有保险金请求权的人。受益人可以是任何人，没有资格限制，自然人、法人及其他合法组织均可作为受益人；自然人中无民事行为能力人、限制民事行为能力人，均可被指定为受益人。但是，已经死亡的受益人和不复存在的法人除外。

（1）*受益人的构成要件*

①受益人由被保险人或投保人指定。被保险人或投保人需要在保险合同中明确指定受益人，如果在合同中没有指定受益人，则在保险事故索赔保险金时，发生被保险人的法定继承。

②受益人独立地享有保险金请求权。受益人在保险合同中，没有交付保费的义务，不需要具有保险利益，在投保人不交纳保费时，保险人也不得向受益人追索保险费。

③受益人的赔偿请求权是一种期待权。在保险责任期间，受益人的赔偿请求权只是一种期待权，这种权利并非自保险合同生效时开始，而只有在被保险人发生保险事故时才产生。

（2）*受益人的受益权特点*

①受益权具有不确定性。受益人的受益权并非在保险期间固定不变，被保险人或投保人可以指定或变更受益人，只要通知保险人即可，但投保人变更受益人须征得被保险人同意。

②受益权是一种期待利益，只有在被保险人发生保险事故后才能享受，所以在国外又称为等待权。

③受益权不能继承，受益人可以放弃受益权，但没有出售、转让等处分权，这是由受益权的不确定性所决定的。

④受益人故意造成被保险人死亡的，丧失受益权，无权领取受益金。

⑤受益权只能由受益人独享，具有排他性，其他人都无权剥夺或分享受益人的受益权。相应的，受益人领取的保险金不是遗产，无需交遗产税，不用抵偿被

保险人生前债务。

⑥当受益人先于被保险人死亡，受益金作为被保险人的遗产处理，并由被保险人的法定继承人领取。

专栏 3.2 案例分析：被保险人偷窃内讧丧命，受益人能否获赔

A是某县农民，于1998年4月23日向某保险公司办理人身意外伤害险。同年10月16日，A伙同B（已经被执行死刑）等人偷鸡，销赃后未分赃给B。10月19日，A伙同上次合伙作案的另外两人再次偷鸡回来时，刚好被B碰上，B在向他们索要赔款时，将A伤害致死。

事发后，A父亲要求保险公司理赔，保险公司则以保险中规定“被保险人系违法犯罪行为致死免责”为由拒绝赔偿，双方引发争议，A父亲遂向法院起诉。问应否赔付?

分析：应当赔付。只有当被保险人的违法行为构成犯罪时，保险公司才有权拒绝赔偿。A虽然参与偷窃，但情节显著轻微，未构成犯罪，只是一般违法行为。保险公司拒赔理由不成立。

（三）保险合同的辅助人

保险合同的辅助人是协助保险合同当事人办理保险合同有关事项的人。保险合同的辅助人一般包括保险代理人、保险经纪人和保险公估人（详见本书第十三章第四节）。

二、保险合同的客体

合同的客体是合同当事人权利和义务所共同指向的对象。保险合同的客体是投保方对保险标的所具有的法律上承认的利益，也就是保险利益。保险合同双方当事人订约的目的是为了实现保险经济保障，即在约定条件下因保险事故发生酿成保险标的的损害或损失，保险人予以经济补偿或人身给付。这种保障并非保护保险标的本身，而是为了保护标的相关利益人的经济利益或人身权益。在保险标的受损失后，通过经济补偿或人身给付使被保险人的利益恢复到遭受保险事故前的经济水平。（详见本书第四章第二节）

三、保险合同的内容

保险合同的内容，即保险条款，是指规定保险双方当事人的权利和义务及其他有关事项的文字条文，是当事人双方履行合同义务、承担法律责任的依据。保险合同的内容分为基本条款、附加条款、保证条款。

（一）基本条款

基本条款是按法律规定必须在保险合同中列明的内容。保险合同的基本条款一般包括以下事项：保险人名称和住所；投保人、被保险人名称和住所以及人身保险的受益人的名称和住所；保险标的；保险责任和责任免除；保险期间和保险责任开始时间；保险价值（用于财产险）；保险金额；保险费以及支付办法；保险金赔偿或者给付办法；违约责任和争议处理；订立合同的年、月、日。

1. 保险标的

保险标的是保险利益的物质载体，明确保险标的，便于确定保险合同的种类，判断保险利益是否存在以及保险人确定承担保险责任的范围。

2. 保险责任和责任免除

保险责任和责任免除条款是保险合同的核心内容，也是区别各险种的重要标志。保险责任，是指保险人对于被保险人在保险事故发生后所承担的经济赔偿或给付责任的责任范围，也称承保责任。责任免除，是指保险人不承担经济赔偿或给付责任的具体范围，即保险人在发生什么风险事故后对于被保险人不承担保险金给付责任的具体范围，也称除外责任。

3. 保险期限和保险责任开始时间

保险期限是指保险合同有效期，也就是保险人对被保险人承担保险责任的起止时间。保险期限可以按照时间确定，也可以按照事件确定。一般情况下采用公历时间规定，如某年某月某日零时起至某年某月某日 24 时止，保险责任开始时间则从订立保险合同之日的次日算起。另外，还可以根据某一事件的始末过程确定保险期限。例如，人身保险中的旅客意外伤害保险或者财产保险中的货物运输保险，保险期限不规定具体时间而是以旅（航）程的开始与结束为一个保险期限。

4. 保险价值

保险价值是财产保险的特有概念，指的是保险标的的经济价值，它是保险金额确定的基础。保险价值可以由投保人和保险人约定并在合同中载明，也可以根据在发生保险事故时保险标的所具有的实际价值来确定。由于人身保险的标的物是人的身体或健康，不能用金钱来衡量，因此，人身保险没有保险价值，只能约定保险金额。

5. 保险金额

保险金额是指由投保人和保险人约定并在合同中载明，在发生保险事故时保险人承担给付保险金责任的最高限额。保险金额是保险费计算的依据。保险类别不同，保险金额确定的方式也不同。一般情况下，财产保险的保险金额是根据保险标的的实际价值即保险价值为基础确定的；人身保险的保险金额则是根据被保险人的实际需要、投保人或被保险人的缴费能力等因素，由保险双方当事人协商确定的。

6. 保险费以及支付办法

保险费是指投保人或被保险人为获得保险保障而支付给保险人的代价。缴纳保险费是投保人的义务，也是保险合同生效的条件之一。保险费的支付方式，财产保险一般为趸缴（一次性缴清），人身保险一般为分期缴清、限期缴清等多种方式。

7. 保险金的索赔与理赔

保险赔偿处理是保险基本职能的最终体现。当保险标的在保险合同有效期内发生约定的保险事故，被保险人或受益人向保险人提出赔偿或者给付请求，保险人依据合同约定对被保险人的索赔申请进行赔偿处理。

8. 违约责任和争议处理

违约责任是指保险人、投保人或被保险人如果违反了保险合同的有关规定而应当承担的责任，明确违约责任可以防范当事人、关系人违约行为的发生。争议处理条款是发生保险合同争议纠纷后的解决方式，主要有协商、仲裁和诉讼三种。

（二）附加条款

附加条款是指保险人为满足投保人或被保险人的特殊需要，在保险合同基本条款的基础上，增加一些补充内容，以扩大承保的责任范围的条款。保险的险种有主险和附加险之分，主险是可以独立承保的险种；附加险不能独立承保，只能附加在某一个主险项下承保。投保附加险就意味着扩大了保险人承保的责任范围。另外，保险合同订立后如果需要进行变更补充，通常采用在原合同上加贴附加条款的方式。附加条款是对基本条款的变更补充，其效力优于基本条款。

（三）保证条款

保证条款一般针对的是被保险人，保险人要求被保险方在保险合同有效期内予以遵守某些规定，这些规定必须严格遵守，否则保险人有权拒绝承担保险责任。例如人身保险合同订立要求投保人保证其报告的被保险人的年龄、职业、健康状况是真实可靠的，或者分期缴纳保险费的投保人保证如期缴纳各期保险费，如果投保人违反，则保险人有权拒绝承担保险责任甚至解除合同。

（四）协会条款

协会条款指保险行业为满足某种需要，经协商一致而制定的条款。如伦敦保险人协会制定的有关船舶和货物运输的条款。

四、保险合同的形式

保险合同的形式包括投保单、暂保单、保费收据、保险单和批单。

（一）投保单

投保单又称要保单，是投保人向保险人申请订立保险合同的书面要约，由保险人准备，有统一格式，由投保人填写。投保单是保险合同的重要组成部分，具有与保险单相同的法律效力，如果投保单填报不实，在保险单上又没有更正，保险人可以在规定的期限内宣告合同无效。

（二）暂保单

暂保单一般在财产保险中使用，是指在正式保险单未出具之前，保险人或保险代理人向投保人签发的临时保险凭证，亦称临时保险单。暂保单一般具有与保险单或保险凭证同等的法律效力，但通常有效期限不超过30天，正式保单出立后自动失效。

需要廾立暂保单的儿种情况：

1. 正式保单需要微机处理，而投保人又急需保险凭证。
2. 代理人已收取第一期保费，但尚未向保险人办妥正式保单。

（三）保费收据

保费收据一般在人寿保险中使用。在我国，交纳首期保费后，合同是否成立有争议。按原则讲，如果交纳保费的当天，被保险人符合保险人的承保条件，合同应当成立。目前，我国的保险实践规定：投保人交纳首期保费，保险人同意承保、签发保单的次日，合同成立。也就是说，保费收据只是投保人缴纳保费的证据，是可能获得预期保障的证据，而不是保险合同正式成立的依据。

（四）保险单

保险单是保险人和投保人之间订立的保险合同的正式书面文件，保单明确双方的权利义务，是双方履约和理赔的依据。

（五）批单

是保险人应投保人或被保险人的要求出具的修订或更改保险单内容的证明文件。凡经批改过的内容，以批单为准；多次批改，应以最后批改为准。

第三节　保险合同的订立、生效和履行

要取得保险保障，投保人必须与保险人订立有效的保险合同，由合同规定双方的权利和义务并各自履行。合同的订立、生效和履行是投保人获得保险保障、保险人提供保险服务的必经程序。

一、保险合同的订立

《保险法》规定，投保人提出保险要求，经保险合同同意承保，并就合同条款达成协议，保险合同成立。订立合同从程序上讲，要经过要约和承诺两个环节。保险合同的要约由投保人提出，投保人提出投保申请，填写投保单构成要约。保险合同的承诺由保险人做出，投保人提出要约后，保险人经审查符合要求，签章承诺，保险合同成立。也就是说，投保人提出保险要求；保险人与投保人就合同的条款达成意思一致，保险人同意承保，保险合同成立。

但是，合同成立并不意味着合同生效，保险合同的生效和成立是有区别的。双方意思达成一致为保险合同成立，合同对双方产生法律约束力为保险合同生效。合同成立并非合同一定生效：保险合同具备了成立要件将宣告成立，但已经成立的合同必须符合一定的生效要件，才能生效，并产生法律约束力。

专栏 3.3　案例分析：首期保费已付，保单是否生效

1998 年 3 月 17 日，曾某在寿险公司业务员的动员下填写了终身寿险投保单，并支付了首期保费。同年 4 月 2 日，曾某因意外事故不幸死亡，其家属凭借保费收据向保险公司索赔，却遭到拒绝。保险公司的理由是：曾某还没有进行体检，保险单亦尚未签发，双方之间不存在权利与义务关系，不能赔付。

分析：保险合同已经生效。本案保险公司已经收取保费，视为表示同意承保，双方权利义务关系成立。对于交纳首期保费后何时出具正式保单问题，如果有明确约定，按约定执行。本合同条款没有明确表示，保险公司应该履行赔付责任。

本案从支付保费到发生事故，半月有余，保险公司不能拿内部效率低下作为拖延借口。另外，投保人因意外伤害死亡，跟体检没有必然联系。

二、保险合同的生效

保险合同的生效是指合同符合生效要件而发生法律上的约束力。具体表现为一旦合同生效，即为法律所确认，也就是发生法律效力，当事人不得随意变更和解除合同。合同的成立与生效是互相联系的，成立是生效的前提和基础，没有成立的合同无所谓生效；生效则是成立的结果，合同生效是完成合同成立的目的。一般情况下，合同一经成立就产生法律效力，但如果合同是附条件、附期限，则在条件、期限符合合同约定时才能生效。

保险合同的生效适用所有合同生效要件的共同规定，但同时又具有自身的特殊性。

1. 缔约人在订立合同时应有相应的缔约能力

对于保险人而言，其缔约能力表现为是否具有法律所赋予的经营保险业务的资格。如果保险人不具有法定资格或经营超出其经营范围，则订立的保险合同无效。对于投保人而言，自然人的缔约能力以其民事行为能力为基础，无行为能力或限制行为能力之人，由其法定代理人为其订立保险合同。

此外，由保险代理人所签订的保险合同，保险代理人必须具有代理权。

2. 当事人意思表示真实

意思表示真实是意思表示行为人的表示行为与内心的真实意思相一致。当事人意思表示真实是保险合同的另一个生效要件，意思表示真实与意思表示一致不

同，后者是合同成立的要件，即合同当事人就合同的主要内容达成合意。造成意思表示不真实的原因有两种：一是基于表意人的原因，如事实保留、通谋、伪装错误、误解等；二是基于表意人以外的因素影响，如欺诈、胁迫、乘人之危等。意思表示不真实可导致合同的无效或可撤销。

3. 保险合同的内容不违反法律和社会公共利益

首先，为防止道德危险及赌博行为的发生，投保人对保险标的必须具有保险利益，否则保险合同无效。其次，保险标的本身必须合法。即投保人或被保险人对保险标的所享有的权利或利益是合法的。最后，保险合同条款不得违反法律的强制性规定。保险合同当事人不得协议变更保险法中的有关强制规定，否则保险合同无效。

专栏3.4 案例分析：保险合同的成立与生效

2003 年 6 月 7 日在某保险公司代理人郭某处购买了保额为 20 万元的一年期意外伤害保险一份（保险条款中规定保险期间为 1 年，自本公司同意承保、收取保费并签发保单的次日零时起至约定的终止日 24 时止），并向郭某预缴了保险费 200 元，同时郭某向其开出了保险费暂收收据一张，6 月 8 日，郭某携李某的投保单与保险费暂收收据“财务记账联”和“业务部门留存”联到保险公司交单，但是，当天保险公司由于电脑系统出现故障未能及时出单，公司核保人员只在投保单上盖了核保章，表示同意承保。

6 月 9 日，李某出行时不幸车祸身亡，但此时保险公司仍未出具正式保单。于是，郭某的妻子高某凭保险费暂收收据到保险公司索赔，保险公司以未出具正式保单所以保单并未生效为由拒赔，但同意退还暂缴保险费 100 元，高某不服，遂起诉到当地基层人民法院，要求保险公司给付保险金 20 万元。

分析：核保人员在投保单上的盖章行为即为承诺，即愿意按照投保单上的内容接受李某的投保要求。至此，保险合同正式成立。

但是，保险合同的成立与生效是两个不同的概念。合同成立只需要当事人双方就某一问题达成协议即可，而合同的生效除需达成协议外，还需订立主体合格、内容合法、意思表示真实、如有附条件或附期限作为生效条件的，还需要约定的条件或期限成立方可。

本案保险条款中明确规定，该合同的保险期间从保险人同意承保、收取保费并签发保险单的次日零时起开始，也即只有当这三个条件全部满足后，保险合同才正式生效。但是，该案中，只满足了前两个条件，所以保险合同并未生效。因而保险人并不需要承担任何保险责任。但是，本案中，没有能够及时签发保单完全是由于保险人单方面过失所致，所以，保险人应该对其过失行为承担相应的赔偿责任，给付给高某一定的赔款，但此赔款并非保险金。

三、保险合同的履行

保险合同生效后，合同双方需要各自履行自己的义务。合同一方只有履行了自己的义务，才可以享受其权利。

（一）投保人的义务

1. 缴纳保险费的义务

缴纳保费是投保人最重要的义务。投保人必须按照合同约定的时间、地点、方式、金额缴纳保费。一般而言，财产保险的缴费方式为一次性缴纳，保险合同可以在缴费前生效或缴费后生效；人身保险一般为分期缴纳，也有的一次性缴纳，合同生效一般在缴纳第一次保费后。如果投保人未能按合同规定缴费，将产生如下法律后果：

（1）如果约定缴费是合同生效的要件，则保险合同不生效；

（2）在财产保险中，保险人可以请求投保人缴纳保费及迟延利息，也可以终止合同；

（3）在人身保险中，如果投保人未按规定缴费（包括宽限期），则保险合同自动终止。

2. 通知的义务

（1）危险增加通知。危险增加，指的是在订立保险合同时，双方未曾预料到的危险或危险程度的增加。如果危险增加是由于投保人或被保险人的原因，如改变了房屋的用途，改变了职业的性质，则必须通知保险人。如果由于被保险人以外的原因，如邻接房屋存放危险品，使自己的房屋危险增加，在投保人知道情况下也需要立即通知保险人。保险人接到通知后，一般会采取提高费率或解除合同两种做法。如果保险人在一定期限内不做任何表示，则可视为默认，以后不得再主张提高费率或解除保险合同。

（2）事故发生通知。投保人知道或应该知道保险事故发生后，要及时通知保险人，否则，保险人可以免除保险责任或者解除保险合同。

专栏3.5 案例分析：危险增加的告知义务

李某于2000年12月向某保险公司投保了个人住房险。2001年5月投保人住房发生火灾。保险公司查证：李某将其使用的住房出租他人开设印刷厂，火灾是因工人操作不当引起的。李某以火灾责任向保险公司索赔。保险公司拒赔。

分析：保险公司认为李某的住房已经改变使用性质，但未通知保险公司并申请变更，投保人因危险程度增加而没能履行告知义务，保险公司有正当理由做出拒赔。

3. 避免损失扩大的义务

在保险事故发生后，投保人和被保险人应及时通知保险人，此外，还要采取各种必要的措施，积极进行施救，以避免损失的继续扩大。如果被保险人在损失发生后，不积极进行施救，致使损失扩大，无权就扩大的损失索赔。对被保险人为防止或者减少保险标的的损失所支付的必要的、合理的费用（施救费），由保险人承担。

（二）保险人的义务

1. 确定损失赔偿责任

保险人最重要的义务就是在保险事故发生后，履行赔偿责任。在履行这一义务之前，保险人首先要确定损失赔偿责任。险种不同，保险人的责任范围也不同。对保险责任的限定主要有三种：

（1）基本责任：保险人依据保险合同约定的基本条款承担赔偿或给付责任。

（2）附加责任：附加责任即附加于保险人基本责任范围以外的责任。附加责任不单独承保，一般由投保人提出，若投保人不提出，则不在保险人的责任范围之内。

（3）除外责任：保险合同条款中规定的保险人不予赔偿的损失或事故。一般包括除外地点，除外风险，除外财产，除外损失，发生了以上除外责任，保险人不承担赔偿责任。不过，部分合同也可以用附加责任的方式，把原来属于除外责任的损失纳入为承保责任。

2. 履行赔偿给付的义务

在保险有效期内，发生了保险责任范围内的事故，保险人应该履行赔偿给付义务。履行这项义务需要确定保险金的涵盖项目和支付方式。

（1）赔偿金的涵盖项目

赔偿直接损失：按合同规定，对发生的财产损失和人身伤害，在保险金额范围内给予赔偿或给付。

施救费用：支付被保险人为抢救保险财产而支付的合理费用。

其他费用：检验、公估受损标的的合理费用。

（2）保险金的支付方式

原则上，保险人通常以现金形式赔付损失和费用，而不负责以实物补偿或恢复原状，但双方在合同中有约定的除外。

专栏 3.6　案例分析：保险合同的履行

某年12月底，某地个体运输户高某，将一辆16座面包车向保险公司投保一年期车辆损失险，保险金额为12万元，应付保费2 850元。保险单填妥后，高某声称钱未带够，只能暂交部分。因急于出车，要求先将保险单给他，承诺下午再将其余欠的钱补来。在征得经办人同意后，先交了保费1 000元，将保险单带走。但事后高某并未如约补交保险费。保险经办人曾多次催收，并表示如再拖欠不交，出事后就不负责赔偿，均被其敷衍搪塞，公司一直未收到欠下的余款。到第二年4月，保险车辆在行驶途中翻车，造成6万余元的损失，投保人高某赶快带着欠费交到保险公司，并提出索赔。保险公司是否赔偿？

分析：本案是关于财产保险合同签订时保险费未全额交纳而引起合同是否有效的纠纷案。保险人应该承担全部赔付责任。

财产保险合同由于一般期限较短，在签订时应该全额交纳保费，以确保合同生效，如果缓交或者不足额交，那么双方的约定就成为合同是否生效的关键。本案中双方没有约定，而保险公司又默认了投保人的做法，没有及时终止合同，因此保险人有过错，应该承担全部赔付责任。

第四节　保险合同的变更和争议处理

在已经生效的保险合同履行过程中，由于主观或客观情况的变化需要对合同的部分内容进行补充或修改，如合同主体的变更，合同内容的变更，合同效力的变更，包括解除和终止合同。如果当事人对合同履行时的具体做法产生纠纷，还要通过调解、仲裁甚至诉讼等方式进行争议处理。

一、保险合同的变更

保险合同的变更可以分为合同的主体、内容和效力的变更。

（一）保险合同主体的变更

保险合同主体的变更指的是保险合同当事人或关系人的变更。一般而言，主体的变更大都是由保险标的的权利发生转移而引起的，因此，合同主体的变更实际上是保险合同的转让。保险合同的主体不同，变更所涉及的法律程序规定也不相同。

投保人的变更，属于合同的转让或者保险单的转让。在财产保险合同中，投保人转移财产所有权或者经营管理权的同时将保险合同一并转让给受让人，投保人所具有的保险利益因标的的移转而消灭，受让人因受让了保险标的从而获得了保险利益。《保险法》第三十三条规定，保险标的的转让应当通知保险人，保险人同意继续承保后，依法变更合同。

被保险人的变更，只能发生在财产保险合同中。在人身保险合同中，保险标的即被保险人的生命或身体，这是保险关系确立的基础，是不能变更的。

受益人的变更，被保险人或者投保人可以变更受益人并书面通知保险人。投保人变更受益人时须经被保险人同意。

（二）保险合同内容的变更

保险合同内容的变更，是指合同主体不变，合同条款发生变更。合同内容的变更主要包括被保险人地址的变更；保险标的数量、品种、价值或存放地点的变更；保险期限、保险金额的变更；保险责任范围的变更；货物运输保险合同中的航程变更；船期变更等。这些变化都会影响到保险人承担风险的大小。因此，在保险合同有效期内，投保人可以变更保险合同的有关内容，但须经保险人同意，办理变更手续，有时可能还需增缴保费，合同才能有效。

（三）保险合同效力的变更

保险合同效力的变更，包括合同的无效、解除和终止。

1. 合同的无效

是指合同虽已订立，但在法律上不发生效力，合同的全部或部分内容不产生法律约束力。合同无效可分为全部无效和部分无效。合同的全部无效，是指保险合同全部内容不产生法律效力，如投保人对保险标的不具有保险利益。合同的部分无效，指合同的部分内容不具有法律效力，其余部分仍然有效，如善意超额保险中的超额部分。

保险合同无效的原因有以下几种：(1) 合同主体资格不合格，如投保人无相应的民事行为能力，保险人不具备法定条件，不是依法设立的公司，保险代理人没有保险代理资格或代理权等。(2) 当事人意思表示不真实，如一方当事人欺诈、胁迫或乘人之危使对方违背自己意愿。(3) 客体不合法，如投保人对保险标的没有保险利益。(4) 内容不合法，如人身保险中未经被保险人同意的死亡保险，被保险人年龄超过规定的年龄期限等。

合同的无效需要专门的、公正的、独立于合同主体之外的机构进行判断，根据法律规定，无效合同的确认机构为人民法院和仲裁机构。

无效合同产生的法律后果有三种：返还、赔偿和追缴。

2. 合同的解除

保险合同的解除是指保险合同期限尚未届满前，合同一方当事人依照法律或约定行使解除权，提前终止合同效力的法律行为。解除保险合同的法律后果集中表现在，保险合同的法律效力消失，回复到未订立合同以前的原有状态。因此，保险合同的解除具有溯及既往的效力，保险人一般要退还全部或部分保险费，并不承担相应的保险责任。

保险合同的解除，一般分为法定解除和意定解除两种形式。

(1) 法定解除

法定解除是指当法律规定的事项出现时，保险合同当事人一方可依法对保险合同行使解除权。法定解除的事项通常由法律直接规定。但是，不同的主体有不尽相同的法定解除事项。

对投保人而言，在保险责任开始前，可以对保险合同行使解除权，而在保险责任开始后，法律对投保人的解除权做出了两种不同的规定：对财产保险合同而言，投保人要求解除合同的，保险人可以收取自保险责任开始之日起至合同解除之日止期间的保险费，剩余部分退投保人。对人身保险合同而言，投保人解除合同，已交足 2 年以上保险费的，保险人应当退还保险单的现金价值；未交足 2 年保险费的，保险人按照约定在扣除手续费后，退还保险费。

保险人只有在发生法律规定的解除事项时才有权解除合同。

①投保人、被保险人或者受益人违背诚实信用原则。包括：凡投保人有故意隐瞒事实，不履行如实告知义务的，或者存在因过失未履行如实告知义务而足以影响保险人决定是否同意承保或者提高保险费率的行为；被保险人或者受益人在未发生保险事故的情况下，谎称发生了保险事故并向保险人提出赔偿或者给付保

险金请求的，保险人有权解除合同。投保人、被保险人或者受益人有故意制造保险事故的行为，合同可被解除。在人身保险合同中，投保人有未如实申报被保险人的真实年龄的行为，并且被保险人的真实年龄不符合合同约定的年龄限制，保险人有合同解除权。但是，该解除权应当在合同成立的2年内行使。

②投保人、被保险人未履行合同义务。在财产保险合同中，投保人、被保险人未按照约定履行其对保险标的的安全应尽的责任，保险人有权解除合同。

③被保险人危险增加通知义务的违反。在保险合同有效期内，保险标的的危险增加，被保险人有义务将保险标的的危险程度增加的情况通知保险人，保险人可根据具体情况要求增加保险费，或者在考虑其承保能力的情况下解除合同。

④在分期支付保险费的人身保险合同中，若没有另外约定，投保人超过规定的期限60日未支付当期保险费的，导致保险合同中止。保险合同被中止后的2年内，双方当事人未就合同达成协议，保险人有权解除合同。

（2）意定解除

意定解除又称协议终止，是指保险合同双方当事人依合同约定，在合同有效期内发生约定情况时可随时解除保险合同。意定解除要求保险合同双方当事人应当在合同中约定解除的条件，一旦约定的条件成就，一方或双方当事人有权行使解除权，使合同的效力归于消灭。

3. 合同的中止与复效

保险合同的中止，是指在合同存续期内，由于某种原因，合同的效力暂时中止。在中止期间发生的保险事故，不承担赔偿给付责任。例如，在分期缴费的人寿保险合同中，投保人未在合同约定的期限内（包括宽限期）缴费，保险合同的效力中止，中止期间，保险人对发生的保险事故不负赔偿责任。

保险合同的复效，是指保险合同的效力在中止以后又重新开始。《保险法》规定，经保险人与投保人协商并达成协议，在投保人补交保费后，合同效力恢复。但是，自合同效力中止之日起满两年双方未达成协议的，保险人有权解除合同。

4. 合同的终止

保险合同的终止是保险合同成立后因法定的或约定的事由发生，保险合同的法律效力消灭。导致保险合同终止的原因多种多样，主要有以下几个方面：

（1）自然终止。在保险合同有效期内，未发生保险事故，保险合同因期限届满而终止，这是合同终止最普遍、最基本的原因。

（2）履约终止。在保险合同的有效期内，约定的保险事故已发生，保险人按照保险合同承担了给付全部保险金的责任，保险合同即告结束；或者，当历次给付的保险金总额达到保险金额时，保险合同终止。

（3）解除终止。合同因解除而终止，主要包括前面的法定解除和意定解除两种。

二、保险合同的争议处理

保险合同在履行过程中，合同主体就合同履行的具体做法有可能会产生意见分歧或纠纷，从而发生争议。当保险合同发生争议时，需要按照一定的程序和方式处理、解决。在进行争议处理时，首先要正确理解，也就是正确解释合同。保险合同有多种解释原则，其中，最重要的是有利于被保险人的解释原则，也称“有利于非起草人的原则”。《保险法》第三十条规定，采用保险人提供的格式条款订立的保险合同，保险人与投保人、被保险人或者受益人对合同条款有争议时，应当按照通常理解予以解释。对合同条款有两种以上解释的，人民法院或者仲裁机构应做出有利于被保险人和受益人的解释。也就是，保险合同具有典型的格式合同的性质，保险合同的解释，应当遵循和适用关于格式合同的“不利解释”原则。

根据有关的法律，保险合同的争议处理主要有以下几种：

1. 协商。当事人双方在自愿互谅的基础上，按照法律政策的规定和保险合同的要求，通过协调解决纠纷和争议。

2. 调解。在合同管理机关或法院的参与下，双方自愿达成协议，平息争端。调解必须遵循法律、政策与平等自愿原则。如果一方当事人不愿意调解，或调解不成立或调解后又反悔，可以申请仲裁或直接向法院起诉。

3. 仲裁。争议双方订有仲裁协议，自愿把彼此间的争议交由仲裁机构并做出裁决。仲裁方式具有法律效力，必须予以执行。

4. 诉讼。这是解决争议最激烈的方式，由人民法院来裁决纠纷。当事人提起诉讼应当在法律规定的时效以内。

专栏 3.7　案例分析：保险合同的解释

2001 年 6 月 29 日陈某为自己投保了《康宁终身保险》，基本保险金额为 10 000 元，保单受益人为其儿子。2002 年 2 月 6 日，陈某因肺癌死亡，陈子持相关证明材料向保险公司申请身故保险金。保险公司经调查得知：2001 年 7 月 5 日，陈某因左骼骨部肿痛至医院就诊而被确诊为“右下肺癌左骼骨转移”，其后一直在间断治疗，未向保险公司申请重大疾病保险金。

保险公司依照《康宁终身保险》条款第五条责任免除第七款“被保险人在本合同生效或复效之日起 180 日内患重大疾病、或因疾病而身故或造成身体高度残疾时，本合同终止”，故保险公司给予拒付处理。陈子不服，于是向法院起诉。一审法院经审理认为：保险公司《康宁终身保险》条款第五条第七款本身理解上使人产生歧义，针对格式条款应做出有利于受益人的解释。故对此条款的解释应以受益人解释为准。据此，法院判决保险公司败诉。二审法院经过重新审理后认为：理解保险合同条款含义，首先应从保险条款整体内容及双方真实意思表示出发，故主持双方进行了调解。

本章小结

1. 保险合同具有一般合同的共性和自身的特殊性。
2. 保险合同的主体分为保险合同当事人、保险合同关系人和保险合同辅助人。
3. 保险合同的客体是投保方对保险标的所具有的法律上承认的利益，也就是保险利益。
4. 保险合同的内容分为基本条款、附加条款、保证条款。
5. 保险合同的形式包括投保单、暂保单、保费收据、保险单和批单。
6. 保险合同成立的标志是：投保人提出保险要求，经保险合同同意承保，并就合同条款达到协议。
7. 保险合同生效后，投保人和保险人各自履行自己的义务。
8. 保险合同的变更分为合同主体的变更，内容的变更和效力的变更。
9. 保险合同争议处理主要有以下几种方式：协商、调解、仲裁、诉讼。

重要概念

保险合同　投保人　保险人　被保险人　受益人　保险代理人　保险经纪人　保险利益　保险标的　保险金额　要约　承诺　投保单　暂保单　保险单　合同无效　合同解除　合同终止　合同中止

思考与练习

1. 保险合同与一般合同相比，其共性与特性是什么？
2. 保险合同的主体有哪些，其成立要件是什么？
3. 保险合同是否成立即生效？
4. 投保人与保险人分别有哪些义务？
5. 保险合同的变更和终止分别有哪几种情况？
6. 为什么在当事人对合同条款有争议时，法院通常采取有利于投保人的解释原则？

第四章　保险的基本原则

本章概要

保险的基本原则是处理合同双方权益关系的基本出发点，充分体现在保险契约的各个条文中。本章阐述了保险的几大基本原则，包括最大诚信原则、保险利益原则、近因原则、损失补偿原则及其派生原则，损失补偿派生原则主要包括代位追偿、委付和重复保险分摊等原则。

学习要求

1. 掌握最大诚信原则的含义、规定原因、熟悉基本内容及违反后果。
2. 掌握保险利益的含义及各类保险的保险利益，理解保险利益的变动、适用时限。
3. 理解近因原则的含义，熟悉并掌握近因原则的应用。
4. 了解损失补偿原则及其派生原则的含义，掌握重复保险分摊的方法。

引　言

为了规范和维护保险当事人的权益关系，保险合同从订立、生效、履行、变更到争议处理，必须坚持几项基本原则，包括最大诚信原则、保险利益原则、近因原则、损失补偿原则及其派生原则，遵守这些基本原则是处理有效合同关系的关键。

第一节　最大诚信原则

诚信就是讲诚实与守信用。诚实是指一方当事人不得隐瞒、欺骗；守信用是指任何一方当事人都应善意地、全面地履行自己的义务。诚信原则是任何一项民事活动的各方当事人都应当遵守的，这是民事、商事活动的基本要求。保险合同关系属于民商法范畴，也应该遵守诚信原则。但是，保险合同对当事人的诚信要求要高于一般民事活动，要求遵循最大诚信原则。

一、最大诚信原则的含义及其原因

（一）最大诚信原则的含义

最大诚信原则是调整保险合同当事人双方利益的重要原则，是指保险合同当事人订立合同及在合同有效期内，应向对方提供能够影响对方做出订约与履约决定的全部实质性重要事实；同时绝对信守合同订立的约定与承诺。保险合同要求合同双方当事人遵守“最大诚信原则”，否则，受到损害的一方，可以此为由宣布合同无效或不履行合同的约定义务或责任，甚至对因此而受到的损害还可要求对方予以赔偿。

（二）遵守最大诚信原则的理论依据

1. 保险信息的不对称性

一方面，投保人可能利用自己对保险标的的了解、控制，影响保险人对标的的风险估算；另一方面，保险人也可能利用自己的专业知识优势，在合同签订中处于优势，损害投保人的合法利益。尤其是保险人面对大量的投保人，无法亲自了解保险标的的情况，只能根据投保人的告知和陈述来决定是否承保、如何承保以及费率的确定，因此，要求投保人遵循最大诚信原则。

2. 保险合同的附合性

保险合同是典型的附合合同，合同中的内容都是由保险方单方面制定的，而保险合同条款又较为复杂，专业性强，一般的投保人或被保险人不易理解与掌握，投保人的地位相对弱势。最大诚信原则要求保险人基于最大诚信，履行其应尽的义务与责任。

3. 投保人对保险标的控制性

在保险经营过程中，保险标的始终控制在投保人或被保险人手中。投保人对保险标的的价值及风险状况最为了解，保险人往往没有足够的人力、物力和财力对此进行详细的调查。投保人的任何欺骗或隐瞒行为必然侵害保险人的利益。

二、最大诚信原则的内容——告知

最大诚信原则的内容主要包括告知、保证、弃权与禁止反言。

（一）告知的含义

诚实信用原则的核心是告知行为，因为告知是保险人确定是否承保、怎样确定保险费率以及投保人是否投保、投保金额大小的重要依据。告知是指保险合同当事人对有关实质性重要事实向对方所作的口头或书面的陈述。所谓实质性重要事实，是指能够影响保险人确定保险费率或影响其是否承保的事实，以及影响投保人是否投保的事实。

由于告知的内容和形式对双方当事人要求有所不同，对投保人来说，通常称为如实告知，对保险人来说一般称为明确说明。

（二）告知的内容

1. 投保人如实告知

具体包括以下几个方面：

第一，保险合同订立时，根据保险人的询问，投保人应该对已知或应知的与保险标的及其危险有关的重要事实作如实回答，如有关投保人或被保险人的详细情况，有关保险标的的详细情况，危险因素及危险增加的情况，以往损失赔付情况等；

第二，保险合同订立后保险标的在危险增加时应及时通知保险人；

第三，保险标的转移时或保险合同有关事项有变动时投保人或被保险人应通知保险人，经保险人确认后，方可变更合同并保证合同的效力；

第四，保险事故发生后投保方应及时通知保险人；

第五，有重复保险的投保人应将重复保险的有关情况通知保险人。

专栏4.1 案例分析：未完全履行告知义务拒赔案

2003年2月，王某因患胃癌（亲属因害怕其情绪波动，未将真实病情告诉本人）住院治疗，手术后出院，并正常参加工作。8月，王投保了人身险，在填写投保单时没有申报患病和手术事实。2005年5月，王某旧病复发医治无效死亡。王某的妻子以受益人身份，请求给付保险金。

保险公司调查时发现王某曾患癌症并动过手术，于是拒绝给付保险金。王某以丈夫不知自己患何种病并未违反告知义务为由抗辩，双方发生纠纷诉至法院。

请分析王某是否应该得到给付？

一种观点认为，被保险人虽然投保之前患有严重疾病并接受过住院及手术治疗，但因家属和医师的善意隐瞒，本人并不知情，在被保险人确实不知自己患有严重疾病而没有告知，则本人不存在过错，应该得到赔付。

另一种观点认为，被保险人虽然并不清楚自己患有何种疾病，但他对自己住院并做手术的事实是知道的，他隐瞒了这一患病事实，应当承担不实告知的后果，即不应得到赔付。

法院支持第二种观点。被保险人不应该得到赔付。尽管被保险人不是故意隐瞒他有胃癌的事实，仅从这一点上看，并不算违反告知义务。但他却隐瞒和虚假陈述了住院就医和手术方面的事实，犯了未告知重要事实的过错，增大了保险人的风险，一定程度上违反了最大诚信原则，应当承担违反告知义务的不利后果。但由于其并不存在故意，因此可退还其保费。

2. 保险人明确说明

保险人应告知的内容主要是履行说明义务。

第一，保险人在订立保险合同时应当主动向投保人说明合同条款的内容，特别是明确说明责任免除条款，以便投保人充分了解其投保险种的保险责任、免责条款、被保险人的义务、保险费的支付等内容。保险人对保险合同条款的说明应当客观、确切、具体、完整，不能含糊，更不能对合同条款作片面随意的解释。尤其是免责条款，如果订立合同时保险人未明确说明，该条款不产生效力。保险人的说明应以普通人能够理解的程度为标准，保险人说明不清，应视为未尽说明义务。

第二，保险人在保险事故发生或在合同约定的条件满足后，应当按合同的约定履行赔偿或给付义务。

（三）告知的形式

1. 投保人告知的形式

按照惯例，投保方的告知形式有无限告知和询问回答告知两种。无限告知又称客观告知，是法律或保险人对告知的内容没有明确性的规定，投保方应将与保险标的的危险状况及有关重要事实如实告知保险人。询问回答告知又称主观告知，是指投保方只对保险人所询问的问题必须如实回答，而对询问以外的问题投保方可无须告知。我国采取询问回答即主观告知的形式履行告知义务。

2. 保险人告知的形式

保险人的告知形式有两种，即明确列明和明确说明。明确列明是指保险人只需将保险合同的主要内容明确列明在保险合同之中，即视为已告知投保人。明确说明是指保险人不仅应将保险的主要内容明确列明在保险合同之中，还必须对投保人进行正确的解释。我国采取的是明确说明的告知形式。

（四）违反告知义务的构成要件

1. 主观要件

第一，未告知或告知不实的事项仅限于投保人知道或应当知道的事实。法律不能强人所难，不能要求投保人告知其本人尚未掌握且没有理由知情的事实。因此，只有当投保人未告知或告知不实的事项是投保人知道或应当知道的事实时，才构成对如实告知义务的违反。

第二，投保人主观上有过错。如实告知义务是基于诚实信用原则而课以投保人之义务，如果投保人既无故意也无过失，就不能构成对告知义务的违反。

2. 客观要件

第一，有未告知或告知不实的事实存在。如果保险人主张投保人违反告知义务，则必须证明投保人有未告知或告知不实的事实存在。保险中一般采取询问告知方式，多数情况下，投保人通过填写风险询问表来完成告知义务，此时保险人须证明风险询问表中填写的内容不实或有遗漏即可。否则，保险人应承担不利后果。

第二，未告知或告知不实的事实属于重要事实。《保险法》将“重要事实”定义为“足以影响保险人是否同意承保或者提高保险费率的事实”，其标准有两个：（1）是否会对保险人接受投保，即与被保险人达成保险合同产生影响；（2）是否会对保险人按何种费率向被保险人收取保费产生影响。只要满足其中一个条件就属于重要事实，否则，不能认定投保人违反了告知义务。

专栏 4.2　案例分析：投保人因未告知引发的诉讼案

学生 A，1998 年出生，2003 年 11 月起，A 开始出现走路不稳、摔跤、头疼等症状。2004 年 8 月，症状加剧，摔跤次数增多，A 的父亲带他去医院外科门诊检查腿部，医院拍片后，诊断正常。2004 年 9 月，A 上一年级，投保了学生团体住院医疗保险。条款中规定“因被保险人投保前已患有的疾病的治疗，造成被保险人发生医疗费用，保险公司不承担给付保险金的责任”。投保时投保书中“被保险人健康告知”栏未填写。2004 年 12 月，A 恶心、呕吐，A 父再次带他就诊，确诊为髓母细胞瘤。2005 年 3 月，A 手术和放疗后，其父申请理赔，要求保险公司赔付 5 万元的住院医疗费，保险公司拒付。

在法院审理过程，形成了两种不同意见。

第一种意见：保险公司不应当承担责任。A投保前就出现了走路不稳、头疼等明显症状，而上述症状是髓母细胞瘤典型的临床表现，表明其在投保前就已经患有疾病。而保险条款中有约定：因被保险人对投保前已患有的疾病进行治疗所发生的医疗费用，不给付保险金。因此，保险公司不应当承担责任。

第二种意见：保险公司应当承担部分责任。A在投保前出现了走路不稳等症状，但投保人并没有对被保险人的状况如实告知，却在投保书中声明身体正常，而保险公司并未对投保书进行认真审查，在投保人健康告知栏没有填写的情况下就签发了保单，因此，双方都有一定的过错，保险公司承担部分赔付责任。

请运用保险原理综合分析此案。

保险公司应承担全部赔付责任。

首先，投保人并没有故意或过失而不履行告知义务。虽然A投保前出现了明显的病症，但A在投保前未查出任何疾病，不能说投保人存在故意或过失而未履行告知义务，A在投保时是诚信的。

其次，虽然A投保前出现了某些症状，但并没有医院确切的诊断，证明其在投保前就患有某种疾病。因此，不能仅凭A在投保前出现的某些症状就断定其投保前就患有某种疾病，以此而适用保险条款中约定的免责事由。

（五）违反告知义务的法律后果

1. 投保人违反告知义务的法律后果

在保险经营活动中，投保方违反告知义务的情况有：告知不实（误告）、不予告知（隐瞒）、虚假告知等。不同的违反形式，导致的法律后果不尽相同。

（1）投保人故意不履行如实告知义务的法律后果。如果投保人故意隐瞒事实，不履行告知义务，其法律后果是：保险人有权解除保险合同；若在保险人解约之前发生保险事故造成保险标的损失，保险人可不承担赔偿或给付责任，同时也不退还保险费。

（2）投保人过失不履行如实告知义务的法律后果。如果投保人违反告知义务的行为是因过失、疏忽而致，保险人可以解除保险合同；对在合同解除之前发生保险事故所致损失，不承担赔偿或给付责任但可以退还保险费。

（3）投保方未就保险标的危险程度增加的情况通知保险人的法律后果。对财产保险而言，当财产保险的保险标的危险增加时，被保险人应及时通知保险人，保险人有增费权即有权要求增加保险费，或者有解约权即有权解除保险合同，但是，若被保险人未及时通知保险人，其法律后果是，对危险程度增加而导致的保险事故，保险人可以不承担赔偿责任。

2. 保险人未尽告知义务的法律后果

（1）保险人在订立保险合同时没有向投保人明确说明合同中关于保险人责任免除条款的，该条款不产生效力；

（2）保险公司在保险业务中隐瞒了与保险合同有关的重要情况，欺骗投保人、被保险人或受益人，构成犯罪的，依法追究刑事责任；不构成犯罪的，由监管部门对保险公司处以相应的罚款。

三、最大诚信原则的内容——保证

（一）保证的内容

保证是指保险双方在合同中约定，投保人或被保险人担保在保险期限内对某一事项的作为或不作为，或者担保某一事项的真实性。保证是影响保险合同效力的重要因素，保险保证的内容属于合同的组成部分。

（二）保证的形式

1. 按保证存在的形式通常可分为明示保证和默示保证

明示保证是在保险单中订明的保证。默示保证则是指一些重要保证并未在保单中订明，但却为订约双方在订约时都清楚的保证。默示保证由有关的法律、惯例及行业习惯来决定。默示保证与明示保证对被保险人具有同等的约束力。

2. 按保证是否已经确实存在通常可分为确认保证和承诺保证

确认保证事项涉及过去与现在，它是投保人对过去或现在某一特定事实存在或不存在的保证。承诺保证是指投保人对将来某一特定事项的作为或不作为，其保证事项涉及现在与将来，但不包括过去。

（三）违反保证的法律后果

任何不遵守保证条款或保证约定，不信守合同约定的承诺或担保的行为，均属于破坏保证。投保人与被保险人如若有所违背与破坏，其后果一般有两种情况：一是保险人不承担赔偿或给付保险金的保险责任；二是保险人解除保险合同。违反确认保证，保险合同自始无效；违反承诺保证，保险合同自违背之时起归于无效。因被保险人破坏保证而使合同无效时，保险人无须退还保险费。

违反保证与违反告知在事实的认定与责任后果上有较大的区别：

第一，判断是否存在违反事实的依据不同；

第二，违反的法律后果不同。违反保证的后果是严格的，投保人或被保险人违反保证条款，其行为不论是否给保险人造成损害，保险人均可解除合同，并不承担赔偿或给付保险金责任。

四、最大诚信原则的内容——弃权与禁止反言

最大诚信原则的主要内容，如告知、保证，主要是在法律上约束被保险人的作为和不作为，对于保险人，则用弃权与禁止反言的规则来约束。

（一）弃权

弃权是保险合同一方当事人放弃他在保险合同中可以主张的某种权利，通常是指保险人放弃合同解除权与抗辩权。构成弃权必须具备两个要件：首先，保险人须有弃权的意思表示；其次，保险人必须知道有权利存在。

（二）禁止反言

禁止反言也称禁止抗辩，是指保险合同一方既然已经放弃他在合同中的某种权利，将来不得再向他方主张这种权利。

弃权与禁止反言往往产生于保险代理人与投保人之间的关系上，要求保险人为其行为及其代理人的行为负责。这不仅可以约束保险人的行为，同时也维护了被保险人的利益，有利于保险双方权利义务关系的平衡。例如，被保险人告知运输的货物为危险品，但要求以低费率投保，代理人为了承揽此业务，给以普通货物的费率承保，即为弃权。若该货物运输途中发生事故，代理人不得再主张此保险无效，即为禁止反言。

专栏4.3 案例分析：弃权与禁止反言

某保险公司于1999年6月3日承保了某甲的机动车辆保险，在某甲尚未将交齐全部保费的前提下，业务员将保单正本和保费收据一并交给了被保险人某甲，此后多次催促某甲支付保费，某甲均以资金不足为由拖延。同年10月10日，某甲的车辆肇事，发生损毁。事后，在10月11日某甲立即向保险公司以现金方式补交了全年保费，此时，保险公司还不知道已经发生了事故，接受了此保费。随后某甲向保险公司报案，保险公司调查真相后，以某甲在发生事故前未及

时交付保费为由予以拒赔，某甲不服，以保险公司已经接受其保费而未履行赔偿义务为由，向法院提起诉讼。

应该赔付。

保险公司在尚未收到保费的情况下，就将保单正本连同保费发票一并交给被保险人。而投保人不履行缴纳保费的义务，此时保险人可以采取终止合同的措施，本案保险人却牵就地放弃了这一权利。后来在被保险人发生事故后反而不加核实检查就接受了补交的保费，事实上，保险公司再一次放弃了应有的权利。根据弃权与禁止反言原则，保险公司应当对此案进行赔付。

第二节　保险利益原则

一、保险利益的含义

保险利益原则是指投保人或被保险人对保险标的具有的合法的经济利益。保险利益体现了投保人或被保险人与保险标的之间存在的利害关系。保险利益必须是合法利益、确定的利益、经济利益。无论财产保险还是人身保险，投保人对保险标的具有保险利益原则上都是保险合同生效的前提条件，也是保险合同生效及存续期间保持效力的前提条件。投保人只有对保险标的具有保险利益，才有条件或资格与保险人订立保险合同，否则，则为非法或无效合同。

坚持保险利益原则的意义在于：

1. 防止赌博行为的发生。保险利益的确立从根本上划清了保险与赌博的界限，对维护社会公共利益，保证保险经营的科学性具有重要意义。

2. 防止道德风险的发生。被保险人对标的物所具有的保险利益，是其获得赔偿的最高限额。保险利益原则的限定，杜绝了无保险利益保单的出现，从而有效地控制了道德风险的重要诱因，保护了被保险人的生命安全和被保险财产的安全。

3. 限制保险人承担赔偿或给付责任的最高限额。保险利益是保险人进行赔偿、被保险人获得赔偿的质与量的根据与准绳。保险人的赔偿金额不能超过保险利益，从而限制了保险人承担的最高赔偿责任。

二、保险利益的构成要件

确认某一项利益是否构成保险利益，必须具备三个条件：

1. 必须是法律认可的利益

保险利益必须是法律认可并受到法律保护的利益，它产生于国家制定的相关法律或法规以及法律所承认的有效合同，与社会公共利益相一致。凡是违法或损害社会公共利益而产生的利益都是非法利益，不能作为保险利益。如以盗窃所得赃物投保是无效的。

2. 必须是客观存在的利益

保险利益必须是客观上或事实上的利益，即一种确定的利益，包括现有利益和预期利益。现有利益是指客观上或事实上已经存在的经济利益；预期利益是指在客观上或事实上尚不存在，但据有关法律或有效合同的约定未来可能产生的经济利益，例如，预期的营业利润。无论是现有利益或预期利益，在保险事故发生前或发生时必须能够确定。

3. 必须是可以用货币计算的利益

保险利益必须是能够以货币来计算、衡量和估价的利益，如果投保人或被保险人的利益不能用货币来计量，则保险赔偿或给付就无法实现。如人的精神创伤是无法以货币来衡量的，所以通常不作为保险利益。

专栏 4.4　案例分析：抵押权人对抵押物是否拥有保险利益

李某与张某同为公司业务员，1999 年 8 月李某从公司辞职后，开始个体经营。开业之初，由于缺乏流动资金，李某向张某提出借款，并愿意按高于银行的利率计息，将自己的桑塔纳轿车作为抵押，以保证按时还款。张某觉得虽然李某没有什么可供执行的财产，但以汽车作为抵押，自己的债权较有保证，为以防万一，张某要为车辆购买保险，李某表示同意，1999 年 9 月，双方到保险公司投保了车损险，为了方便，投保人和被保险人一栏中，都写了张某的名字。2000 年年初，李某驾车外出，途中因驾驶不慎发生翻车，车辆遭到严重损坏，几乎报废，李某也身受重伤。得知事故后，张某向保险公司提出了索赔，认为该车的事故属于保险责任，保险公司应当赔偿。保险公司认为尽管该车的损失属于保险责任，但是被保险车辆并非张某所有或使用的车辆，张某对于车辆没有保险利益，根据《保险法》第十二条的规定，保险合同无效，保险公司应退还李某所交的保费，不承担赔偿责任。经过几次交涉未果，张某将保险公司告上了法庭。

法院经过审理认为，张某作为债权人，抵押车辆是否完好关系到抵押权能否实现，最终决定债权能否得到清偿，因此，发生保险事故后，张某对车辆拥有保险利益，保险公司应当进行赔偿。

分析：本案争议的焦点在于，抵押权人对投保财产是否拥有保险利益。张某为保证自己的抵押权获得实现，以自己为投保人要求李某购买了车损险，出险之后，张某是否具有保险利益，不能一概而论，要视具体情况而定。第一，保险车辆因意外事故或李某的原因损毁，这种情况下，张某的抵押权随之消灭，这种情况下，他对保险车辆是拥有保险利益的，有权向保险公司赔偿，本案便属于这种情况。第二，抵押车辆的灭失系第三人原因所致，并且李某对第三人享有赔偿金请求权。根据《担保法》第五十八条的规定，张某的抵押权移至第三人的损害赔偿金上，对该损害赔偿金可优先受偿，张某的抵押权并没有灭失，这种情况下，张某对投保车辆是没有保险利益的，出险后无权再向保险公司索赔。

三、保险利益原则在财产保险中的应用

（一）财产保险保险利益的形成条件

财产保险的保险标的是物质财产及其相关利益，具体包括：

1. 财产所有权、经营权、使用权。财产所有人、经营管理人对其所有经营管理的财产具有保险利益。

2. 委托保管权。财产的保管人、货物的承运人、各种承包人、承租人等对其保管、占用、使用的财产，在负有经济责任的条件下具有保险利益。

3. 抵押权和留置权。财产的抵押权人和留置权人对抵押和留置财产具有保险利益。

（二）财产保险保险利益的适用时限

财产保险着重强调被保险人在保险事故发生时对保险标的具有保险利益，如果投保人或被保险人在订立保险合同时具有保险利益，但在保险合同履行过程中失去了保险利益，则保险合同随之失效。保险人不承担经济赔偿责任。

在一般财产保险中，要求投保人在订立合同时对保险标的要具有保险利益，而且所约定的保险金额不得超过该保险利益额度，以及保险利益必须从保险合同

订立到损失发生的全过程都存在。但是，海上货物运输保险的保险利益原则要求在投保时可不存在保险利益，但在发生保险事故时保险利益一定要存在。同时，由于运输货物处于流动状态，为了便于国际贸易的快速顺利地进行，海上货物运输保险的保险单可以自由地转让，无须征得保险人同意。

专栏4.5　案例分析：保险利益在财产保险中的转移

李某1999年6月10日购买一栋别墅，价值120万元，同月15日，李某向A保险公司购买了房屋保险，保险期限为1年，保险金额为120万元，并于当日缴清了保险费。2000年2月10日，李某将该别墅以125万元的价格卖给周某，李某并没有经A保险公司办理批改手续，而把保险单转让给周某。2000年3月10日，因意外发生火灾，房屋全部被烧毁。

问：

(1) 若李某向保险公司索赔，保险公司是否赔偿？为什么？

(2) 若周某向A保险公司索赔，保险公司是否赔偿？为什么？

分析：

(1) 保险公司可以拒赔：一是房屋出售时没有向保险公司告知，没有办理保险单批改手续，保险合同失效；二是李某对该房屋已经不存在保险利益，保险合同自房屋出售时起失效。

(2) 保险公司可以拒赔。周某同A保险公司没有保险关系，不是被保险人。财产保险单是属人的合同，未经保险人同意不准把它转让给他人。

（三）财产保险保险利益的变动

保险利益的存在并非一成不变，由于各种原因常使保险利益发生转移和消失。如果保险标的灭失，保险利益也随之灭失。如果被保险人死亡，除保险合同中另有规定，原则上保险利益因继承而自动转移给继承人；当保险标的所有权发生转移时，除保险合同中另有规定外，保险利益亦随之转移，即受让人对该标的具有保险利益；被保险人破产时，财产转移给债权人，破产债权人对该财产具有保险利益。其中，保险标的转让的，保险标的的受让人承继被保险人的权利和义务，但被保险人或者受让人应当及时通知保险人，但货物运输保险合同和另有约定的合同除外。因保险标的转让导致危险程度显著增加的，保险人自收到之日起30日内，可以按照合同约定增加保费或解除合同。

四、保险利益原则在人身保险中的应用

（一）人身保险保险利益的形成条件

人身保险的保险标的是人的寿命或身体，只有当投保人对被保险人的寿命或者身体具有某种利害关系时，他才对被保险人具有保险利益。我国采用限制家庭成员关系范围并结合被保险人同意的方式来确定人身保险的保险利益。《保险法》第三十一条规定，投保人对下列人员具有保险利益：

1. 本人；
2. 配偶、子女、父母；
3. 前项以外与投保人有抚养、赡养或者扶养关系的家庭其他成员、近亲属；
4. 与投保人有劳动关系的劳动者；
5. 除前款规定外，被保险人同意投保人为其订立合同的，视为投保人对被保险人具有保险利益。

（二）人身保险保险利益的适用时限

与财产保险不同，人身保险的保险利益必须在保险合同订立时存在，而保险事故发生时是否具有保险利益并不重要。之所以必须在保险合同订立时存在保险利益，是为了防止投保人对被保险人无利害关系而诱发道德风险，进而危及被保险人生命或身体的安全。因此，人身保险的保险利益的时间规定与财产保险有所不同。也就是说，人身保险只能根据投保人在投保时是否具有保险利益来确定合同效力，不能随保险合同成立后的人事变化来确定合同效力。例如，夫妻双方之间投保的人身保险在离婚后合同继续有效。

（三）人身保险保险利益的变动

在人身保险中，保险利益的变动涉及保险利益的转移和消失。在人身保险的伤害保险中，如果被保险人死亡，则意味着保险标的消灭，该保险合同终止，而并不是保险利益的转移。在人身保险中，如果投保人死亡，而投保人与被保险人不是同一人，或人身保险合同为特定的人身关系而订立，如亲属关系、抚养关系等，保险利益不能转移。如果保险合同因一般利益关系而订立，如债权债务关系，被保险人的利益由投保人专属，则由投保人的继承人继承。在人身保险中，除因债权债务关系而订立的合同可随债权一同转让外，其他的人身保险的保险利

益不得因让与而转让。

专栏 4.6 案例分析：保险利益原则在人身保险中的应用

何某（男）与林某（女）自小青梅竹马，成年后情深意笃，但由于两家有矛盾，双方家长均坚决反对这门亲事。1997 年 4 月，何、林二人南下广东打工，为相互照应及生活方便，两人租用民房并以夫妻名义同居生活，一年后生育一女孩。1999 年 4 月，何某以自己为投保人给自己和林某各买了一份人寿保险，受益人为双方所生女孩。其时，林某因出差在外并不知情。不久后，林某因车祸死亡。何某向保险公司提出索赔，保险公司调查后拒赔。何某不服，遂向法院提起诉讼。

问：

（1）本案中何某对林某是否具有保险利益，保险合同是否有效？

（2）保险公司是否应该承担给付保险金的责任？

分析：何某对林某不具有保险利益，保险合同无效。

我国现行婚姻法不承认事实婚姻，因此何、林之间不能构成法律上的夫妻关系。而根据《保险法》第三十一条规定，投保人对下列人员具有保险利益：（1）本人；（2）配偶、子女、父母；（3）前项以外与投保人有抚养、赡养或者扶养关系的家庭其他成员、近亲属；（4）与投保人有劳动关系的劳动者。除前款规定外，被保险人同意投保人为其订立合同的，视为投保人对被保险人具有保险利益。何某投保时，林某不知情并且事后没有表示同意，故何、林之间不具有上述规定的情形之一。从《保险法》的规定看，只能认定何某对林某不具有保险利益，何某为林某投保的人寿保险合同无效。由于何某为林某投保的人寿保险合同无效，故保险公司不承担给付保险金的责任。

第三节 近因原则

一、近因原则的含义

近因原则是判明风险事故与保险标的损失之间因果关系，以确定保险责任的一项基本原则，也是在保险理赔过程中必须遵循的原则。所谓近因，是引起保险标的损失的最直接、最有效、起决定作用或起支配性作用的原因，而并非指时间上或空间上与损失最接近的原因。近因原则要求只有当被保险人的损失是直接由于保险责任范围内的事故所造成的情况下，保险人才能给予赔偿，即保险人的赔付，以保险事故的发生为原因，以造成保险标的损失为结果，只有在风险事故的发生与造成损失结果之间具有必然的因果关系时才构成保险人的赔付责任。

二、近因的认定与保险责任的确定

坚持近因原则的目的是为了分清与风险事故有关各方的责任，明确保险人承保的风险与保险标的损失结果之间存在的因果关系。从近因的认定与保险责任的确定来看，主要包括下列几种情况：

（一）损失由单一原因所致

保险标的损失由单一原因所致，该原因即为近因。如果该原因属于保险责任，保险人应负赔偿责任；如果该原因属于责任免除项目，保险人不负赔偿责任。例如，某人因被盗导致家庭财产损失，该被保险人只投保人了家庭财产保险基本险，则保险人不负赔偿责任；被保险人在家庭财产保险基本险基础上加保了附加偷窃险，保险人负赔偿责任。

（二）损失由多种原因所致

如果保险标的遭受的损失由两个或两个以上的多种原因所致，则应区别分析。

1. 多种原因同时发生导致损失

即损失由多种原因造成，且这些原因几乎同时发生，无法区分时间上的先后顺序，如果损失的发生有同时存在的多种原因，且对损失都起决定性作用，则它们都是近因。而保险人是否承担赔付责任，应区分两种情况：第一，如果这些原因都属于保险风险，保险人则承担赔付责任，相反，如果这些原因都属于非保险风险，保险人则不承担赔付责任。第二，如果这些原因中既有保险风险，也有非保险风险，保险人是否承担赔付责任，则要看损失结果是否容易分析，对于结果可以分别计算的，保险人只负责保险风险所致损失的赔付；对于损失难以划分的，保险人一般不予负责赔付。例如，某企业运输两批货物，第一批投保了水渍险，第二批投保了水渍险并加保了淡水雨淋险，两批货物在运输中均遭遇海水浸泡和雨淋而受损。显然，两批货物损失的近因都是海水浸泡和雨淋。但对第一批货物而言，由于损失结果难以划分，而其只投保了水渍险，因而得不到保险人的赔偿；而对第二批货物而言，虽然损失的结果也难以划分，但由于损失的原因都属于保险风险，所以保险人应予以赔偿。

2. 多种原因连续发生导致损失

如果多种原因连续发生导致损失，前因与后果之间具有因果关系，且各原因之间的因果关系没有中断，则最先发生并造成一连串风险事故的原因就是近因。保险人的责任可根据下列情况来确定：

（1）如果连续发生导致损失的多种原因均属保险责任，则保险人应负全部损失的赔偿责任。如船舶在运输途中因遭雷击而引起火灾，火灾引起爆炸，由于三者均属于保险责任，则保险人对一切损失负全部赔偿责任。

（2）如果连续发生导致损失的多种原因均属于责任免除范围，则保险人不负赔偿责任。

（3）如果连续发生导致损失的多种原因不全属于保险责任，最先发生的原因属于保险责任，而后发生的原因属于责任免除，则近因属保险责任，保险人负赔偿责任。例如，皮革和烟草两样货物被承运人合理地装载于船舶的同一货舱，由于船舶在航行途中遭遇恶劣气候，海水进入货舱，浸湿了置放在货舱一侧的皮革，湿损的皮革腐烂发生浓重气味将置放在货舱另一侧的烟草熏坏。烟草是被腐烂皮革散发出的气味熏坏的，而皮革发生腐烂是被进入货舱的海水浸湿所致，因此烟草损失的近因是海难，属于保险责任，虽然烟草货主投保的是水渍险，并未加保串味险，但保险人仍应负全部赔偿责任。

（4）最先发生的原因属于责任免除，其后发生的原因属于保险责任，则近因是责任免除项目，保险人不负赔偿责任。例如，船舶先遭敌炮火击坏，影响了航行能力，以致撞礁沉没。显然，船舶沉没的近因是战争，而如果被保险人未加保战争险，则保险人不负赔偿责任。

3. 多种原因间断发生导致损失

在一连串连续发生的原因中，有一种新的独立的原因介入，使原有的因果关系链断裂，并导致损失，则新介入的独立原因是近因。如果近因属于保险责任范围的事故，则保险人应负赔偿责任；反之，则保险人不负赔偿责任。例如，某人投保了意外伤害保险，在过马路时被一辆汽车撞倒，去医院检查，未受伤，后因心脏病突发导致死亡。由于其致死的近因是疾病，疾病属于意外伤害保险的除外责任，所以保险人对被保险人的死亡不承担给付保险金责任。

专栏 4.7 案例分析：同难兄弟为何不同获赔

某日，某公司为了丰富员工生活，专门安排一辆大巴，组织员工进行省内旅游。车在高速公路上飞速行驶时，突然从后面飞驶而来一部人货车（后经交警裁定：人货车为违章快速超车）。公司大巴来不及避让，两车严重碰撞。公司员工张强和王成双双受了重伤，立即被送入附近医院急救。张强因颅脑受到重度损伤，且失血过多，抢救无效，于两小时后身亡。王成在车祸中丧失了一条大腿，在急救中因急性心肌梗塞，于第二天死亡。

就在事发前不久，公司为全体员工购买了人身意外伤害保险，每人的保险金额为人民币 10 万元。事故发生后，该公司立即就此事向保险公司报案。保险公司接到报案后立即着手调查，了解到：张强一向身体健康，而王成则患心脏病多年。

保险公司做出如下核定及给付：

1. 核定车祸属意外事故；

2. 核定张强死亡的近因是车祸，属保险责任，给付张强死亡保险金人民币 10 万元；

3. 核定王成丧失了一条大腿的近因是车祸，属保险责任，给付王成人民币 5 万元意外伤残保险金；

4. 核定王成死亡的近因是急性心肌梗塞，不属保险责任，不予给付死亡保险金。

问：张强和王成两人由单位购买了同一保险公司的同一种保险，都在同一次车祸中丧生，而保险公司为何要做出不同给付？

分析：张强与王成遭遇的不幸看似相同，而在遭遇人身意外伤害方面的程度和实质都不同。根据近因原则：张强的死亡是车祸，属单一原因的近因，属于保险责任，保险公司应负赔偿责任；王成死亡的近因是心肌梗塞，因意外伤害（车祸）与心肌梗塞（疾病）没有内在联系，保险公司无赔偿责任。

专栏 4.8 案例分析：暴雨造成的销售差价是否应该赔偿

某地因连续暴雨造成洪灾。洪水进入 A 公司的一个纸烟仓库，底下一层的纸烟都被水浸泡，直接损失 12 万元。上面的几层纸烟虽然未被浸泡，但屋内潮气很大，有霉变可能。A 公司为了防止损失扩大，立即将该批纸烟削价销售，销售价差达35万元。事后，A公司向保险公司索赔价差损失，保险公司提出异议。

分析：根据近因原则，该部分纸烟虽未受洪水直接浸泡，表面完好，但受潮与洪水有着必然的联系，因此被保险人在未霉变前采取果断措施削价处理是合理的、有效的，保险公司对销售差价应该予以赔偿。

第四节　损失补偿原则及其派生原则

一、损失补偿原则含义和意义

（一）损失补偿原则的含义

损失补偿原则，是指在补偿性的合同中，当保险事故发生时，被保险人从保险人所得到的赔偿应正好填补被保险人因保险事故所造成的保险金额范围内的损失。这是保险中理赔的基本原则。

损失补偿原则包含两层含义：一是质的规定，即只有保险事故发生造成保险标的的毁损致使被保险人遭受经济损失时保险人才承担损失补偿的责任；二是量的限定，即被保险人可获得的赔偿数额，仅以其保险标的遭受的实际损失为限，即赔偿恰好可以使保险标的在经济上恢复到受损以前的状态。

（二）损失补偿原则的意义

损失补偿原则主要适用于财产保险以及其他补偿性保险合同。坚持损失补偿原则，具有以下意义：

1. 有利于保障保险关系的实现，真正发挥保险的经济补偿职能

补偿损失是保险的基本职能之一，损失补偿原则恰好体现了保险的基本职能，损失补偿原则的质的规定和量的限定都是保险基本职能的具体反映。如果被保险人由于保险事故遭受的损失不能得到补偿，就违背了保险的职能与宗旨。

2. 有利于防止被保险人从保险中盈利，从而减少道德风险

被保险人有损失时才可以得到补偿，而且只能得到恢复到损失发生前财产状况的赔偿，因此，被保险人不能通过保险赔偿而获得额外的利益。这有利于防止甚至避免了被保险人利用保险而额外获利的可能，避免将保险演变成赌博行为，从而抑制了道德风险的产生。

二、对损失补偿原则的补充说明

损失补偿原则在实施时，在补偿金额上应分别情况掌握几个限度。

（一）经济补偿以实际损失为限

若在超额保险条件下，由于保险金额超过保险价值，因此当保险标的发生保险事故时，被保险人遭受的实际损失最大为保险价值，不可能等于或超过保险金额。因而，按照补偿原则，被保险人的保险标的在经济上恢复到损失前的状态，保险人只能以发生损失时的市场价格来确定赔偿金额，不得超过损失金额，以防被保险人获得额外利益。

（二）经济补偿以保险金额为限

保险金额是保险人承担赔偿或给付保险金责任的最高限额，投保人因保险标的受损所获得的经济补偿，也就只能以保险金额为限。在保险标的发生全部损失时，若投保的不定值保险，当保险金额等于或小于保险价值时；或若投保定值保险时，补偿金额都应以保险金额为限，以便填补被保险人的损失。

（三）经济补偿以保险利益为限

保险利益是投保人对保险标的所具有的法律上承认的利益。被保险人对所遭受损失的财产具有保险利益是被保险人索赔的基础，其所获得的赔款也不得超过其对受损财产所具有的保险利益。

专栏 4.9　案例分析：损失补偿原则的应用

2003 年 9 月，原告为其子投保了某保险公司一年期学生、幼儿保险附加意外伤害医疗及附加住院医疗保险。保险期间，其子在院中玩耍时被一辆小轿车撞伤，发生医疗费用 1 万多元，该医疗费用全部由汽车司机给予了赔偿。

原告虽然获得了赔偿，但想起其子还投保了意外伤害医疗保险，遂以其子受伤住院治疗为由，向保险公司申请理赔，但遭到了保险公司拒赔。保险公司的拒赔理由是：经调查核实，住院治疗费用已经得到补偿，投保人并无实际损失，所以保险公司无需再承担赔偿责任。在与保险公司协商未果的情况下，原告向人民法院提起诉讼，要求保险公司依保险合同承担给付保险金的责任，赔偿原告发生的全部医疗费用。

法院经审理做出判决：本案所涉保险属医疗费用类保险，应当适用损失补偿原则，由于撞伤原告儿子的汽车驾驶员已经赔偿了原告发生的全部医疗费用，故原告所受损失已经获得赔偿，保险人不应再负赔偿责任，否则将使同一保险标的损失实际获得双重或者多于保险标的实际损失的补偿。

三、损失补偿原则的派生原则——代位求偿

（一）代位求偿的含义

代位求偿是损失补偿原则的派生原则，是指因第三者对保险标的的损害而造成保险事故的，保险人自向被保险人赔偿保险金之日起，在赔偿金额范围内取代被保险人的地位，行使被保险人对第三者请求赔偿的权利。即保险人在代第三者向被保险人支付赔款后，取代被保险人向第三者索赔的资格。

（二）代位求偿的意义

1. 维护补偿原则，防止被保险人因损失而获取不当利益。当被保险标的发生的损害是由第三者的疏忽、过失或故意行为所造成且该种损害的原因又属保险责任时，被保险人既可以依据民法向造成损害的第三者要求赔偿，也可以依据保险合同向保险人请求赔偿，因此会因同一损失而获得额外利益。代位原则的规定，目的就在于防止被保险人获得多重利益。

2. 有利于被保险人及时获得经济补偿，尽快恢复正常生活或生产，同时，也有利于维护保险人自身的合法利益。

3. 使肇事者承担其因疏忽或过失所负的法律责任。

（三）代位求偿的适用范围

代位求偿权只适用于财产保险，而不适用于人身保险。因为财产保险的保险价值是可以确定的，财产保险合同是补偿合同。按照损失补偿原则，财产保险的保险标的发生保险事故时，被保险人只能得到补偿，而不能获得双重赔偿。而人身保险的保险金额是保险当事人双方约定的，其保险价值无法衡量，发生保险事故后，即便得到两方的同时赔付，也不会获得额外利益。因此，不适用代位求偿。

（四）代位求偿的构成要件

代位求偿权的构成要件是指代位求偿权成立所需的条件，主要包括：

1. 保险标的所遭受的风险必须属于保险责任范围。

2. 保险事故的发生必须是由于第三者的行为引起，并应由第三者承担责任。这是代位求偿权产生的前提条件。

3. 被保险人必须对第三者享有赔偿请求权，并且要求第三者赔偿。只有赔偿请求权存在，被保险人才能在获得保险赔偿后，向保险人转让其对第三者享有的赔偿请求权，从而产生代位求偿权。这既是保险人赔偿的条件，也是代位的条件。

4. 保险人必须事先向被保险人履行赔偿责任。保险人在向被保险人赔付保险金前，对造成保险标的损害的第三者不能行使保险代位求偿权。

5. 保险人只能在赔偿金额限度内行使代位求偿权。若保险人向第三者实际取得的赔偿金额大于赔偿给被保险人的金额，则保险人必须将超过部分的金额退给被保险人。这是代位求偿的权限。

四、损失补偿原则的派生原则——委付

（一）委付的概念与条件

委付，是被保险人在发生保险事故造成保险标的推定全损时，将保险标的物的一切权利连同义务移转于保险人，而请求保险人赔偿全部保险金额的法律行为。所谓推定全损，是“实际全损”的对称，是指船舶发生保险事故后，实际全损已经不可避免，或者为避免发生实际全损所需支付的费用超过了标的的保险价值，为推定全损。

委付必须具备一定条件才能成立，其条件是：

1. 委付必须以保险标的推定全损为条件。因为委付包含着全额赔偿和转移保险标的的一切权利义务双重内容，所以必须在保险标的推定全损时才能适用。

2. 委付必须就保险标的的全部提出要求，不得仅就保险标的的一部分申请委付。被保险人要求委付必须是针对推定全损的保险标的全部，如推定全损的一艘船舶、一批货物，只对其中一部分标的不适用委付。

3. 委付必须经保险人承诺才有效。保险人可以接受委付，也可以不接受委付。但委付一经保险人接受，不得撤回。

4. 被保险人必须在法定时间内向保险人提出书面的委付申请。

5. 被保险人必须将保险标的的一切权利转移给保险人，并且不得附加条件。

（二）委付的效力

委付一经依法成立，便对保险人和被保险人产生法律约束力：一方面，被保险人在委付成立时，有权要求保险人按照保险合同约定的保险金额向其全额赔偿；另一方面，被保险人必须在委付产生之日将保险标的的一切权利和义务转移归保险人。

（三）委付与代位求偿的区别

第一，代位求偿权只是一种纯粹的追偿权，取得这种权利的保险人无须承担其他义务，而保险人接受委付时，既取得了保险标的的所有权，也要承担该标的产生的义务。

第二，保险人得到的权利不同，在代位求偿中，保险人最多只能取得保险赔偿金额范围内的权利，而在委付中，保险人则可享有该项标的的一切权利，保险人可以接受大于其赔偿金额的利益。因为被保险人提出委付时，已放弃了对保险标的的所有权，保险人取得了对保险标的处分权，并可取得因处置而取得的额外利益。

五、损失补偿原则的派生原则——重复保险的分摊

分摊原则是在被保险人重复保险的情况下产生的补偿原则的另一个派生原则。所谓重复保险，是指投保人对同一保险标的、同一保险利益、同一保险事故同时向两个或两个以上的保险人分别订立保险合同，且其保险金额总和超过保险价值。在重复保险的情况下，被保险人所能得到的赔偿金由各保险人采用适当的方法进行分摊，得到的总赔偿金额不得超过损失金额。遵循这一原则的目的在于维护补偿原则，防止投保人利用重复保险获得超额赔款。

重复保险分摊的方式一般有比例责任制、限额责任制和顺序责任制。

（一）比例责任制

以每一家保险公司承保的保险金额与各家保险公司承保的保险金额总和的比例，作为分摊损失金额的计算方法，各保险人按照其保险金额，依比例分担赔偿损失的责任。因为保险金额是保单上规定的保险人负责损失赔偿的最高责任限

额，因此这种分摊方法也被称为最大责任分摊法。其计算公式为：

某保险人分摊的赔偿责任 = 某保险人承保的保险金额/

所有保险人承担的保险金额 × 损失金额

例如，保险标的实际价值是100万元，投保人分别向甲保险公司投保了40万元，向乙保险公司投保了60万元，向丙保险公司投保了20万元。各家保险公司承保的保险标的的保险金额总和为40 + 60 + 20 = 120（万元）。如果在这三张保单同时有效的期间内，该保险标的发生了60万元的实际损失，则三个保险人的分摊金额分别为：

甲保险人的赔偿金额 = (40/120) × 60 = 20（万元）

乙保险人的赔偿金额 = (60/120) × 60 = 30（万元）

丙保险人的赔偿金额 = (20/120) × 60 = 10（万元）

（二）限额责任制

限额责任制又称独立责任制，是按照各保险人在无他保情况下单独应付的赔偿金额作为基数加总得出各家应分摊的比例，然后据此比例计算赔款的方法，即按各保险人单独赔付时应承担的最高责任比例来分摊损失赔偿责任的方法。其公式为：

某保险人分摊的赔偿责任 = 某保险人独立责任限额

÷ 所有保险人独立责任总额 × 损失金额

例如，保险标的的实际价值是80万元，投保人分别向甲保险公司投保了30万元，向乙保险公司投保了60万元，向丙保险公司投保了20万元。如果在这三张保单同时有效期间内，该保险标的发生了50万元损失。各保险公司在无他保的情况下，应负的最高赔偿金额分别是：甲保险公司30万元，乙保险公司50万元，丙保险公司20万元。在这个例子中，个保险公司的赔款限额总和为30 + 50 + 20 = 100（万元）。三家保险公司的分摊金额分别为：

甲保险人的赔偿金额 = (30/100) × 50 = 15（万元）

乙保险人的赔偿金额 = (50/100) × 50 = 25（万元）

丙保险人的赔偿金额 = (20/100) × 50 = 10（万元）

比例责任制与限额责任制的共同点是，各保险公司都是按照比例来分摊损失金额；它们之间的不同点是，这两种方法计算分摊比例的基础不同，比例责任制是以保险金额为分摊比例，限额责任制是以赔偿限额为分摊比例。

（三）顺序责任制

这是根据各保险人出立保单的顺序来确定赔偿责任，即先由第一个出立保单的保险人在其保险金额限度内赔偿，再由第二个保险人对超过第一个保险人保险金额的损失部分在其保险金额限度内赔偿，依次类推，直至将被保险人的损失全部赔偿的方法。这是依承保的先后顺序进行分摊的方法。

本章小结

1. 最大诚信原则是调整保险合同当事人双方利益的重要原则。

2. 最大诚信原则的内容主要包括告知、保证、弃权与禁止反言。

3. 保险利益原则是保险的基本原则，是指投保人或被保险人对保险标的具有的合法的经济利益。

4. 近因原则是判明风险事故与保险标的损失之间因果关系，以确定保险责任的一项基本原则。

5. 损失补偿原则，是指当保险事故发生时，被保险人从保险人所得到的赔偿应正好填补被保险人因保险事故所造成的保险金额范围内的损失。

6. 代位求偿、委付、重复保险分摊，都是损失补偿原则的派生原则。

重要概念

重大诚信原则　保险利益原则　近因原则　损失补偿原则　代位求偿　委付　重复保险　告知　保证　弃权　禁止反言

思考与练习

1. 什么是最大诚信原则？最大诚信原则包括哪些内容？违背最大诚信原则会有什么后果？

2. 什么是保险利益原则？保险利益原则在财产保险和人身保险中有何不同？

3. 什么是近因原则？如何认定近因？

4. 什么是损失补偿原则？

5. 保险人行使代位追偿权需要具备哪些条件？

6. 重复保险的分摊方式有哪些？掌握各种分摊方式的计算方法。

第二编

保险主要分类业务

第五章　财产损失保险

本章概要

财产损失保险是以各种有形的物质财产、相关的利益以及其责任为保险标的的财产保险。其主要包括的业务种类有企业财产保险、家庭财产保险、运输工具保险、货物运输保险、工程保险、特殊风险保险和农业保险等（见图5.1）。传统上企业财产保险和家庭财产保险被称为火灾保险，简称火险。

本章主要介绍财产损失保险中的企业财产保险、家庭财产保险和机动车辆保险的保险条款及相关问题。

财产损失保险
- 火灾保险——企业财产保险、家庭财产保险
- 运输保险——货物运输保险、机动车辆保险、船舶保险、航空保险等
- 工程保险——建筑工程保险、安装工程保险、科技工程保险（卫星、核电站等）
- 农业保险——种植业保险、养殖业保险等

图5.1　财产损失保险的种类

学习目标

1. 掌握企业财产保险的保险标的的范围、保险责任和除外责任、保险金额的确定。
2. 掌握家庭财产保险的保险标的的范围、保险责任和除外责任、保险金额的确定、赔款的计算。
3. 掌握机动车辆保险的险种划分、保险金额的确定、赔款的计算。

引　言

在日常生活中，企业和家庭财产不可避免地会遭遇各种自然灾害和意外事故，如房屋倒塌、原材料遭水渍、机动车损毁等，这些风险带来的经济损失后果有时令企业和家庭无法承受，由此企业和家庭财产保险以及机动车辆保险就成为

他们必需的风险管理工具。

第一节 企业财产保险

企业财产保险（简称企财险）是一切工商、建筑、交通运输、饮食服务等行业、国家机关、社会团体等，对因火灾及保险单中列明的各种自然灾害和意外事故引起的保险标的的直接和间接损失以及与之相关联的费用损失提供经济补偿的财产损失保险。

投保的企业作为投保人应根据保险合同向保险公司（保险人）支付相应的保险费。保险人对于保险合同中约定的可能发生的事故给投保企业（被保险人）所造成的损失，承担赔偿责任。

一、企业财产保险的产品种类

根据企业财产保险的责任范围的不同、投保企业业务特点的不同、针对的保险标的的不同和适用地区的不同等因素，保险公司为企业设计了各种财产保险条款，以满足不同企业的各种风险管理需求。

传统上，我国的保险公司提供的企业财产保险产品主要有：

1. 财产基本险及其附加险；
2. 财产综合险及其附加险；
3. 财产一切险及其附加险；
4. 机器损坏险；
5. 营业中断险（利润损失险）。

财产基本险、财产综合险和财产一切险的主要区别是其承保责任范围依次越来越大。财产基本险的承包责任范围最小，主要包括：

1. 因火灾、爆炸、雷击、飞行物体及其他空中运行物体坠落所致损失。

2. 发生保险事故时，为了抢救保险标的或防止灾害蔓延，采取合理必要的措施而造成的保险财产的损失。

3. 在发生保险事故时，为了抢救、减少保险财产损失，被保险人对保险财产采取施救、保护措施而支出的必要、合理费用（称为施救费用）。

财产综合险的承保责任范围在基本险的基础上，还包括：

1. 因暴雨、洪水、台风、暴风、龙卷风、雪灾、雹灾、冰凌、泥石流、崖崩、突发性滑坡、地面下陷下沉所致保险标的损失。

2. 被保险人拥有财产所有权的自用供电、供水、供气设备因保险事故遭受损坏，引起停电、停水、停气以致造成保险标的的直接损失。

财产一切险的承保范围最广，包括由自然灾害和意外事故造成的保险标的的一切直接损失和施救费用。

机器损坏险是在传统财产保险的基础上发展起来的，机器损坏险主要承保被保险机器设备因设计、制造或安装错误、铸造和原材料缺陷、工人、技术人员操作错误、缺乏经验、技术不善、疏忽、过失、恶意行为、离心力引起的断裂、超负荷、超电压、碰线、电弧、漏电、短路、大气放电及其他电气原因引起的物质损失。可见，机器损坏险与财产险有所不同，二者在保险责任方面有着良好的互补性，二者是相互补充、相辅相成的，因此机器损坏险通常与财产保险同时投保，以求得完备的保险保障。实践中，保险公司通常只对诸如电力、矿山、船舶行业或者有重大价值的机器或者一般单位的如锅炉、电梯等特种安全设备接受投保机器损坏险。

营业中断险（利润损失险）是依附于财产保险上的一种扩大的保险。一般的财产保险只对各种财产的直接损失负责，不负责因财产损毁所造成的利润损失。利润损失保险则是对于工商企业特别提供的一种保险，它承保的是被保险人受灾后停业或停工的一段时期内（即估计企业财产受损后恢复营业达到原有水平所需的时间）的可预期的利润损失，或是仍需开支的费用，例如，由于商店房屋被焚不能营业而引起的利润损失，或是企业在停工、停业期间仍需支付的各项经营开支，如工资、房租、水电费等。

近年来，我国一些具有创新观念和竞争意识的保险公司感觉到传统财产保险产品的单一和缺乏灵活性的不足，开发设计了多种适合不同地区、不同企业和项目以及不同种类财产的种类繁多的企财险产品，在一定程度上满足了各类企业对财产保险的各种需求。

二、保险标的及其范围

企业财产保险的保险标的是存放在固定场所并处于相对静止状态下的各种固定资产和流动资产，这些财产必须是可以用货币来计量其价值并且在遭受损失后可以用货币来进行补偿的财产。并非所有满足上述条件的财产都可以成为保险公司承保的对象，保险公司的保险条款中对于可保财产、特约承保险财产和不保财产都有具体的说明。

（一）可保财产

可保财产是在一般情况下保险公司的企业财产保险条款所针对的企业财产，按企业财产项目类别包括九大类：

1. 房屋、建筑物及附属装修设备；
2. 机器及设备；
3. 工具、仪器及生产用具；
4. 交通运输工具及设备；
5. 通讯设备和器材；
6. 管理用具及低值易耗品；
7. 原材料、半成品、在产品、产成品或库存商品、特种储备商品；
8. 建造中的房屋、建筑物和建筑材料；
9. 账外或已摊销的财产，代保管财产等。

这些可保企业财产按照会计科目可以分为五类：

1. 固定资产；
2. 流动资产；
3. 专项资产；
4. 投资资产；
5. 账外资产。

可保财产从投保人（被保险人）对财产的所有权关系上看，只要符合下列三种情况之一即可：

1. 属于被保险人所有或与他人共有而由被保险人负责的财产；
2. 由被保险人经营管理或替他人保管的财产；
3. 其他具有法律上承认的与被保险人有经济利益关系的财产，如抵押财产。

（二）特约承保财产（特保财产）

特约承保财产（简称特保财产）是指经保险双方特别约定后，在保险单中载明的保险财产。换句话说，特约承保财产是指非经被保险人与保险公司特别约定，并且在保险单上载明，不在保险公司承保财产范围内的财产。主要包括以下几类：

1. 金银、珠宝、玉器、首饰、古玩、古书、古画、邮票、艺术品、稀有金属和其他珍贵财物；

2. 牲畜、禽类和其他饲养动物；

3. 堤堰、水闸、铁路、道路、涵洞、桥梁、码头；

4. 矿井、矿坑内的设备和物资。

特保财产分为不提高费率的特保财产和需要提高费率的特保财产。

1. 不提高费率的特保财产是指市场价格变化较大或无固定价格的财产，如金银、珠宝、玉器、首饰、古玩、古画、邮票、艺术品、稀有金属和其他珍贵财物以及堤堰、水闸、铁路、涵洞、桥梁、码头等；

2. 需提高费率或需附贴保险特约条款的财产一般包括矿井、矿坑的地下建筑物、设备和矿下物资等。

（三）不保财产

不保财产是指保险公司目前不予承保的财产。下列财产通常是保险公司直接列明的不在保险财产范围内的财产：

1. 土地、矿藏、矿井、矿坑、森林、水产资源以及未经收割或收割后尚未入库的农作物；

2. 货币、票证、有价证券、文件、账册、图表、技术资料、电脑资料、枪支弹药以及无法鉴定价值的财产；

3. 违章建筑、危险建筑、非法占用的财产；

4. 在运输过程中的物资。

这些企业财产保险不保的财产有些可以由其他保险险种来承保，如运输过程中的物资可以由货物运输保险承保，农作物可以由农业保险承保。而有些不保财产则没有相应的保险进行承保，这些财产要么属于非法不合法财产，要么很难用货币进行价值计量，要么损失风险过大。

三、保险责任范围

企业财产保险的保险责任分为基本责任、责任免除和特约责任。

（一）基本责任

基本责任是指投保人要求保险人承担的基本赔偿责任。包括：

1. 自然灾害或意外事故，如火灾、爆炸、雷电、暴风、龙卷风、洪水、地陷、崖崩、突发性滑坡、雪灾、雹灾、冰凌、泥石流以及空中运行物体坠落等；

2. 被保险人的供电、供水、供气设备在遭受保险条款列明的自然灾害或意外事故而造成的损失，以及由于这些设备损坏引起停电、停水、停气，以致直接造成的保险财产的损失，包括机器设备、在产品和贮藏物品的损坏或报废；

3. 在发生上述灾害和事故时，为了抢救财产或防止灾害蔓延，采取合理的、必要的措施而造成的保险财产的损失，以及为了减少被保险财产损失，采取施救、保护措施而支出的合理费用。

（二）责任免除

企业财产保险中的责任免除包括：

1. 战争、军事行动；核辐射或污染；

2. 被保险人的故意行为；

3. 被保险财产遭受保险条款所列明的自然灾害或意外事故引起的停工、停业的损失以及各种间接损失；

4. 被保险财产本身缺陷、保管不善导致的损失，被保险财产的变质、霉烂、受潮、虫咬、自然磨损以及损耗；

5. 堆放在露天或罩棚下的被保险财产以及罩棚，由于暴风、暴雨造成的损失及其他不属于保险责任范围内的损失和费用。

（三）特约责任

特约责任又称附加责任，是指责任免除中不保的责任另经双方协商同意后特别注明由保险人负责承保的危险。特约责任一般采用附贴特约条款承保。有的特约责任也以附加险形式承保。主要有矿下财产保险，露堆财产保险，特约盗窃保险，堤堰、水闸、涵洞特约保险等。

四、保险金额和保险费率

（一）保险金额

企业财产保险的保险金额是根据被保险财产的性质确定的。固定资产保险金额的确定方法主要有三种：按账面原值确定保险金额、按账面原值加成数确定保险金额和按重置价值确定保险金额。

流动资产保险金额的确定方法有两种：按最近账面余额确定保险金额和按最近1年账面平均余额确定保险金额。专项资产可以按照最近账面余额确定保险金额，也可以按计划数确定保险金额。代保管财产由保管人投保的，可以根据账面反映的价值确定保险金额；如账上不反映的财产，可由投保人估价投保。

（二）保险费率

保险费率是保险费与保险金额的比率，是由保险公司确定的。在企业财产保险经营中，保险人必须对同类财产在总的平均费率基础上，按照被保险财产的种类，分别制定级差费率。一般而言，影响企业财产保险级差费率的主要因素有：房屋的建筑结构、占用性质、危险种类、安全设施、防火设备等。企业财产保险的现行费率就是在考虑上述因素的条件下制定的，并分为基本保险费率和附加险费率两部分。基本保险费率又分为工业险、仓储险和普通险三类，每类均按占用性质确定不同的级差费率。附加险费率指企业财产保险的附加险（特约保险）的费率，一般由各地根据调查资料统计的损失率为基础进行厘定。此外，还有企业财产保险的短期费率，适用于保险期不满1年的业务。对续保单位或防灾设施良好的投保人，保险人还可以采用优惠费率。

总之，某个投保企业最终适用的保险费率取决于基准费率（基本险、综合险和一切险所对应的费率）与行业系数、区域系数、保额系数、绝对免赔额系数和个体风险评估系数相乘后的结果。这些费率和系数是由各保险公司制定的。

保险金额乘以保险费率就是投保企业向保险公司缴纳的保险费。

五、保险赔偿

企业财产保险在承保时会针对固定资产和流动资产分别确定保险金额，在承保财产发生保险事故遭受损失时也会根据固定资产和流动资产分别计算赔款。企业财产保险除了对财产损失进行赔偿外，还对施救费用进行赔偿。财产损失的赔偿金额不超过保险金额，而施救费用的赔偿会在额外一个保险金额范围内。

（一）财产损失的赔偿

1. 固定资产

固定资产可以按照账面原值投保，也可以由被保险人与本公司协商按账面原值加成数投保，还可以按重置重建价值投保。

上述保险财产发生保险责任范围内的损失，按以下方式计算赔偿金额：

（1）全部损失

按保险金额赔偿，如果受损财产的保险金额高于重置重建价值时，其赔偿金额以不超过重置重建价值为限。

(2）部分损失

①按账面原值投保的财产，如果受损财产的保险金额低于重置重建价值，应根据保险金额按财产损失程度或修复费用与重置重建价值的比例计算赔偿金额；如果受损保险财产的保险金额相当于或高于重置重建价值，按实际损失计算赔偿金额。

②按账面原值加成数或按重置重建价值投保的财产，按实际损失计算赔偿金额。

以上固定资产赔款应根据明细账、卡分项计算，其中每项固定资产的最高赔偿金额分别不得超过其投保时确定的保险金额。

2. 流动资产

流动资产可以按最近12个月的平均账面余额投保，也可以按最近账面余额投保。

上述保险财产发生保险责任范围内的损失，按以下方式计算赔偿金额：

(1）按最近12个月账面平均余额投保的财产发生全部损失，按出险当时的账面余额计算赔偿金额；发生部分损失，按实际损失计算赔偿金额。

以上流动资产选择部分科目投保的，其最高赔偿金额不得超过出险当时该项科目的账面余额。

(2）按最近账面余额投保的财产发生全部损失，按保险金额赔偿，如果受损财产的实际损失金额低于保险金额，以不超过实际损失为限；发生部分损失，在保险金额额度内按实际损失计算赔偿金额，如果受损财产的保险金额低于出险当时的账面余额时，应当按比例计算赔偿金额。

以上流动资产选择部分科目投保的，其最高赔偿金额不得超过其投保时约定的该项科目的保险金额。

（二）施救费用的赔偿

保险事故发生时，被保险人为了减少保险财产损失，对保险财产采取施救、保护、整理措施而支出的合理费用，保险公司按以下方式计算赔偿金额：

1. 固定资产按账面原值加成数或按重置重建价值投保的，流动资产按最近12个月账面平均余额投保的，不列入账面的财产经被保险人与保险公司协商按实际价值投保的，根据被保险人实际支出的费用计算赔偿金额。

2. 除按上列方式以外投保的财产，根据保险金额与重置重建价值或出险当时的账面余额的比例计算赔偿金额。

以上费用的最高赔偿金额，以不超过保险金额为限。

保险财产遭受损失以后的残余部分，应当充分利用，协议作价折归被保险人，并且在赔款中扣除，必要时可由保险公司处理。

第二节　家庭财产保险

家庭财产保险简称家财险，是个人和家庭投保的主要险种。凡存放、坐落在保险单列明的地址，属于被保险人自有的家庭财产，都可以向保险人投保家庭财产保险。家财险的保险期限一般是一年，也有3年或5年的储蓄型家财险。家庭财产保险在我国是面向城乡居民家庭或个人的火灾保险，其特点在于投保人是以家庭或个人为单位，业务分散，额小量大，风险结构以火灾、盗窃等风险为主。

一、保险标的

各家保险公司的家财险条款中规定的可保和不可保的财产范围不尽相同，大致情况如下：

（一）可保财产范围

1. 自有居住房屋；
2. 室内装修、装饰及附属设施（如水暖、汽暖、卫浴、管道煤气、供电设备、厨房配套设备等）；
3. 室内家庭财产，如家用电器、文体娱乐用品、衣物和床上用品、家具及其他生活用具。

投保人可以根据自己的需要就上述财产全部或部分投保。

（二）特约承保财产范围

下述财产只有经过投保人与保险公司特别约定并在保险合同中载明保险价值，方可成为保险标的。

1. 农村家庭存放在院内的非动力农机具、农用工具和已收获的农副产品；
2. 个体劳动者存放在室内的营业器具、工具、原材料和商品；
3. 代他人保管的财产或与他人共有的财产；
4. 须与保险人特别约定才能投保的其他财产。

（三）不保财产

1. 金银、珠宝、首饰、古玩、货币、古书、字画等珍贵财物（价值太大或无固定价值)；

2. 货币、储蓄存折、有价证券、票证、文件、账册、图表、技术资料等(不是实际物资，难以鉴定保险价值)；

3. 违章建筑、危险房屋、非法占用的财产以及其他处于危险状态的财产；

4. 摩托车、拖拉机或汽车等机动车辆，寻呼机、手机等无线通讯设备和家禽家畜（属于其他财产保险范围)；

5. 食品、烟酒、药品、化妆品，以及花、鸟、鱼、虫、树、盆景等（无法鉴定价值)；

6. 用芦席、稻草、油毛毡、麦秆、芦苇、竹竿、帆布、塑料布、纸板等为外墙、屋顶的简陋屋棚及柴房、禽畜棚、与保险房屋不成一体的厕所、柴房、围墙、无人居住的房屋及存放在里面的财产；

7. 用于从事工商业生产、经营活动的财产和出租用作工商业的房屋；

8. 无线通信工具、笔、打火机、手表，各种磁带、磁盘、影音激光盘。

需要指出的是，上述这些基本家财险不保的财产可以成为一些附加保险的可保财产。

二、保险责任和除外责任

（一）保险责任

承保财产在保险单列明的地址由于下列原因造成的损失，保险公司负责赔偿：

（1）火灾、爆炸；

（2）雷击、冰雹、雪灾、洪水、崖崩、龙卷风、冰凌、泥石流和自然灾害引起地陷或下沉；

（3）空中运行物体坠落、外界物体倒塌；

（4）暴风或暴雨使房屋主要结构（外墙、屋顶、屋架）倒塌；

（5）存放丁室内的保险财产，因遭受外来的、有明显痕迹的盗窃、抢劫；

（6）其他列明的自然灾害：龙卷风、洪水、海啸、地面突然塌陷、崖崩、泥石流、突发性滑坡、雪灾、雹灾、冰凌；

（7）外界建筑倒塌（保险建筑自行倒塌不赔)；

（8）暴风、暴雨造成房屋主要结构倒塌；

（9）施救所致的损失和费用。

（二）除外责任

承保财产由于下列原因造成的损失，保险公司不负赔偿责任：

（1）地震、海啸；

（2）战争、军事行动、暴动、罢工、没收、征用；

（3）核反应、核辐射或放射性污染；

（4）被保险人或其家庭成员的故意行为或重大过失；

（5）保险财产本身缺陷、保管不善、变质、霉烂、受潮、虫咬、自然磨损；

（6）家用电器因使用过度或超电压、碰线、漏电或自身发热原因造成的自身损毁；

（7）堆放于阳台或露天的财产，或用芦席、稻草、油毛毡、麦秆、芦苇、竹竿、帆布等材料为外墙、棚顶的简陋罩棚下的财产及罩棚，由于暴风、暴雨、盗窃或抢劫所造成的损失；

（8）未按要求施工导致建筑物地基下陷下沉，建筑物出现裂缝、倒塌的损失；

（9）被保险人的家属或雇佣人员或同住人或寄宿人盗窃或纵容他人盗窃保险财产而造成的损失；

（10）保险财产在存放处所无人居住或无人看管超过 7 天的情况下遭受的盗窃损失；

（11）因门窗未关致使保险财产遭受的盗窃损失；

（12）在发生上述（1）、（2）、（3）、（4）项列明的保险事故时保险财产遭受的盗窃、抢劫损失。

三、保险金额和保险费

（一）保险金额

家庭财产保险的保险金额由被保险人根据保险财产的实际价值确定，并且按照保险单上规定的保险财产项目分别列明。

房屋及室内附属设备、室内装潢的保险金额由投保人参照保险价值自行确定，并在保险合同中载明。房屋及室内附属设备、室内装潢的保险价值为出险时的重置价值。保险金额不得超过保险价值。超过保险价值的，超过部分无效，保险人应当退还相应的保险费。

室内财产的保险金额由被保险人根据当时实际价值分项目自行确定。不分项目的，按各大类财产在保险金额中所占比例确定，即室内财产中的家用电器及文体娱乐用品占40%（农村30%），衣物及床上用品占30%（农村15%），家具及其他生活用具占30%，农村农机具等占25%。

特约财产的保险金额由被保险人和保险人双方约定，并在保险合同中载明。保险金额不得超过保险价值。超过保险价值的，超过部分无效，保险人应当退还相应的保险费。

免赔额（率）由投保人与保险人在订立保险合同时协商确定，并在保险合同中载明。

消费者在投保家财险时应事先和保险公司沟通，不要超额投保和重复投保，最好的投保方法就是“按需投保”，当然，如果认为自己的家庭财产面临的风险相对较小，出于节省保费支出考虑也可以不足额投保。

（二）保险费

保险费是投保人向保险公司缴纳的费用，其数值取决于保险金额和保险费率的乘积，例如，普通家庭财产保险的保险费率一般按1‰计算（即保险财产每1 000 元交保险费人民币 1 元），附加盗窃险保险费率为 2‰（保险财产每 1 000 元交保险费 2 元）。如投保财产价值为 2 000 元，投保基本险，附加盗窃险，每年应交保险费 6 元（2 000 × 1‰ + 2 000 × 2‰）。

有的家庭财产保险产品没有直接规定费率，而是每份特定数额保险金额的保险缴纳固定数额的保险费。例如，太平洋保险公司的“小康之家家庭财产定额保险 A”——主要以承保室内财产保险为主，其保险金额和保险费如表 5.1 所示。

表 5.1　　小康之家家庭财产定额保险 A

保险财产	主险保险金额	附加室内盗抢保险保险金额
室内装潢	30 000	—
室内财产	20 000	—
便携式家用电器	5 000	2 500
现金及贵重物品	5 000	2 500
保险费：100 元		

农村居民由于房屋的危险程度有所区别，保险费率也有所不同，砖瓦房保险费率为1‰，草、土房保险费率为2‰。如果3间砖瓦房价值为3 000 元，家庭的

生活资料价值为2 000元，合计保险财产金额为5 000元，按砖瓦房保险费率计算应交保险费5元。如果是草、土房3间价值为3 000元，家庭生活资料价值为2 000元，合计保险财产金额为5 000元，那么应交保险费10元。

四、赔款处理

当保险标的发生保险责任范围内的损失时，投保人或被保险人按照保险合同约定向保险人申请赔偿。投保人或被保险人一般应提供保险单，财产损失清单、发票、费用单据和有关部门的证明。被保险人自其知道或应当知道保险事故发生之日起，2年内不行使向保险人请求赔偿的权利，则投保人或被保险人的索赔权利即自动放弃而失效。

保险人在收到单证后应当迅速审定，核实，及时赔付。在赔偿处理中，由于家庭财产保险中的承保财产种类较多而且性质不一，因此在保险事故发生后，家庭财产保险的赔偿处理一般会根据财产性质采用不同的赔偿方式。保险财产遭受保险责任范围内的损失时，保险公司按照出险当时保险财产的实际价值计算赔偿，但最高不超过保险单分项列明的保险金额。

（一）赔款计算方法

1. 房屋及室内附属设备、室内装潢的赔偿

在家庭财产保险中，保险事故发生后，保险人对于房屋及室内附属设备、室内装潢的赔偿处理主要采用比例赔偿方式，即按照保险金额与财产实际价值的比例计算赔偿额，其计算公式是：

$$赔偿金额=保险金额与保险价值之比例\times损失额$$

我国《保险法》规定：

保险金额低于保险价值的，除合同另有约定外，保险人按照保险金额与保险价值的比例承担赔偿责任。

保险金额等于或高于保险价值，赔偿金额等于损失额。

2. 室内财产的赔偿

在家庭财产保险中，保险事故发生后，保险人对于室内财产的赔偿处理主要采用第一危险赔偿方式。第一危险赔偿方式又称为第一损失赔偿方式。第一危险赔偿方式把保险财产价值分为两部分：一部分为与保险金额相等的部分，称为第一危险责任，发生的损失称为第一损失；另一部分为超过保险金额的部分，称为第二危险责任，发生的损失称为第二损失。保险人只对第一危险责任负责，只赔偿第一损失。即只要损失金额在保险金额之内，保险人都负赔偿责任。赔偿金额的多少，只取决于保险金额与损失价值，而不考虑保险金额与财产价值之间的比例关系（见后面的例题）。

3. 施救费用的赔偿

对于被保险人所支付的必要和合理的施救费用，按实际支出另行计算，最高不超过受损失标的的保险金额。若该保险标的按比例赔偿，则该项费用也按相同的比例赔偿。

（二）残值处理

保险标的遭受损失后的残余部分，协议作价折归被保险人，并在赔款中扣除。

（三）代位追偿权的行使

如果保险标的发生保险责任范围内的损失应由第三者负责赔偿的，被保险人可以先向第三者索赔。如果第三者不予赔偿，被保险人应提出诉讼。保险人也可根据被保险人提出的书面赔偿请求，按照保险合同对被保险人予以赔偿，但被保险人必须把向第三者追偿的权利转让给保险人，并协助保险人向第三者追偿。

（四）赔偿后对原保单的处理

保险标的在一个保险年度内遭受部分损失经保险人赔偿后，保险金额应相应减少，其有效保险金额应当是原分项保险金额减去分项保险标的的损失赔偿金额后的余额；如被保险人需恢复保险金额时，应补交相应的保险费，由保险人出具批单批注。保险期限为3年、5年的，下一保险年度，自动恢复原保险金额。

（五）重复保险的分摊

如果家庭财产保险的保险标的存在重复保险，按照《中华人民共和国保险法》的规定，各保险人按照其保险金额与保险金额总和的比例承担赔偿保险金的责任。

某保险人分摊保险赔款额 = 某保险人承保保险金额/各保险人承保保险金额总和 × 损失金额

【例 5.1】 王某向甲保险公司投保普通家庭财产保险，保险金额为5万元，其中房屋及其室内装潢的保险金额为3万元，室内财产保险金额为2万元。向乙保险公司投保了家庭财产两全保险，保险金额为5万元，其中房屋及其室内装潢的保险金额为2万元，室内财产保险金额为3万元。在保险期限内发生保险事故，造成其房屋及其室内装潢部分损失2万元，室内财产损失2万元。出险时房屋及其室内装潢的价值为10万元。那么，王某应该获得的赔偿金额是多少？

解析：在财产保险中，保险人对于室内财产的赔偿处理主要采用第一危险赔偿方式。只要损失金额在保险金额之内，保险人都负赔偿责任。所以此题中，室内财产损失 2 万元需全赔，由甲乙两家保险公司分摊。

房屋及室内装潢为比例赔偿，出险时房屋及其室内装潢的价值 10 万元，而王某在两家公司实际投保房屋及其室内装潢的保险金额总共为 5 万元，为不足额投保，需按比例赔偿：5 万元只占出险价值 10 万元的 50%，所以赔偿金额为损失的 50%。其房屋及其室内装潢部分损失 2 万元，因此只赔 1 万元（2 万元 ×50%），由甲乙两家保险公司分摊。

赔款情况总结如下：

1. 室内财产损失 2 万元获赔 2 万元，甲保险公司承担 2 万元 ×2/5，乙保险公司承担 2 万元 ×3/5；

2. 房屋及其室内装潢部分损失 2 万元获赔 1 万元，甲保险公司承担 1 万元 ×3/5，乙保险公司承担 1 万元 ×2/5；

3. 因此王某的 4 万元损失从保险公司获得的赔偿金额为 3 万元。

五、家庭财产保险的险种及附加保险条款

家庭财产保险的险种在传统普通型产品基础上，出现了两全家财险、投资型家财险和专项家财险等保险产品。这些险种分为主险和附加险，属于主险的产品投保人可以单独投保或选择与某个或某些附加险共同投保，而附加险不能单独投保，只能作为主险的附加与主险共同投保。

传统普通型家财险有时也称为家庭财产综合保险，其保险标的包括室内财产和房屋，保险期限一般为 1 年，保险公司承担基本的风险，除外责任比较多，保险费率比较低。之前所介绍的家财险保险标的和保险责任的内容基本是针对这一险种来说的。

家庭财产两全保险的保险期限长达 5 年，投保时投保人向保险公司存入一定金额的保险储金，到期时无论保险期间是否出现财产损失赔偿，保险公司都会将保险储金原数返还给投保人（被保险人）；如果保险期间保险标的出现保险事故而遭受损失，保险公司按条款规定对被保险人进行赔偿。保险储金在保险期间产生的利息作为投保人交给保险公司的保险费。

投资型家财险在两全家财险基础上增加了对被保险人支付投资收益一项。

专项家财险是就普通综合家财险中的某项或某几项可保财产和不保财产以及某项或某几项承保责任和除外责任专门设计保险条款，满足家庭的特定保险需求。例

如个人贷款抵押房屋保险、家用电器用电安全保险、个人电子产品保险、个人计算机保险、家庭住房装修工程保险、家庭财产火灾爆炸保险、家庭财产盗抢险等产品。

家庭财产附加险的种类也比较多，主要是针对主险的不保财产和除外责任而设计的条款，如室内盗抢险、个人贷款抵押房屋险附加险、家居玻璃意外破碎险等。投保人如果需要对这些财产或风险进行保险处理，可以在购买主险的基础上再购买附加险，即通过增加风险管理成本来实现更全面的保险保障。

第三节　机动车辆保险

机动车辆保险是运输工具保险的一种。机动车辆是指家庭自用汽车、营业和非营业用汽车、电车、电瓶车、摩托车、拖拉机、各种专用机械车、特种车。机动车辆保险是以机动车辆本身遭受自然灾害和意外事故而造成的损失，以及对第三者造成的财产直接损失和人身伤害而依法应负的赔偿责任为保险标的的一种运输工具保险。从其保障的范围看，机动车辆保险既涉及财产损失保险，也涉及责任保险。机动车辆保险的客户，是拥有各种机动交通工具的法人团体和个人。

我国的机动车辆保险从保障内容看，既包括被保险人车辆本身的损失，也包括对第三者造成的人身伤害和财产损失。从该保险的实施方式看，除了全国统一的机动车交通事故责任强制保险（简称交强险）属于强制性保险外，其他有关保险都属于投保人自愿购买的。从投保方式看，机动车辆保险有基本险（主险）和附加险，基本险可以单独投保，附加险则不能单独投保，必须在购买某个基本险的前提下才能购买。表 5.2 可以直观地把我国机动车辆保险的主要种类及其属性反映出来。在我国目前，保险公司提供的机动车辆基本险有 10 种左右，附加险及特约条款达几十种。

表 5.2　　我国机动车辆保险的种类和属性

<table>
<tr><th colspan="2">属性 / 险种/条款</th><th>财产损失险/责任保险</th><th>基本险/附加险</th><th>强制/自愿</th></tr>
<tr><td colspan="2">机动车辆损失保险</td><td>财产</td><td>基本险</td><td>自愿</td></tr>
<tr><td rowspan="2">机动车辆第三者责任险</td><td>交强险</td><td>财产、责任</td><td>基本险</td><td>强制</td></tr>
<tr><td>机动车辆第三者责任商业保险</td><td>财产、责任</td><td>基本险</td><td>自愿</td></tr>
<tr><td colspan="2">机动车盗抢险</td><td>财产</td><td>基本</td><td>自愿</td></tr>
<tr><td colspan="2">机动车车上人员责任保险</td><td>责任</td><td>基本</td><td>自愿</td></tr>
</table>

续表

属性 险种/条款	财产损失险/责任保险	基本险/附加险	强制/自愿
玻璃单独破碎险	财产	附加	自愿
车身划痕损失险	财产	附加	自愿
机动车提车保险	财产、责任	基本	自愿
可选免赔额特约条款		附加	自愿
不计免赔率特约条款		附加	自愿

一、机动车辆损失保险

机动车辆损失保险承保的是由于自然灾害和意外事故原因造成的各种机动车辆车身及其零部件、设备等的损失和施救费用。除另有约定外，保险期间为一年，以保险单载明的起讫时间为准。

不同类型、不同用途的机动车辆，其保险条款也不相同。下面以中国人民财产保险股份有限公司家庭自用汽车损失保险条款为例。

其条款总则中指出：家庭自用汽车是指在中华人民共和国境内（不含港、澳、台地区）行驶的家庭或个人所有，且用途为非营业性运输的核定座位在9座以下的客车。

（一）保险责任

保险期间内，被保险人或其允许的驾驶人在使用保险车辆过程中，因下列原因造成保险车辆的损失，保险公司依照保险合同的约定负责赔偿：

1. 自然灾害和意外事故造成的损失

（1）碰撞、倾覆、坠落；

（2）火灾、爆炸、自燃；

（3）外界物体坠落、倒塌；

（4）暴风、龙卷风；

（5）雷击、雹灾、暴雨、洪水、海啸；

（6）地陷、冰陷、崖崩、雪崩、泥石流、滑坡；

（7）载运保险车辆的渡船遭受自然灾害（只限于驾驶人随船的情形）。

2. 施救费用

发生保险事故时，被保险人为防止或者减少保险车辆的损失所支付的必要的、合理的施救费用，由保险人承担，最高不超过保险金额的数额。发生保险事故时，被保险人应当及时采取合理的、必要的施救和保护措施，防止或者减少损失，并在保险事故发生后48小时内通知保险人。否则，造成损失无法确定或扩大的部分，保险人不承担赔偿责任。

（二）除外责任

下列情况下，不论任何原因造成保险车辆损失，保险人均不负责赔偿：

1. 地震。
2. 战争、军事冲突、恐怖活动、暴乱、扣押、收缴、没收、政府征用。
3. 竞赛、测试，在营业性维修、养护场所修理、养护期间。
4. 利用保险车辆从事违法活动。
5. 驾驶人饮酒、吸食或注射毒品、被药物麻醉后使用保险车辆。
6. 事故发生后，被保险人或其允许的驾驶人在未依法采取措施的情况下驾驶车辆或者遗弃车辆逃离事故现场，或故意破坏、伪造现场、毁灭证据。
7. 驾驶人有下列情形之一者：

（1）无驾驶证或驾驶证有效期已届满；

（2）驾驶的机动车与驾驶证载明的准驾车型不符；

（3）持未按规定审验的驾驶证，以及在暂扣、扣留、吊销、注销驾驶证期间驾驶车辆；

（4）依照法律法规或公安交通管理部门有关规定不允许驾驶机动车的其他情况下驾车。

8. 非被保险人允许的驾驶人使用保险车辆。
9. 除另有约定外，发生保险事故时保险车辆无公安交通管理部门核发的行驶证和号牌，或未按规定检验或检验不合格。
10. 保险车辆的下列损失和费用，保险人不负责赔偿：

（1）自然磨损、朽蚀、腐蚀、故障；

（2）玻璃单独破碎，车轮单独损坏；

（3）无明显碰撞痕迹的车身划痕；

（4）人工直接供油、高温烘烤造成的损失；

（5）自燃仅造成电器、线路、供油系统的损失；

（6）遭受保险责任范围内的损失后，未经必要修理继续使用保险车辆，致使损失扩大的部分；

（7）因污染（含放射性污染）造成的损失；

（8）市场价格变动造成的贬值、修理后价值降低引起的损失；

（9）标准配置以外新增设备的损失；

（10）发动机进水后导致的发动机损坏；

（11）保险车辆所载货物坠落、倒塌、撞击、泄漏造成的损失；

（12）被盗窃、抢劫、抢夺，以及因被盗窃、抢劫、抢夺受到损坏或车上零部件、附属设备丢失；

（13）被保险人或驾驶人的故意行为造成的损失。

11. 其他不属于保险责任范围内的损失和费用。

在保险期间内，保险车辆改装、加装或从事营业运输等，导致保险车辆危险程度增加的，应当及时书面通知保险人。否则，因保险车辆危险程度增加而发生的保险事故，保险人不承担赔偿责任。

（三）保险金额

保险金额由投保人和保险人从下列三种方式中选择确定，保险人根据确定保险金额的不同方式承担相应的赔偿责任：

1. 按投保时保险车辆的新车购置价确定。新车购置价是指在保险合同签订地购置与保险车辆同类型新车（含车辆购置税）的价格。投保时的新车购置价根据投保时保险合同签订地同类型新车的市场销售价格确定，并在保险单中载明，无同类型新车市场销售价格的，由投保人与保险人协商确定。

2. 按投保时保险车辆的实际价值确定。投保时保险车辆的实际价值根据投保时的新车购置价减去折旧金额后的价格确定。

家庭自用汽车的折旧按月折旧率0.6%计算，不足一月的，不计折旧。最高折旧金额不超过投保时保险车辆新车购置价的80%。

3. 在投保时保险车辆的新车购置价内协商确定。

（四）保险费和保险费调整

1. 保险费计算

机动车辆损失保险的保险期限一般为一年，一年结束时续保。保险费按年交，其计算公式是：

$$保费 = 基准保费 + 保险金额 \times 保险费率$$

对于家庭自用汽车损失保险来说，基准保费和费率根据汽车座位数和车龄等方面的不同而不同。表5.3是中国保险行业协会制定的基本费率表。

表5.3 机动车商业保险行业基本费率表（A款）

（中国保险行业协会制定，2008年） 单位：元，%

家庭自用汽车		机动车损失保险							
		车龄1年以下		车龄1~2年		车龄2~6年		车龄6年以上	
		基础保费	费率	基础保费	费率	基础保费	费率	基础保费	费率
家庭自用汽车	6座以下	646	1.54	616	1.46	609	1.45	628	1.49
	6~10座	776	1.54	739	1.46	731	1.45	753	1.49
	10座以上	776	1.54	739	1.46	731	1.45	753	1.49

根据表5.3，假定王先生为其5年车龄、8座自用汽车投保车损险，根据汽车投保当年的实际价值确定保险金额，王先生应交保费计算如下：

保险金额：投保时与王先生的汽车同类型的新车购置价为20万元，月折旧率0.6%，则5年折旧额为：

20×0.6%×5×12=7.2（万元）

保险金额=20-7.2=12.8（万元）

保险费：

保费=基准保费+保险金额×费率

=731+128 000×1.45%

=731+1 856

=2 587（元）

2. 保险费调整

上一保险期间未发生保险赔偿的保险车辆续保，且保险期间均为一年时，可享受无赔偿保险费优待。连续多个保险期间未发生保险赔偿的，保险费优待比例逐年提高。

上一保险期间发生保险赔偿的，根据发生保险赔偿的次数，续保时提高保险费。保险费调整的比例和方式以保险监管部门批准的费率规定为准。

（五）赔偿处理

1. 索赔手续

（1）被保险人索赔时，应当向保险人提供与确认保险事故的性质、原因、损失程度等有关的证明和资料。

被保险人应当提供保险单、损失清单、有关费用单据、保险车辆行驶证和发生事故时驾驶人的驾驶证。

属于道路交通事故的，被保险人应当提供公安交通管理部门或法院等机构出具的事故证明、有关的法律文书（判决书、调解书、裁定书、裁决书等）。

属于非道路交通事故的，应提供相关的事故证明。

（2）被保险人或保险车辆驾驶人根据有关法律法规规定选择自行协商方式处理交通事故的，应当立即通知保险人，协助保险人勘验事故各方车辆、核实事故责任，并依照《交通事故处理程序规定》签订记录交通事故情况的协议书。

（3）因保险事故损坏的保险车辆，应当尽量修复。修理前被保险人应当会同保险人检验，协商确定修理项目、方式和费用。否则，保险人有权重新核定；无法重新核定的，保险人有权拒绝赔偿。

（4）投保人在投保时选择专修厂的，保险事故发生后，保险人推荐具有保险车辆专修资格的修理厂进行修理；投保人在投保时未选择专修厂的，保险事故发生后，保险人推荐修理资质不低于二级的修理厂进行修理。

（5）保险车辆遭受损失后的残余部分归被保险人，由双方协商确定其价值，并在赔款中扣除。

2. 交通事故责任比例的确定

保险人依据保险车辆驾驶人在事故中所负的事故责任比例，承担相应的赔偿责任。

被保险人或保险车辆驾驶人根据有关法律法规规定选择自行协商或由公安交通管理部门处理事故未确定事故责任比例的，经被保险人书面同意，保险人按照下列规定确定事故责任比例：

保险车辆方负主要事故责任的，事故责任比例为70%；

保险车辆方负同等事故责任的，事故责任比例为50%；

保险车辆方负次要事故责任的，事故责任比例为30%。

3. 免赔的规定

保险人按照下列方式免赔：

负次要事故责任的免赔率为5%，负同等事故责任的免赔率为8%，负主要事故责任的免赔率为10%，负全部事故责任或单方肇事事故的免赔率为15%。

4. 赔款计算

保险人按下列方式计算赔偿金额：

（1）按投保时保险车辆的新车购置价确定保险金额的，保险车辆损失的赔款计算为：

①发生全部损失时，在保险金额内计算赔偿，保险金额高于保险事故发生时保险车辆实际价值的，按保险事故发生时保险车辆的实际价值计算赔偿：

保险车辆损失赔款＝(实际价值－残值)×事故责任比例

保险事故发生时保险车辆的实际价值根据保险事故发生时的新车购置价减去折旧金额后的价格确定。

保险事故发生时的新车购置价根据保险事故发生时保险合同签订地同类型新车的市场销售价格确定，无同类型新车市场销售价格的，由被保险人与保险人协商确定。

②发生部分损失时，按核定修理费用计算赔偿，但不得超过保险事故发生时保险车辆的实际价值：

保险车辆损失赔款 =（核定修理费用 – 残值）× 事故责任比例

（2）按投保时保险车辆的实际价值确定保险金额或协商确定保险金额的，保险车辆损失的赔款计算为：

①发生全部损失时，保险金额高于保险事故发生时保险车辆实际价值的，以保险事故发生时保险车辆的实际价值计算赔偿：

保险车辆损失赔款 =（实际价值 – 残值）× 事故责任比例

保险金额等于或低于保险事故发生时保险车辆实际价值的，按保险金额计算赔偿：

保险车辆损失赔款 =（保险金额 – 残值）× 事故责任比例

②发生部分损失时，按保险金额与投保时保险车辆的新车购置价的比例计算赔偿，但不得超过保险事故发生时保险车辆的实际价值：

保险车辆损失赔款 =（核定修理费用 – 残值）× 事故责任比例
× 保险金额/投保时保险车辆的新车购置价

（3）施救费用赔偿的计算方式同（1）和（2），在保险车辆损失赔偿金额以外另行计算，最高不超过保险金额的数额。

被施救的财产中，含有保险合同未承保财产的，按保险车辆与被施救财产价值的比例分摊施救费用。

（4）每次保险赔偿的合计金额为：

合计赔款 =（保险车辆损失赔款 + 施救费赔款 – 免赔额）×（1 – 免赔率之和）

5. 重复保险的赔偿处理

保险车辆重复保险的，保险人按照保险合同的保险金额与各保险合同保险金额的总和的比例承担赔偿责任。其他保险人应承担的赔偿金额，保险人不负责垫付。

（六）保险合同的终止

下列情况下，保险人支付赔款后，保险合同终止，保险人不退还家庭自用汽车损失保险及其附加险的保险费：

1. 保险车辆发生全部损失。这意味着保险合同有可能在约定的一年期满之前就终止了；

2. 按投保时保险车辆的实际价值确定保险金额的，一次赔款金额与免赔金额之和（不含施救费）达到保险事故发生时保险车辆的实际价值；

3. 保险金额低于投保时保险车辆的实际价值的，一次赔款金额与免赔金额之和（不含施救费）达到保险金额。

二、机动车辆第三者责任保险

机动车辆第三者责任险，是承保被保险人或其允许的合格驾驶人员在使用被保险车辆时、因发生意外事故而导致第三者人身伤害或财产损失时被保险人依法应当承担的民事赔偿责任的一种保险。所谓第三者一般指保险机动车发生意外事故的受害人，但不包括被保险人以及保险事故发生时保险机动车本车上人员。

由于第三者责任保险的主要目的在于维护公众的安全与利益，因此，在实践中通常作为法定保险并强制实施。在我国，2006 年之前只有自愿购买的机动车第三者责任保险，2006 年保险监督管理委员会（简称保监会）推出机动车交通事故责任强制保险（简称交强险）后至今，交强险和自愿的三者责任险（也称为机动车第三者责任商业保险，或简称商业三者险）共同存在。交强险由经保监会批准的 30 多家商业保险机构经营，但与自愿的三者责任险不同，交强险的保险条款和基础保险费率由保监会和中国保险行业协会统一制定，在全国范围内费率和责任限额是统一的，保险单、保险标志也由保监会监制。

（一）交强险

交强险是我国以法律形式规定实行的强制性机动车第三者责任保险。交强险合同保险期间为 1 年，以保险单载明的起止时间为准。

1. 保险责任和责任限额

在中华人民共和国境内（不含港、澳、台地区），被保险人在使用被保险机动车过程中发生交通事故，致使受害人遭受人身伤亡或者财产损失，依法应当由被保险人承担的损害赔偿责任，保险人对每次事故在下列赔偿限额内负责赔偿：

（1）死亡伤残赔偿限额为 110 000 元；

（2）医疗费用赔偿限额为 10 000 元；

（3）财产损失赔偿限额为 2 000 元；

（4）被保险人无责任时，无责任死亡伤残赔偿限额为 11 000 元；无责任医疗费用赔偿限额为 1 000 元；无责任财产损失赔偿限额为 100 元。

目前的交强险赔偿限额是 2008 年版本，2008 年之前的交强险赔偿限额较低。表 5. 4 更直观地列出了 2008 年版交强险不同情况下的分项目赔偿限额。

表 5. 4　　交强险每次事故赔偿限额　　单位：元

项目	被保险人有责任时	被保险人无责任时
死亡伤残赔偿限额	110 000	11 000
医疗费用赔偿限额	10 000	2 000
财产损失赔偿限额	2 000	100

其中，死亡伤残赔偿限额项下负责赔偿丧葬费、死亡补偿费、受害人亲属办理丧葬事宜支出的交通费用、残疾赔偿金、残疾辅助器具费、护理费、康复费、交通费、被扶养人生活费、住宿费、误工费，被保险人依照法院判决或者调解承担的精神损害抚慰金。

医疗费用赔偿限额项下负责赔偿医药费、诊疗费、住院费、住院伙食补助费，必要的、合理的后续治疗费、整容费、营养费。

上述赔偿限额是每次事故的赔偿限额，如果一次事故中涉及多名受害人，意味着限额是对多名受害人的赔款总额而不是对每个受害人的限额；另外，如果在一年的保险期间内出现两次或以上的保险事故，则意味着在保险期间内保险公司对该被保险人的赔偿总额会超过上述的限额。这种情况下，表面上感觉这份交强险保单买的比较值，其实这也意味着有一些可怜的人遭受了伤亡之苦，而被保险人在下一年续保时也要支付更多的保险费。总之，对整个社会来说，人身和财产是净损失。

2. 垫付与追偿

被保险机动车在下列之一的情形下发生交通事故，造成受害人受伤需要抢救的，保险人在接到公安机关交通管理部门的书面通知和医疗机构出具的抢救费用清单后，按照国务院卫生主管部门组织制定的交通事故人员创伤临床诊疗指南和国家基本医疗保险标准进行核实。对于符合规定的抢救费用，保险人在医疗费用赔偿限额内垫付。被保险人在交通事故中无责任的，保险人在无责任医疗费用赔偿限额内垫付。对于其他损失和费用，保险人不负责垫付和赔偿。

（1）驾驶人未取得驾驶资格的；

（2）驾驶人醉酒的；

（3）被保险机动车被盗抢期间肇事的；

（4）被保险人故意制造交通事故的。

对于垫付的抢救费用，保险人有权向致害人追偿。

3. 责任免除

下列损失和费用，交强险不负责赔偿和垫付：

（1）因受害人故意造成交通事故而产生的第三者的人身伤害或财产损失；

（2）被保险人所有的财产及被保险机动车上的财产遭受的损失；

（3）被保险机动车发生交通事故，致使受害人停业、停驶、停电、停水、停气、停产、通信或者网络中断、数据丢失、电压变化等造成的损失以及受害人财产因市场价格变动造成的贬值、修理后因价值降低造成的损失等其他各种间接损失；

（4）因交通事故产生的仲裁或者诉讼费用以及其他相关费用。

交强险的除外责任较商业三者险要少，而且没有免赔额或免赔率的规定。

4. 保险费

交强险的保险费与机动车的价值高低没有联系。机动车首次投保交强险按照《机动车交通事故责任强制保险基础费率表》（见表5.5）中相对应的金额缴纳保险费，一般6座以下私家车每年的费用是950元。而在来年续保时，每年缴纳的最终保险费由基础保费和与道路交通事故及交通安全违法行为相联系的浮动比率（见表5.6）决定，计算公式为：

$$\begin{aligned}\text{最终保费} &= \text{基础保费} \times (1 + \text{与道路交通事故相联系的浮动比率}) \\ &\quad \times (1 + \text{与交通安全违法行为相联系的浮动比率})\end{aligned}$$

表5.5　机动车交通事故责任强制保险基础费率（2008年版）　金额单位：人民币元

车辆大类	序号	车辆明细分类	保费
一、家庭自用车	1	家庭自用汽车6座以下	950
	2	家庭自用汽车6座及以上	1 100
二、非营业客车	3	企业非营业汽车6座以下	1 000
	4	企业非营业汽车6～10座	1 130
	5	企业非营业汽车10～20座	1 220
	6	企业非营业汽车20座以上	1 270
	7	机关非营业汽车6座以下	950
	8	机关非营业汽车6～10座	1 070
	9	机关非营业汽车10～20座	1 140
	10	机关非营业汽车20座以上	1 320

续表

车辆大类	序号	车辆明细分类	保费
三、营业客车	11	营业出租租赁6座以下	1 800
	12	营业出租租赁6~10座	2 360
	13	营业出租租赁10~20座	2 400
	14	营业出租租赁20~36座	2 560
	15	营业出租租赁36座以上	3 530
	16	营业城市公交6~10座	2 250
	17	营业城市公交10~20座	2 520
	18	营业城市公交20~36座	3 020
	19	营业城市公交36座以上	3 140
	20	营业公路客运6~10座	2 350
	21	营业公路客运10~20座	2 620
	22	营业公路客运20~36座	3 420
	23	营业公路客运36座以上	4 690
四、非营业货车	24	非营业货车2吨以下	1 200
	25	非营业货车2~5吨	1 470
	26	非营业货车5~10吨	1 650
	27	非营业货车10吨以上	2 220
五、营业货车	28	营业货车2吨以下	1 850
	29	营业货车2~5吨	3 070
	30	营业货车5~10吨	3 450
	31	营业货车10吨以上	4 480
六、特种车	32	特种车一	3 710
	33	特种车二	2 430
	34	特种车三	1 080
	35	特种车四	3 980
七、摩托车	36	摩托车50CC及以下	80
	37	摩托车50CC~250CC（含）	120
	38	摩托车250CC以上及侧三轮	400
八、拖拉机	39	兼用型拖拉机14.7kW及以下	按保监产险［2007］53号实行地区差别费率
	40	兼用型拖拉机14.7kW以上	
	41	运输型拖拉机14.7kW及以下	
	42	运输型拖拉机14.7kW以上	

注：

1. 座位和吨位的分类都按照“含起点不含终点”的原则来解释。

2. 特种车一：油罐车、汽罐车、液罐车；特种车二：专用净水车、特种车一以外的罐式货车，以及用于清障、清扫、清洁、起重、装卸、升降、搅拌、挖掘、推土、冷藏、保温等的各种专用机动车；特种车三：装有固定专用仪器设备从事专业工作的监测、消防、运钞、医疗、电视转播等的各种专用机动车；特种车四：集装箱拖头。

3. 挂车根据实际的使用性质并按照对应吨位货车的30%计算。

4. 低速载货汽车参照运输型拖拉机14.7kW以上的费率执行。

表 5.6　　机动车交通事故责任强制保险费率浮动比率

浮动因素			浮动比率（%）
与道路交通事故相联系的浮动 A	A1	上一个年度未发生有责任道路交通事故	-10
	A2	上两个年度未发生有责任道路交通事故	-15
	A3	上三个及以上年度未发生有责任道路交通事故	-20
	A4	上一个年度发生一次有责任不涉及死亡的道路交通事故	0
	A5	上一个年度发生两次及两次以上有责任道路交通事故	15
	A6	上一个年度发生有责任道路交通死亡事故	30
与道路交通安全违法行为相联系的浮动 V	V1	上一个年度没有道路交通安全违法行为	-10
	V2	上两个年度没有道路交通安全违法行为	-20
	V3	上三个及以上年度没有道路交通安全违法行为	-30
	V4	上一个年度发生各类道路交通违法行为（除 V5～V7）低于五次的	0
	V5	上一个年度每次违反道路交通信号灯通行的；逆向行驶的（最高不超过 30%）	10
	V6	上一个年度发生驾驶与准驾车型不符的机动车的；发生机动车驾驶证被暂扣期间驾驶机动车的	20
	V7	上一个年度发生饮酒（含醉酒）后驾驶机动车的	30
	V8	上一个年度发生各类道路交通违法行为五次（含）以上的	30

例如，为一辆 5 座家庭自用小轿车续保交强险，根据表 5.5，标准保费为 950 元。如果上一保险年度发生有责任道路交通事故 1 次，“与道路交通事故相联系的费率浮动比率”为 0%；发生醉酒驾驶违法行为 1 次，“与酒后驾驶违法行为相联系的费率浮动比率”为 30%（30% ×1）。该车辆在上一年度最终费率浮动系数为 1.30（1 +30%），那么，本次续保应交保费计算如下：

应交纳保费 = 基础保费 ×（1 + 与道路交通事故相联系的浮动比率）

×（1 + 与交通安全违法行为相联系的浮动比率）

= 950 ×（1 + 0%）×（1 + 30%）

= 1 235（元）

如果上一保险年度没有发生有责任道路交通事故，则续保保费会降低。

例如，王先生 2009 年 9 月 28 日首次为其 5 座私家车续保交强险，保费为 950 元。在 2009 年 9 月 29 日零时至 2010 年 9 月 28 日 24 时期间未发生有责任交通事故，那么 2010 年 9 月 28 日续保时应交保费为：

保费 = 950 ×（1 - 10%）= 855（元）

5. 赔偿处理

交强险的赔偿限额分人身伤亡、医疗费用和财产损失三项分别设定最高赔偿额度，所以无论受害者向被保险人索赔金额是多少，交强险承保公司对被保险人的赔偿都是以保险合同设立的三项限额为限，受害者向被保险人索赔的金额超出保险公司的赔偿限额的部分只能由被保险人自己承担或者通过其他保险安排转嫁给保险公司。

被保险机动车发生交通事故的，由被保险人向保险人申请赔偿保险金。被保险人索赔时，应当向保险人提供以下材料：

（1）交强险的保险单；

（2）被保险人出具的索赔申请书；

（3）被保险人和受害人的有效身份证明、被保险机动车行驶证和驾驶人的驾驶证；

（4）公安机关交通管理部门出具的事故证明，或者人民法院等机构出具的有关法律文书及其他证明；

（5）被保险人根据有关法律法规规定选择自行协商方式处理交通事故的，应当提供依照《交通事故处理程序规定》规定的记录交通事故情况的协议书；

（6）受害人财产损失程度证明、人身伤残程度证明、相关医疗证明以及有关损失清单和费用单据。

保险事故发生后，保险人按照国家有关法律法规规定的赔偿范围、项目和标准以及交强险合同的约定，并根据国务院卫生主管部门组织制定的交通事故人员创伤临床诊疗指南和国家基本医疗保险标准，在交强险的责任限额内核定人身伤亡的赔偿金额。

因保险事故造成受害人人身伤亡的，未经保险人书面同意，被保险人自行承诺或支付的赔偿金额，保险人在交强险责任限额内有权重新核定。

因保险事故损坏的受害人财产需要修理的，被保险人应当在修理前会同保险人检验，协商确定修理或者更换项目、方式和费用。否则，保险人在交强险责任限额内有权重新核定。

被保险机动车发生涉及受害人受伤的交通事故，因抢救受害人需要保险人支付抢救费用的，保险人在接到公安机关交通管理部门的书面通知和医疗机构出具的抢救费用清单后，按照国务院卫生主管部门组织制定的交通事故人员创伤临床诊疗指南和国家基本医疗保险标准进行核实。对于符合规定的抢救费用，保险人在医疗费用赔偿限额内支付。被保险人在交通事故中无责任的，保险人在无责任医疗费用赔偿限额内支付。

交强险赔款案例：

有甲乙两车，甲车为载货汽车，乙车为小型载客汽车，2007 年 7 月在道路上发生交通事故，双方负事故的同等责任，致使一名骑自行车的人（丙）受伤，并造成路产管理人（丁）遭受损失。交通事故各参与方的损失分别为：甲车车辆损失3 000元，车上货物损失5 000元；乙车车辆损失10 000元，乙车车上人员重伤一名，造成残疾，花费医药费20 000元，残疾赔偿金50 000元；骑自行车人经抢救无效死亡，医疗费用30 000元，死亡赔偿金100 000元，精神损害抚慰金20 000元；路产损失5 000元。甲乙两车均投保了交强险，财产损失、医疗费用、死亡伤残各赔偿限额分别为2 000元、8 000元、50 000元（此处是2006年旧版交强险赔偿限额，2008年版交强险的赔偿限额已大幅提高）；除交强险外，甲车投保了车辆损失险、第三者责任险（商业）、车上货物责任险、不计免赔条款；乙车投保了车辆损失险、第三者责任险（商业）、车上人员责任险、不计免赔条款。计算甲乙两车的交强险赔偿金额。

解析：

1. 甲车

（1）财产损失赔偿金额

受损财产核定金额 = 乙车辆损失金额 + 路产损失/2 = 10 000 + 5 000/2 = 12 500 >2 000（元）

财产损失赔偿限额 = 2 000元

其中：

乙车辆得到的赔偿 = 10 000/(12 500) ×2 000 = 1 600（元）

路产管理人得到的赔偿 = 2 500/(12 500) ×2 000 = 400（元）

说明：路产损失属于非机动车的损失，应由交通事故所有机动车参与方共同分摊，所以木案例甲车分摊到2 500元；计算出乙车和路产管理人分别得到的赔偿金额，便于进行后续的商业险理算。（以下计算中相同之处，不再赘述）

（2）医疗费用赔偿金额

医疗费用核定损失金额 = 20 000 + 30 000/2 = 35 000 >8 000（元）

医疗费用赔偿限额 = 8 000元

其中：

乙车人员得到的赔偿 = 20 000/(35 000) ×8 000 = 4 571（元）

骑自行车人得到的赔偿 = 15 000/(35 000) ×8 000 = 3 429（元）

（3）死亡伤残费用赔偿金额

死亡伤残费用核定损失金额 = 50 000 + 120 000/2 = 110 000 >50 000（元）

死亡伤残费用赔偿限额 = 50 000元

其中：

乙车人员得到的赔偿＝50 000/(110 000)×50 000＝22 727（元）

骑自行车人得到的赔偿＝60 000/(110 000)×50 000＝27 273（元）

甲车交强险总赔偿金额＝2 000＋8 000＋50 000＝60 000（元）

2. 乙车

(1) 财产损失赔偿金额

受损财产核定损失金额＝3 000＋5 000＋5 000/2＝10 500＞2 000（元）

财产损失赔偿限额＝2 000 元

其中：

甲车得到的赔偿＝(3 000＋5 000)/(10 500)×2 000＝1 524（元）

路产管理人得到赔偿＝2 500/10 500×2 000＝476（元）

(2) 医疗费用赔偿金额：

医疗费用核定损失金额＝30 000/2＝15 000＞8 000（元）

医疗费用赔偿限额＝8 000 元

骑自行车人得到的赔偿＝8 000 元

(3) 死亡伤残赔偿金额

死亡伤残核定损失金额＝(100 000＋20 000)/2＝60 000＞50 000（元）

死亡伤残赔偿限额＝50 000 元

骑自行车人得到的赔偿＝50 000 元

乙车交强险总赔偿金额＝2 000＋8 000＋50 000＝60 000（元）

小结：实际上，交强险的赔款计算，只要计算出实际赔偿金额就完成了。但是，存在多个受害人和事故各方还投保了商业保险的情况下，就必须将各方得到的赔偿分别计算出来，以利于赔款支付和商业保险的赔款计算。

在本例中，事故各方分项得到的交强险赔偿金额：

甲车得到的：

财产损失赔偿＝1 524 元

其中：

赔偿车辆＝3 000/(3 000＋5 000)×1 524＝571.50（元）

赔偿货物＝5 000/(3 000＋5 000)×1 524＝952.50（元）

乙车得到的：

车辆损失赔偿＝1 600 元

医疗费用赔偿＝4 571 元

死亡伤残赔偿＝22 727 元

骑自行车人得到的：

医疗费用赔偿 = 3 429 + 8 000 = 11 429（元）

死亡伤残赔偿 = 27 273 + 50 000 = 77 273（元）

路产管理人得到的：

路产损失赔偿 = 400 + 476 = 876（元）

（二）机动车第三者责任商业保险

机动车第三者责任商业保险是自愿投保的第三者责任险。

我国 2006 年 7 月 1 日起推出交强险后，中国保险行业协会统一制定了新的机动车第三者责任商业保险行业协会基本条款，并经中国保险监督管理委员会审批，在全国范围内统一施行。该条款以人保财险、中国太平洋产险及中国平安财险三家公司的车险条款模板制定了 A、B、C 三款，供各家财险公司向中国保监会申请选择使用。与交强险不同的是，商业三者险的责任限额有多档次可供投保人选择，如 5 万、10 万、20 万、50 万、100 万元等，保费也相应变化，责任限额不是按人身伤亡、医药费用和财产分项处理，而是规定一个总的责任限额。另外，商业三者险有免赔率的规定，除外责任也较交强险的要多，这意味着交强险相对物美价廉。

1. 保险责任

保险机动车在被保险人或其允许的合法驾驶人使用过程中发生意外事故，致使第三者遭受人身伤亡或财产的直接损失，对被保险人依法应支付的赔偿金额，保险人依照保险合同的约定，对于超过机动车交通事故责任强制保险各分项赔偿限额的部分给予赔偿。

2. 责任免除

商业三者险的除外责任非常多，包括：

（1）交通肇事后逃逸，驾驶人、被保险人、投保人故意破坏现场、伪造现场、毁灭证据；第三者、被保险人或其允许的驾驶人的故意行为、犯罪行为，第三者与被保险人或其他致害人恶意串通的行为。

（2）被保险人向保险人索赔时，未按规定提交应予以提交的事故证明的。

（3）驾驶人有下列情形之一者：

①饮酒、服用国家管制的精神药品或者麻醉药品；

②无驾驶证，驾驶证失效或者被依法扣留、暂扣、吊销期间；

③驾驶与驾驶证载明的准驾车型不相符合的机动车；

④实习期内驾驶公共汽车、营运客车或者执行任务的警车、消防车、救护车、工程救险车、载有危险物品的机动车或牵引挂车的机动车；

⑤使用各种专用机械车、特种车的人员无国家有关部门核发的有效操作证，或驾驶出租机动车或营业性机动车无交通运输管理部门核发的许可证书或其他必备证书；

⑥法律、法规规定的其他属于无有效驾驶资格的情况。

（4）保险机动车有下列情形之一者：

①除本保险合同另有书面约定外，发生保险事故时保险机动车没有公安机关交通管理部门及其他相关管理部门核发的行驶证、号牌，或临时号牌或临时移动证，或未按规定检验或检验不合格；

②改变使用性质未向保险人办理批改手续；

③保险机动车被转让，被保险人、受让人未履行通知义务，且因转让导致保险机动车危险程度显著增加而发生保险事故；

④更换发动机、车身、车架中任意两项或两项以上的，未按国家有关规定进行变更登记并向保险人办理批改手续；

⑤拖带其他未投保机动车交通事故责任强制保险的机动车（含挂车）或被其他未投保机动车交通事故责任强制保险的机动车拖带；

⑥全车被盗窃、被抢劫、被抢夺、下落不明期间；

⑦被扣押、罚没、查封、政府征用期间；

⑧在竞赛、测试、展览期间，在营业性场所维修、保养、改装期间，被吊装、运输期间；

⑨保险机动车被作为犯罪工具；

⑩轮式专用机械车、铰接式客车、全挂拖斗车以及其他设计最高时速低于70公里的机动车进入高速公路。

（5）下列原因导致的人身伤亡、财产损失和费用，保险人不负责赔偿：

①地震及其次生灾害、战争、军事冲突、恐怖活动、罢工、暴乱、污染、核反应、核污染、核辐射；

②保险机动车在行驶过程中翻斗突然升起，没有放下翻斗，自卸系统（含机件）失灵。

（6）下列人身伤亡、财产损失和费用，保险人不负责赔偿：

①保险机动车发生意外事故，致使任何单位或个人停业、停驶、停电、停水、停气、停产、通信或网络中断、电压变化、数据丢失造成的间接损失、营业损失、延迟损失以及其他各种间接损失；

②第三者财产因市场价格变动造成的贬值，修理后因价值降低引起的减值损失；

③被保险人或其允许的驾驶人所有、承租、使用、管理、运输或代管的财产的损失；

④本车上财产的损失，保险机动车举升、吊升的财产的损失；

⑤在作业过程中由于震动、移动或减弱支撑造成的财产损失及人身伤亡；

⑥律师费、诉讼费、仲裁费、罚款、罚金或惩罚性赔款，以及未经保险人事先书面同意的检验费、鉴定费、评估费；

⑦精神损害抚慰金；

⑧应当由机动车交通事故责任强制保险赔偿的损失和费用。

（7）保险事故发生时，保险机动车未投保机动车交通事故责任强制保险或机动车交通事故责任强制保险合同已经失效的，对于机动车交通事故责任强制保险责任限额以内的损失和费用，保险人不负责赔偿。

3. 赔偿处理

保险人依据被保险人在事故中所负责任比例，承担相应的赔偿责任。

公安交通管理部门处理事故时未确定事故责任比例且出险地的相关法律法规对事故责任比例没有明确规定的，保险人按照下列规定承担赔偿责任：

保险机动车一方负全部事故责任的，保险人按 100% 事故责任比例计算赔偿；

保险机动车一方负主要事故责任的，保险人按 70% 事故责任比例计算赔偿；

保险机动车一方负同等事故责任的，保险人按 50% 事故责任比例计算赔偿；

保险机动车一方负次要事故责任的，保险人按 30% 事故责任比例计算赔偿；

保险机动车一方无事故责任或无过错的，保险人不承担赔偿责任。

保险人根据被保险人在事故中所承担的责任比例，在符合赔偿规定的金额内实行事故责任免赔率：负全部责任的免赔 20%，负主要责任的免赔 15%，负同等责任的免赔 10%，负次要责任的免赔 5%。

发生保险事故时，保险机动车实际行驶区域超出保险合同约定区域的，实行 10% 的绝对免赔率。

投保时指定驾驶人，但发生保险事故时，保险机动车驾驶人并非保险合同载明的指定驾驶人的，增加 10% 的绝对免赔率。

发生保险事故时，保险机动车违反《中华人民共和国道路交通安全法》及其他法律法规中有关机动车装载的规定，增加 10% 的绝对免赔率。

4. 赔款计算

（1）当（依合同约定核定的第三者损失金额 - 机动车交通事故责任强制保险的分项赔偿限额）× 事故责任比例等于或高于每次事故赔偿限额时：

赔款 = 每次事故赔偿限额 ×(1 – 事故责任免赔率)×(1 – 绝对免赔率)

(2) 当(依合同约定核定的第三者损失金额 – 机动车交通事故责任强制保险的分项赔偿限额)× 事故责任比例低于每次事故赔偿限额时:

赔款 =(依合同约定核定的第三者损失金额 – 机动车交通事故责任强制保险的分项赔偿限额)× 事故责任比例 ×(1 – 事故责任免赔率)×(1 – 绝对免赔率)

出险时,若保险机动车还有其他保障相同的保险存在,不论是否由被保险人或其他人以其名义投保,也不论该保险赔偿与否,保险人按赔偿限额的比例分摊赔偿责任。

三、附加保险

机动车辆的附加险是机动车辆保险的重要组成部分。从中国现行的机动车辆保险条款看,主要有附加盗窃险、附加自燃损失险、附加新增加设备损失险、附加不计免赔特约险、附加驾驶员意外伤害险、附加乘客意外责任保险等。表 5.7 列出了中国人民财产保险股份有限公司机动车附加险种类。

表 5.7 中国人民财产保险股份有限公司机动车附加险(2009 年版)

序号	条款名称	险别
1	附加换件特约条款	附加险
2	车上货物责任险	附加险
3	发动机特别损失险	附加险
4	附加交通事故精神损害赔偿责任保险	附加险
5	附加机动车出境保险	附加险
6	异地出险住宿费特约条款	附加险
7	特种车保险批单 02 特种车辆固定设备、仪器损坏扩展条款	附加险
8	多次出险增加免赔率特约条款	附加险
9	指定专修厂特约条款	附加险
10	出租人人车失踪险	附加险
11	法律费用特约条款	附加险
12	可选免赔额特约条款	附加险
13	不计免赔率特约条款	附加险
14	火灾、爆炸、自燃损失险	附加险
15	自燃损失险	附加险

续表

序号	条款名称	险别
16	新增加设备损失保险	附加险
17	代步机动车服务特约条款	附加险
18	更换轮胎服务特约条款	附加险
19	送油、充电服务特约条款	附加险
20	拖车服务特约条款	附加险
21	新车特约条款 A	附加险
22	新车特约条款 B	附加险
23	教练车特约条款	附加险
24	约定区域通行费用特约条款	附加险
25	特种车保险批单 01 起重、装卸、挖掘车辆损失扩展条款	附加险
26	玻璃单独破碎险	附加险
27	机动车停驶损失险	附加险
28	随车行李物品损失保险条款	附加险
29	附加油污污染责任保险	附加险
30	车身划痕损失险	附加险

附加险是针对基本险的除外责任或免赔率的规定而设计的，换句话说，某个附加险的承保责任往往是基本险的某项或某几项除外责任。附加险不能单独投保，投保人必须是在投保了基本险的基础上才能购买附加险。

基本险条款、附加险条款、特约条款的法律效力为：特约条款高于附加险条款，附加险条款高于基本险条款。附加险条款未尽事宜，以基本险条款为准；特约条款未尽事宜，以基本险条款或附加险条款为准。

本章小结

1. 财产损失保险是以各种有形的物质财产、相关的利益以及其责任为保险标的的财产保险。其主要业务种类有企业财产保险、家庭财产保险、运输工具保险、货物运输保险、工程保险、特殊风险保险和农业保险。

2. 企业财产保险的保险金额是根据被保险财产的性质确定的。固定资产保险金额的确定方法主要有三种：按账面原值确定保险金额、按账面原值加成数确定保险金额和按重置重建价值确定保险金额。流动资产保险金额的确定方法有两种：按最近账面余额确定保险金额和按最近 1 年账面平均余额确定保险金额。

3. 家庭财产保险在我国是面向城乡居民家庭或个人的火灾保险，其特点是，投保人以家庭或个人为单位，业务分散，额小量大，风险结构以火灾、盗窃等风险为主。

4. 机动车辆保险是以机动车辆本身遭受自然灾害和意外事故而造成的损失，以及对第三者造成的财产直接损失和人身伤害而依法应负的赔偿责任为保险标的的一种运输工具保险。

重要概念

财产损失保险　家庭财产保险　保险储金　家庭财产两全保险　机动车辆损失保险　机动车第三者责任保险　交强险　责任限额

思考与练习

1. 张某1997年8月新购一辆桑塔纳轿车，市场价为13万元，向保险公司投保了车损险，期限1年，1998年5月张某在高速公路上驾车，因跟车过近，不慎撞上前面一辆集装箱货车，造成桑塔纳车全车报废，张某当场死亡。张某的继承人持保险合同向保险公司提出索赔。保险公司认定事故属于保险责任，但双方在具体赔偿金额上未达成协议。原因在于桑塔纳轿车的价格已于1998年初在全国范围内进行了大幅度调整，新车价格从1997年的13万元降至11.8万元。张某家属要求按车损险保险金额13万元赔偿。保险公司则以被保险人不应获利为由，坚持以调整后价值11.8万元计算赔偿。试分析在这种情况下应如何确定赔偿金额。

2. 一保险车辆（该车投保了机动车辆车损险和第三者责任险，总保险金额为45 000元）在山西省大宁县境内被三名持刀罪犯劫走。案发后，有关地区公安局密切配合，主动出击，在吉县境内发现罪犯驾驶被劫车辆，他们奋力追击堵截。罪犯发现被追捕后，撞坏了公安局执行任务的吉普车，惊慌逃窜时，驾车坠入20米高的大桥下，车损人亡。后经核实，此案损失如下：(1) 被劫车辆直接损失27 449元（含翻车前罪犯拆卖3条轮胎）；(2) 执行追捕任务吉普车损失625元；(3) 租用车辆费用（公安局破案用车）1 000元；(4) 大桥的栏杆损失700元；(5) 吊、拖车费用700元。此案保险公司应如何赔付？

3. 某企业投保财产保险综合险，保险金额100万元，保险有效期间从1999年1月1日至12月31日。若：

(1) 该企业于1999年2月12日发生火灾，损失35万元，则保险公司应赔偿多少？为什么？

(2) 1999年5月18日因发生地震而造成该企业财产损失20万元，则保险公司应赔偿多少？为什么？

(3) 1999年12月18日因下暴雨，仓库进水而造成存货损失70万元，则保险公司应赔偿多少？为什么？如果该企业又于12月28日发生火灾，损失10万元，保险公司是否赔偿？

4. 某房东将其所有的房屋投保财产保险，保险金额为100万元。后发生火灾，若：

(1) 该房屋在出险时的价值为120万元，实际遭受损失60万元，保险人应当赔偿多少？为什么？

(2) 若该房屋在出险时的价值为100万元，实际遭受损失60万元，保险人应当赔偿多少？为什么？

(3) 若该房屋在出险时的价值为80万元，实际遭受损失60万元，保险人应当赔偿多少？为什么？

5. 机动车甲投保了交强险，一日，在途经某路口时由于车速过快及采取措施不当，将横过马路的行人A和B撞倒，经交警裁定，甲车负全责。受害人A于当日经抢救无效身亡，B经医院治疗后痊愈出院，两名受害人的费用如下表所示。

单位：元

受害人	药费	诊疗费	住院费	丧葬费	死亡补偿费	交通费	护理费
A	10 000	2 000	200	5 000	110 000	1 000	
B	12 000	3 000	1 000			300	3 200

计算甲车交强险承保公司应赔偿的款项总额以及受害人A和B分别得到多少赔款？

第六章　其他财产保险

本章概要

广义的财产保险除了财产损失保险以外，还包括责任保险、信用保险和保证保险等险种。本章首先讲述责任保险的概念、责任保险的特点和责任保险的主要类别，然后介绍信用保险和保证保险的概念和主要险种。

学习要求

1. 了解责任保险的承保方式和保险标的的特点。
2. 掌握各种责任保险的保险标的和除外责任。
3. 了解出口信用保险的概念、承保的风险和赔偿。
4. 了解保证保险的特点及其种类。

第一节　责任保险

个人和组织有时会因为违约和侵权而给他人造成人身或财产上的伤害，为此要承担民事法律赔偿责任。这种责任风险可以通过购买保险转嫁给保险公司。责任保险就是承保被保险人对第三方应尽的民事法律赔偿责任的保险。

责任保险，是指以被保险人的民事法律赔偿责任为承保对象的一类保险，它属于广义财产保险范畴，却又自成体系。

责任保险的例子其实很多，例如很多品牌的热水器外包装上写着：本产品由某某保险公司承保产品责任保险，这意味着如果由于该热水器质量问题给使用者造成人身伤害或财产损失，消费者向热水器销售商或生产厂商索赔时，保险公司可以根据保险合同对热水器销售商或厂商（保险合同中的投保人和被保险人）进行赔偿。在这个产品责任保险的例子里，保险标的是被保险人（厂商）对其产品使用者可能承担的民事损害赔偿责任。

责任保险是在保险产生和发展过程中继财产损失保险和人身保险之后较晚出

现的业务，但随着各国法律制度的完善和日益严格，个人和组织的责任风险也越来越大，对保险的需求越来越强烈，因此责任保险的发展也蒸蒸日上，而且往往与一个国家政治经济发展程度呈正相关。

一、责任保险的保险责任

责任保险的保险标的是被保险人依法承担的民事法律责任，没有实体的标的。责任保险以被保险人在保险期内可能造成他人的利益损失（财产损失或人身伤害）为承保基础，相应的，责任保险的承保责任一般包括两项内容：（1）被保险人依法对造成他人财产损失或人身伤亡应承担的经济赔偿责任。（2）因赔偿纠纷引起的由被保险人支付的诉讼、律师费用及其他事先经过保险人同意支付的费用。

个人或组织承担民事法律责任有可能是因为有过错，也有可能并没有过错但也要承担赔偿责任，这取决于一个国家的法律的归责原则。我国《民法通则》确定了以过错责任为主、以无过错责任和公平责任为例外的民事法律归责原则。在英美法中更强调无过错责任原则，或称严格责任原则，即行为人即使主观上无过错，也必须对损害后果承担赔偿责任。法律归责原则越严格，个人或组织的法律风险越大，对责任保险的需求越强烈。

因被保险人的故意行为造成侵权而应承担民事赔偿责任的通常是责任保险绝对除外不保的风险责任，这一经营特点决定了责任保险承保的责任范围明显地小于民事损害赔偿责任的范围。

二、责任保险的承保

（一）投保人范围

责任保险适用于一切可能造成他人财产损失与人身伤亡的单位、家庭或个人，包括：

1. 各种公众活动场所的所有者、经营管理者；
2. 各种产品的生产者、销售者、维修者；
3. 各种运输工具的所有者、经营管理者或驾驶员；
4. 各种需要雇佣员工的单位；
5. 各种提供职业技术服务的单位；

6. 城乡居民家庭或个人；

7. 各种工程项目的所有者、承包者。

（二）责任保险的承保形式

1. 独立承保

是指保险人签发专门的责任保险单，投保人可以单独投保的险种。如本节将介绍的产品责任保险、雇主责任保险、公众责任保险和职业责任保险。第五章介绍的机动车第三者责任保险也属于这种情况。

2. 附加承保

保险人签发责任保险单的前提是被保险人必须投保了一般的财产损失保险（主险），责任保险是不能独立投保的附加险。如建筑和安装工程的第三者责任保险。

3. 组合承保

是指与特定财产相关的责任风险包含在该财产损失保险责任范围中。为使与某些财产相联系的责任风险得到保险保障，既不必签订单独的责任保险合同，也无需签发附加或特约条款，只需要参加相应的财产损失保险便使相应的责任风险得到了保险保障。如船舶保险的保险责任本身就包含了第三者责任风险。

三、责任保险的索赔与赔偿

责任保险的赔案，均以被保险人对第三方的损害并依法应承担经济赔偿责任为前提条件。责任保险赔款最后并非归被保险人所有，而是实质上付给了受害方。

（一）索赔时效的确定方式

1. 以索赔为基础的承保方式（期内索赔制）

以索赔为基础的承保方式，是指保险人仅对在保险期内受害人向被保险人提出的有效索赔负赔偿责任，而不论导致该索赔案的事故是否发生在保险有效期内。这种承保方式实质上是使保险时间前置了。

采用这种方式承保，可使保险人能够确切地把握该保险单项下应支付的赔款，即使赔款数额在当年不能准确确定，至少可以使保险人了解全部索赔的情况，对自己应承担的风险责任或可能支付的赔款数额做出较切合实际的估计。

同时，为了控制保险人承担的风险责任无限地前置，各国保险人在经营实践中，又通常规定一个责任追溯日期（如两年）作为限制性条款。

2. 以事故发生为基础的承保方式（期内发生制）

该承保方式是保险人仅对在保险有效期内发生的责任事故而引起的索赔负责，而不论受害方是否在保险有效期内提出索赔，它实质上是将保险责任期限延长了。

这种承保方式下，保险人在该保险单项下承担的赔偿责任往往要在保单保险期过后的很长时间才能确定，因此保险人通常规定一个后延截止日期，如两年。

（二）责任保险的赔偿限额

赔偿限额是保险人承担赔偿责任的最高限额，被保险人对受害方承担的超过限额的经济赔偿责任只能由被保险人自行承担。在保险条款中通常有以下几种设定赔偿限额的方式：

1. 保险期内每次责任事故或同一原因引起的一系列责任事故设定一个赔偿限额，可以分为财产损失赔偿限额和人身伤亡赔偿限额两项，也可以不分项。

2. 保险期内累计的赔偿限额，可以分为累计的财产损失赔偿限额和累计的人身伤害赔偿限额，也可以不分项。

（三）除外责任和免赔额

责任保险除外不保的风险主要包括不可抗力、被保险人的故意行为等原因造成被保险人承担的民事赔偿责任、被保险人的雇员的人身伤亡和财产损失等。

保险人除通过确定赔偿限额和除外责任来限定自己的承保责任外，还通常有免赔额的规定，以此达到促使被保险人小心谨慎、防止发生事故和减少小额、零星赔款支出的目的。

四、责任保险的种类

这里只介绍之前各章没有涉及的独立承保的责任保险。根据业务内容的不同，可以分为公众责任保险、产品责任保险、雇主责任保险和职业责任保险四类业务，其中每一类业务又由若干具体的险种构成。

（一）职业责任保险

1. 概念

职业责任保险，是以各种专业技术人员在从事职业技术工作时因疏忽或过失造成合同对方或他人的人身伤害或财产损失所导致的经济赔偿责任为承保风险的责任保险。

例如，医院如果投保了医疗责任保险，在出现医疗事故时受害人向医院提出索赔而根据相关法律规定医院应该对受害人承担民事损害赔偿责任时，保险公司可以按照保险合同在一定金额范围内对医院进行赔偿，即医院（投保人和被保险人）把自己对受害人的经济赔偿全部或部分地转嫁给了保险公司。

除了医院、医生以外，职业责任保险的投保人还包括会计师、律师、设计师、各类经纪人等，其中，除医疗或医生责任保险会涉及对受害者的人身伤亡的赔偿外，大部分其他职业责任保险一般仅涉及财产损失赔偿。

2. 赔偿范围

保险人对被保险人的赔偿包括财产损失赔偿金与有关费用两项，费用通常包括用于被保险人与受害人之间发生的以及被保险人与事故有关责任方之间进行追偿而发生的法律诉讼费用，以及事故发生后为减少损失而支出的必要费用。

3. 费率

从总体而言，制定职业责任保险的费率时，需要着重考虑下列因素：一是投保人的职业种类（责任风险程度不同）；二是投保人的工作场所；三是投保人工作单位的性质；四是该笔投保业务的数量；五是被保险人及其雇员的专业技术水平与工作责任心；六是赔偿限额、免赔额和其他承保条件；七是被保险人职业责任事故的历史损失资料以及同类业务的职业责任事故情况。

4. 职业责任保险的主要险种

（1）医疗职业责任保险

医疗职业责任保险也叫医生失职保险，它承保医务人员或其前任由于医疗责任事故而致病人死亡或伤残、病情加剧、痛苦增加等，受害者或其家属要求赔偿且依法应当由医疗方负责的经济赔偿责任。

医疗职业责任保险以医院为投保对象，普遍采用以索赔为基础的承保方式。

（2）律师责任保险

律师责任保险承保被保险人或其前任作为一个律师在自己的能力范围内在职业服务中发生的一切疏忽行为、错误或遗漏过失行为所导致的法律赔偿责任，包括一切侮辱、诽谤，以及赔偿被保险人在工作中发生的或造成的对第三者的人身伤害或财产损失。

律师责任保险的承保基础可以以事故发生或索赔为依据确定，它通常采用主保单——法律过失责任保险和额外责任保险单——扩展限额相结合的承保办法。此外，还有免赔额的规定，其除外责任一般包括被保险人的不诚实、欺诈犯罪、居心不良等行为责任。

(3) 会计师责任保险

会计师责任保险承保因被保险人或其前任因违反会计业务上应尽的责任及义务，而使客户遭受损失，依法应负的经济赔偿责任，但不包括身体伤害、死亡及实质财产的损毁。

(4) 建筑、工程技术人员责任保险

建筑、工程技术人员责任保险承保因建筑师、工程技术人员的过失而造成合同对方或他人的财产损失与人身伤害并由此导致经济赔偿责任的职业技术风险。建筑、安装以及其他工种技术人员、检验员、工程管理人员等均可以投保该险种。

(5) 其他险种

此外，还有美容师责任保险，保险经纪人和保险代理人责任保险，情报处理者责任保险等多种职业责任保险业务，它们在发达的保险市场上同样是受到欢迎的险种。

专栏 6.1　中国人民财产保险股份有限公司:《注册会计师执业责任保险条款 (A)》中的部分条款

保险责任

第三条　因被保险人的注册会计师在中华人民共和国境内承办下列业务而在保险期间内出具的相关报告不实，造成委托人或其他利害关系人的经济损失，依中华人民共和国法律应由被保险人承担的民事赔偿责任，保险人根据本保险合同的约定负责赔偿：

(一) 审计企业会计报表，出具审计报告；

(二) 验证企业资本，出具验资报告；

(三) 办理企业合并、分立、清算事宜中的审计业务，出具有关的报告；

(四) 法律、行政法规规定的其他审计业务；

(五) 会计咨询业务和会计服务业务。

上述审计报告、验资报告、有关报告及提供会计咨询或会计服务时出具的报告统称为会计执业报告。

投保人仅就部分业务范围投保的，保险人仅对投保业务范围内发生的保险事故承担保险责任。

第四条　由被保险人支付的因保险事故导致的下列费用，保险人也负责赔偿：

（一）仲裁或诉讼费用及事先经保险人书面同意支付的律师费用；

（二）发生保险事故后，被保险人为了防止或减少对委托人或其他利害关系人经济损失的赔偿责任所支付的必要的、合理的费用。

因被保险人的注册会计师在中华人民共和国境内承办本保险合同约定的业务而在保险期间内出具的会计执业报告不实，造成委托人或其他利害关系人的经济损失，视为保险事故发生。由委托人或其他利害关系人首次向被保险人提出赔偿请求，视为被保险人知道保险事故发生。

被保险人的委托人或其他利害关系人就被保险人对同一委托事项出具的同一会计执业报告而提出的一系列赔偿请求为一次保险事故。

责任免除

第六条　下列原因造成的损失、费用和责任，保险人不负责赔偿：

（一）被保险人或其注册会计师的故意行为、重大过失行为或非执业行为；

（二）委托人提供的账册、报表、文件或其他资料的损毁、灭失、被盗、被抢、丢失，但本保险合同另有约定的除外；

（三）被保险人或其注册会计师被指控诽谤委托人或泄露委托人的商业秘密，经人民法院判决指控成立的；

（四）被保险人的注册会计师私自接受委托业务或在其他会计师事务所执行的业务；

（五）被保险人或其注册会计师执行依法注册的承办业务范围之外的业务；

（六）被保险人或其注册会计师对外担保所承担的连带责任；

（七）他人冒用被保险人或其注册会计师的名义执行业务。

第七条　下列各项损失、费用和责任，保险人不负责赔偿：

（一）被保险人或其注册会计师对委托人或其他利害关系人的身体伤害及有形财产的毁损或灭失；

（二）罚款、罚金或惩罚性赔款；

（三）保险合同约定的应由被保险人自行负担的免赔额；

（四）精神损害赔偿责任。

第八条　其他不属于保险责任范围内的一切损失、费用和责任，保险人不负责赔偿。

（二）雇主责任保险

1. 雇主责任保险的概念

雇主责任保险，是以被保险人即雇主的雇员在受雇期间从事业务时因遭受意外导致伤、残、死亡或患有与职业有关的职业性疾病而根据雇佣合同或劳动法应由被保险人承担的经济赔偿责任为承保风险的一种责任保险。

例如，建筑工人在施工时从脚手架上不慎摔伤，根据劳动法或雇佣合同，所属建筑公司应承担相应的医药费用、营养费、误工费等赔偿，如果该建筑公司投保了雇主责任保险，则保险公司按照保险合同在一定金额范围内赔偿该建筑公司对该建筑工人应承担的赔偿责任。

2. 雇主责任保险的保险责任和除外责任

（1）保险责任

雇主责任保险的保险责任，主要包括在责任事故中雇主对雇员依法应负的经济赔偿责任和有关法律费用等，导致这种赔偿的原因主要是由于被保险人（雇主）的过失行为导致的其雇员各种意外的工伤事故和职业病，或雇主虽无过失却发生了雇员工伤事故和职业病。构成雇主责任的前提条件是雇主与雇员之间存在着直接的雇佣合同关系。

以下情况通常被视为雇主的过失或疏忽责任：

①雇主提供危险的工作地点、机器工具或工作程序；

②雇主提供的是不称职的管理人员；

③雇主本人直接的疏忽或过失行为，如对有害工种未提供相应的合格的劳动保护用品等即为过失。

（2）除外责任

保险人所承担的责任风险将被保险人（雇主）的故意行为和重大过失列为除外责任，除此之外，下列原因导致的责任事故通常也除外不保：一是战争、暴动、罢工、核风险等引起雇员的人身伤害；二是被保险人对其承包人的雇员所负的经济赔偿责任；三是被保险人的合同项下的责任；四是被保险人的雇员因自己的故意行为导致的伤害；五是被保险人的雇员由于疾病、传染病、分娩、流产以及由此而施行的内、外科手术所致的伤害等。

3. 雇主责任保险的保险费率

雇主责任保险的保险费率，一般根据一定的风险归类确定不同行业或不同工种的不同费率标准，同一行业基本上采用同一费率，但对于某些工作性质比较复杂、工种较多的行业，则还须规定每一工种的适用费率。同时，还应当参考赔偿限额。

雇主责任保险费的计算公式如下：

应收保险费 = A 工种保险费（年工资总额 × 适用费率）
+ B 工种保险费（年工资总额 × 适用费率）+ …

其中，

年工资总额 = 该工种人数 × 月平均工资收入 × 12

4. 雇主责任保险的赔偿

雇主责任保险的赔偿限额，通常是以每一雇员若干个月的工资收入作为其发生雇主责任保险事故时的保险赔偿额度，每一雇员只适用于自己的赔偿额度。

在一些国家的雇主责任保险界，保险人对雇员的死亡赔偿额度与永久完全残废赔偿额度是有区别的，后者往往比前者的标准要高。但对于部分残废或一般性伤害，则严格按照事先规定的赔偿额度进行计算。其计算公式为：

赔偿金额 = 该雇员的赔偿限额 × 适用的赔偿额度比例

适用的赔偿额度比例如表 6.1 所示。

表 6.1　中国人民财产保险股份有限公司雇主责任保险条款（2004 年版）中的伤亡赔偿比例

项目	伤害程度	保险合同约定每人伤亡责任限额的比例（%）
（一）	死亡	100
（二）	永久丧失工作能力或一级伤残	100
（三）	二级伤残	80
（四）	三级伤残	65
（五）	四级伤残	55
（六）	五级伤残	45
（七）	六级伤残	25
（八）	七级伤残	15
（九）	八级伤残	10
（十）	九级伤残	4
（十一）	十级伤残	1

资料来源：中国保险行业协会网站。

如果保险责任事故是第三者造成的，保险人在赔偿时仍然适用权益转让原则，即在赔偿后可以向直接责任人进行代位追偿。

5. 雇主责任保险的附加险

（1）附加第三者责任保险

该项附加险承保被保险人（雇主）因其疏忽或过失行为导致雇员以外的他人人身伤害或财产损失的法律赔偿责任，它实质上属于公众责任保险范围，但如果雇主在投保雇主责任保险时要求加保，保险人可以扩展承保。

（2）附加雇员第三者责任保险

该项附加保险承保雇员在执行公务时因其过失或疏忽行为造成的对第三者的伤害且依法应由雇主承担的经济赔偿责任。

（3）附加医药费保险

该项附加险种承保被保险人的雇员在保险期限内，因患有疾病等所需的医疗费用的保险，它实质上属于普通人身保险或健康医疗保险的范畴。

此外，雇主责任保险还可以附加战争等危险的保险和附加疾病引起的雇员人身伤亡的保险。

（三）产品责任保险

1. 产品责任保险的概念

产品责任保险（product liability insurance），是指以产品制造者、销售者、维修者等的产品责任为承保风险的一种责任保险，而产品责任又以各国的产品责任法律制度为基础。

所谓产品责任，是指产品在使用过程中因其缺陷而造成用户、消费者或公众的人身伤亡或财产损失时，依法应当由产品供给方（包括制造者、销售者、修理者等）承担的民事损害赔偿责任。

产品的制造者包括产品生产者、加工者、装配者；产品修理者指被损坏产品或陈旧产品或有缺陷的产品的修理者；产品销售者包括批发商、零售商、出口商、进口商等各种商业机构，如批发站、商店、进出口公司等。此外，承运人如果在运输过程中损坏了产品并因此导致产品责任事故时，也应当承担相应的产品责任。

2. 产品责任保险的保险责任范围和除外责任

保险人承保的产品责任风险，是承保产品造成的对消费者或用户及其他任何人的财产损失、人身伤亡所导致的由被保险人承担的经济赔偿责任，以及由此而导致的由被保险人承担的有关法律费用等。

除外责任包括：

（1）被保险人承担的违约责任，除非经过特别约定。

（2）被保险人根据劳工法或雇佣合同对其雇员及有关人员应承担的损害赔偿责任。这种责任应由劳工保险或雇主责任保险承保。

（3）被保险人所有或照管或控制的财产损失。这种损失应由财产保险承保。

（4）产品或商品仍在制造或销售场所，其所有权尚未转移至用户或消费者之前的责任事故损失。这种损失应由公众责任保险承保。

（5）被保险人故意违法生产、销售的产品发生的事故责任损失。

（6）被保险产品或商品本身的损失及被保险人因收回有缺陷产品造成的费用及损失。这种损失应由产品保证保险承保。

（7）不按照被保险产品说明书要求安装使用或在非正常状态下使用造成的责任事故损失。

3. 产品责任保险的赔偿

在产品责任保险的理赔过程中，保险人的责任通常以产品在保险期限内发生事故为基础。

赔偿标准以保险双方在签订保险合同时确定的赔偿限额为最高额度，它既可以是每次事故赔偿限额，也可以是保险期内累计的赔偿限额。

（四）公众责任保险

专栏 6.2　引例：公众责任保险赔偿案

2007 年 9 月，消费者鲍先生在常州市某大型超市购物时被闲置购物车所阻摔倒，致左股骨骨折，用去医疗费 19 468.68 元，休息 154 天，请求消协调解处理。经消协组织双方调解，于 2008 年 4 月 29 日达成调解协议：（1）超市管理购物车不当，承担 60% 过错责任；消费者自身未尽关注义务，承担 40% 过错责任。（2）治疗费 19 468.68 元，误工费、护理费、交通费等 14 918 元，今后治疗费、误工费、护理费（一次性）16 100 元，共计 50 486.68 元，由超市一次性赔偿消费者 30 291 元。该超市之前购买了公众责任保险，因此在超市赔偿的 30 291 元中保险公司根据保险合同支付了 27 762 元。

1. 公众责任保险的概念

公众责任保险（public liability insurance）又称普通责任保险或综合责任保险，是承保被保险人的公众责任风险的保险。公众责任即由于被保险人（致害人）在公众活动场所的过错行为致使他人的人身或财产遭受损害，依法应由被保险人（致害人）承担的对受害人的经济赔偿责任。公众责任的构成，以在法律上负有经济赔偿责任为前提，其法律依据是各国的民法及各种有关的单行法规制度。此外，在一些并非公众活动的场所，如果公众在该场所受到了应当由致害人负责的损害，也可以归属于公众责任。因此，各种公共设施场所、工厂、办公楼、学校、医院、商店、展览馆、动物园、宾馆、旅店、影剧院、运动场所，以及工程建设工地等，均存在着公众责任事故风险。这些场所的所有者、经营管理者等均可以通过投保公众责任保险来转嫁其责任。

2. 公众责任保险的责任范围和除外责任

公众责任保险的保险责任，包括被保险人在保险期内、在保险地点发生的依法应承担的经济赔偿责任和有关的法律诉讼费用等。

公众责任保险的除外责任包括：

（1）被保险人故意行为引起的损害事故；

（2）战争、内战、叛乱、暴动、骚乱、罢工或封闭工厂引起的任何损害事故；

（3）人力不可抗拒的原因引起的损害事故；

（4）核事故引起的损害事故；

（5）有缺陷的卫生装置及除一般食物中毒以外的任何中毒；

（6）由于震动、移动或减弱支撑引起的任何土地、财产或房屋的损坏责任；

（7）被保险人的雇员或正在为被保险人服务的任何人所受到的伤害或其财产损失，他们通常在其他保险单下获得保险；

（8）各种运输工具的第三者或公众责任事故，由专门的第三者责任保险或其他责任保险险种承保；

（9）公众责任保险单上列明的其他除外责任等。

3. 公众责任保险的保费计算

保险人在经营公众责任保险业务时，一般不像其他保险业务那样有固定的保险费率表，而是通常视每一被保险人的风险情况逐笔议订费率，以便确保保险人承担的风险责任与所收取的保险费相适应。

公众责任保险费的计算方式包括如下两种情况：

一是以赔偿限额（累计或每次事故赔偿限额）为计算依据，即

保险人的应收保险费＝累计赔偿限额×适用费率

二是对某些业务按场所面积大小计算保险费，即

保险人的应收保险费＝保险场所占用面积（平方米）×每平方米保险费

4. 公众责任保险的主要险种

（1）综合公共责任保险

综合公共责任保险是一种综合性的责任保险业务，它承保被保险人在任何地点因非故意行为或活动所造成的他人人身伤害或财产损失依法应负的经济赔偿责任。

从国外类似业务的经营实践来看，保险人在该种保险中除一般公众责任外还承担着包括合同责任、产品责任、业主及工程承包人的预防责任、完工责任及个人伤害责任等风险。

(2) 场所责任保险

场所责任保险承保固定场所因存在着结构上的缺陷或管理不善，或被保险人在被保险场所进行生产经营活动时因疏忽发生意外事故，造成他人人身伤害或财产损失且依法应由被保险人承担的经济赔偿责任。

场所责任保险的险种主要有宾馆责任保险、展览会责任保险、电梯责任保险、车库责任保险、机场责任保险以及各种公众活动场所的责任保险。

(3) 承包人责任保险

承包人责任保险专门承保承包人的损害赔偿责任，它主要适用于承包各种建筑工程、安装工程、修理工程施工任务的承包人，包括土木工程师、建筑工、公路及下水道承包人以及油漆工等。

在承包人责任保险中，保险人通常对承包人租用或自有的设备以及对委托人的赔偿、合同责任、对分承包人应承担的责任等负责，但对被保险人看管或控制的财产、施工的对象、退换或重置的工程材料或提供的货物及安装了的货物等不负责任。

(4) 承运人责任保险

承运人责任保险专门承保承担各种客、货运输任务的部门或个人在运输过程中可能发生的损害赔偿责任，主要包括旅客责任保险、货物运输责任保险等险种。依照有关法律，承运人对委托给他的货物运输和旅客运送的安全负有严格责任，除非损害货物或伤害旅客的原因是不可抗力、军事行动及客户自己的过失等，否则，承运人均须对被损害的货物或旅客负经济赔偿责任。

与一般公众责任保险不同的是，承运人责任保险保障的责任风险实际上是处于流动状态中的责任风险，但因运行途径是固定的，所以视为固定场所的责任保险业务。

第二节 信用保险

专栏 6.3 引例：出口信用保险力促交易顺利进行

福建省某水产加工企业 2008 年向保险公司投保了短期出口信用险。该水产加工企业的主要买家为马来西亚一家水产加工贸易企业。受金融危机的影响，买家的下游客户出现现金流紧张，拖欠买家货款，而买家也以此为理由拒绝向保户支付相应货款。在与买家交涉无果后，该投保水产公司向保险公司提交可能损失，共计50余万美元。保险公司接案后积极追讨，通过与买家谈判，在当地聘请律师等手段，在1个多月的时间内成功为保户追回货款30余万美元，剩余部分也做出了相应赔付。

一、信用保险的概念

信用保险（credit insurance）是指权利人（作为投保人和被保险人）向保险人投保债务人的信用风险的一种保险。所谓信用风险，也称违约风险，是指交易对方未能履行合同中约定的义务而造成权利人经济损失的风险。如上例中福建某水产加工企业作为权利人在经营过程中面临着交易对方（买方）拒付货款的信用风险，而权利人通过购买信用保险将这种违约风险转嫁给了保险公司。

信用保险是一项企业用于风险管理的保险产品，其投保人为企业而非个人。其主要功能是保障企业应收账款的安全。其原理是把债务人的信用风险转移给保险人，当债务人不能履行其义务时，由保险人承担赔偿责任。

引发拖延欠款的行为可能是政治风险（包括债务人所在国发生汇兑限制、征收、战争及暴乱等）或者商业风险（包括拖欠、拒收货物、无力偿付债务、破产等）。

二、信用保险的种类

（一）商业信用保险

商业信用保险主要针对企业在销售、信贷等经济活动中所产生的风险，如商业银行发放贷款面临的来自债务人的信用风险，提供延期付款或分期付款的销售商面临的购货商的信用风险以及提供预付款的购货商面临的来自销售商的信用风险。相应的，保险公司提供了贷款信用保险、赊销信用保险和预付信用保险。在这些保险中，债权人作为投保人和被保险人。

（二）出口信用保险

出口信用保险（export credit insurance）承保出口商因国外进口商不履行贸易合同而造成出口商的经济损失的风险，是各国政府为提高本国产品的国际竞争力，推动本国的出口贸易，保障出口商的收汇安全和银行的信贷安全，为企业在出口贸易、对外投资和对外工程承包等经济活动中提供的一项风险保障措施。

1. 出口信用保险种类

出口信用保险的保险责任主要包括商业风险和政治风险两种。

政治风险是指进出口买卖双方均无法控制的情况下，承担付款义务的国外进口方或其银行，因其所在国家或地区政治或政府行为导致进口方不能按时支付出口方货款。政治风险常见的情形包括：国外进口方或进口方银行所在国家或地区禁止或限制汇兑，撤销进口许可，颁布延期付款令或发生战争、暴动等政治事件等。

商业风险指承担付款义务的国外进口方或其银行由于自身信用问题不能按时支付卖方货款，通常包括以下情形：

（1）进口方或其开证银行或保兑银行破产或者无力偿付债务；

（2）进口方或其开证银行或保兑银行因故拖欠支付货款；

（3）进口方拒绝接受货物或其开证银行或保兑银行拒绝承兑。

2. 出口信用保险的除外责任

（1）汇率变更引起的损失；通常可以由货物运输保险或者其他保险承保的损失；银行擅自放单、运输代理人或者承运人擅自放货造成的损失。

（2）被保险人（出口方）或其代理人违约、欺诈以及其他违法行为所引起的损失，或被保险人的代理人破产引起的损失；进口方的代理人破产、违约、欺诈或其他违反法律的行为引起的损失；被保险人或者进口方在获得各种必要许可前从事交易，致使销售合同无法履行引起的损失。

（3）被保险人在获得保险人批复的有效信用限额前出口所发生的损失；在保险风险发生后出口的损失；被保险人向其关联公司出口，由于商业风险引起的损失。

（4）信用证支付方式下，保险人对虚假或者无效的信用证不承担责任，或因单据不符或单据在传递过程中迟延、遗失、残缺不全或者错误邮递所造成的损失。

（5）未经特别约定，非信用证支付方式下在货物出口前发生的损失；信用证方式下在被保险人提交单据前发生的损失。

我国于1988年创办信用保险制度，由中国人民保险公司设立出口信用保险部，专门负责出口信用保险的推广和管理。1994年，中国进出口银行成立，其业务中也包括了出口信用保险业务。2001年，在中国加入WTO的大背景下，国务院批准成立专门的国家信用保险机构——中国出口信用保险公司（中国信保），由中国人民保险公司和中国进出口银行各自代办的信用保险业务合并而成。

（三）投资保险

投资保险又称政治风险保险，承保投资者的投资和已赚取的收益因承保的政治风险而遭受的损失。投资保险的投保人和被保险人是向海外投资的投资者。投资保险通过向跨境投资者提供中长期政治风险保险及相关投资风险咨询服务，积极配合本国外交、外贸、产业、财政、金融等政策，为跨境投资活动提供风险保障，对保单项下规定的损失进行赔偿，支持和鼓励本国投资者积极开拓海外市场、更好利用国外的资源优势，以达到促进本国经济发展的目的。

投资保险承保的风险包括：

1. 汇兑限制

汇兑限制指投资所在国（东道国）政府实施的阻碍、限制投资者把当地货币兑换为投资货币或汇出投资所在国的措施，或者使投资者以高于市场汇率的价格将当地货币兑换为投资货币或汇出投资所在国的措施。

2. 征收

征收指东道国政府采取国有化、没收、征用或未经适当法律程序的行为，剥夺了被保险人或项目企业对投资项目的所有权和经营权；或剥夺了被保险人或项目企业对投资项目资金的使用权和控制权。

3. 战争及政治暴乱

战争指投资所在国发生的战争、革命、暴动、内战、恐怖行为以及其他类似战争的行为。战争项下的保障范围包括因战争造成的项目企业有形财产的损失和因战争行为导致项目企业不能正常经营的损失。

4. 政府违约

政府违约指东道国政府违反或不履行与被保险人或项目企业就投资项目签署的有关协议，且拒绝按照仲裁裁决书中裁定的赔偿金额对被保险人或项目企业进行赔偿的行为。

5. 承租人违约

承租人违约指承租人因不可抗力以外的原因，不能向被保险人或出租人支付《租赁协议》下应付租金的行为。

第三节 保证保险

专栏 6.4 引例：保证保险的相关案例

2004 年 6 月 20 日，A 银行与 B 保险公司签订了《个人汽车消费贷款保证保险合作协议》，约定：双方合作开展个人汽车消费贷款及保证保险业务，由 B 保险公司负责向 A 银行提供有关借款人购车资料（包括购车合同、发票、购车完税凭证等）并确保真实；B 保险公司应当对借款人（即保证保险投保人）的资信状况进行认真审查，并书面确认同意承保有关借款保证保险。除协议规定的不可抗力、政策变动、投保人与银行恶意串通等免责范围外，不论何种原因造成保证保险投保人连续三个月未能按照贷款合同约定按期供款，即为保险事故发生，保险人（B 保险公司）承诺在收到被保险人（A 银行）的书面索赔申请及相关资料后 10 个工作日内确认保险责任并予以赔付。协议签订后，根据 B 保险公司提供的购车资料及购车人身份和资信审查资料，以及 B 保险公司在 A 银行《个人汽车消费贷款审批表》上同意承保的签字盖章承诺，A 银行先后与借款人 C 等 20 人签订了《个人汽车消费贷款合同》并按约定发放贷款共 500 万元，B 保险公司在收取投保人支付的有关保费后向 A 银行出具了以该 20 名借款人为投保人、以 A 银行为被保险人的个人汽车消费贷款保证保险保单正本。2004 年 12 月，C 等 20 名借款人先后出现连续 3 个月以上未按期还款，A 银行即依照合作协议约定向 B 保险公司提出了书面索赔申请，但 B 保险公司以有关借款人涉嫌诈骗正被立案侦查，是否属于保险责任尚不清楚为由予以推脱。在多次索赔未果的情况下，A 银行以保证保险合同纠纷为由将 B 保险公司诉诸法院。

本案在审理过程中合议庭出现两种不同意见：一种意见认为，保证保险合同的实质属于保证合同，B 保险公司充当的是保证人的角色，所提供的保险责任实质上是以保险形式体现的有偿保证担保，B 保险公司应承担的法律责任为保证担保责任，案件处理的法律依据应为《担保法》，所以 B 保险公司不应赔偿；另一种意见则认为，本案的保证保险合同合法有效，B 保险公司既然已经收取保费，并签订保证保险合同，按照合同约定，当投保人无法按期还款时，保险事故发生，B 保险公司应承担保证保险责任，应直接将赔款支付给贷款银行。保证保险合同并非保证担保合同，故案件处理的法律依据不应是《担保法》，而应是《保险法》。法庭最终以第二种意见结案。

一、保证保险的概念

从广义上说，保证保险是保险人为被保证人向权利人提供担保的保险。它包括两类保险：一类是狭义的保证保险，另一类是信用保险。它们的保险标的都是被保证人的信用风险，当被保证人的作为或不作为致使权利人遭受经济损失时，保险人负经济赔偿责任。因此保证保险实际上是保险性质的担保业务。这里仅介绍狭义的保证保险。

保证保险的投保人是商业信用活动中的债务人或借款方，被保险人是债权人或贷款方。而信用保险的投保人和被保险人是一方，如出口信用保险的投保人和被保险人都是出口商。

保证保险的功能在于转嫁被保险人的风险，作为一种保险手段，是分散风险、消化损失的一种经济补偿制度。因为保证保险不是保证，所以保险人不能享有保证所产生的先诉抗辩权或物保优于人保的抗辩权，一旦发生保险事故，保险人就应当按照保证保险合同的约定向被保险人支付保险金。

二、保证保险的分类

狭义的保证保险主要有两类：合同保证保险和忠实保证保险。

（一）合同保证保险

合同保证保险专门承保经济合同中因一方不履行经济合同所负的经济责任。合同保证保险的投保人是经济合同中的债务人（被保证人），被保险人是经济合同中的权利人，保险公司的角色相当于债务人（被保证人）对权利人的保证人。

保险人（保证人）只有在投保人（被保证人）无力支付时才有义务支付赔款，而保险人只对被保险人（权利人）有赔偿义务。在承保合同保证保险时，保险人既要考虑违约的风险，同时还要考虑汇率风险、政治风险，以及各国政治制度、法律制度、风俗习惯。在确定风险程度时，投保人（被保证人）的财务状况是一个决定性因素。在承保前，保险人往往要对被保证人的财务状况、资信度进行调查。调查的主要内容包括：（1）有关被保证人基本情况的记录，包括被保证人的历史、在社会上的影响等；（2）最近财务年度的财务报表及有关材料；（3）合同业务的进展状况；（4）与银行的往来信函；（5）企业的组织、经营状况，信贷情况，财务审计及记账方法，附属企业的情况。

（二）忠实保证保险

忠实保证保险通常承保雇主因其雇员的不诚实行为而遭受的损失。忠实保证保险的投保人可以是雇员也可以是雇主，被保险人是雇主。涉外忠实保证保险一般承保在我国境内的外资企业或合资企业因其雇员的不诚实行为而遭受的经济损失，也可承保我国劳务出口中，因劳务人员的不诚实行为给当地企业主造成的损失。

忠实保证保险与合同保证保险的区别在于：

1. 忠实保证涉及的是雇主与雇员之间的关系，而合同保证并不涉及这种关系；

2. 忠实保证的承保危险是雇员的不诚实或欺诈，而合同保证承保的危险主要是被保证人的违约行为；

3. 忠实保证可由被保证人购买，也可由权利人购买，而合同保证保险必须由被保证人购买。

本章小结

1. 责任保险，是指以被保险人的民事法律赔偿责任为承保对象的一类保险，它属于广义财产保险范畴，却又自成体系。

2. 因被保险人的故意行为造成侵权而应承担民事赔偿责任的通常是责任保险绝对除外不保的风险责任。

3. 根据业务内容的不同，可以分为公众责任保险、产品责任保险、雇主责任保险和职业责任保险四类业务。

4. 信用保险（credit insurance）是指权利人（作为投保人和被保险人）向保险人投保债务人的信用风险的一种保险。

5. 从广义上说，保证保险是保险人为被保证人向权利人提供担保的保险。当被保证人的作为或不作为致使权利人遭受经济损失时，保险人负经济赔偿责任。

重要概念

责任风险　产品责任保险　雇主责任保险　职业责任保险　公众责任保险　出口信用保险　保证保险

思考与练习

1. 责任保险的种类有哪些?

2. 民事责任的归责原则有哪些?

3. 什么是期内发生制和期内索赔制?

4. 出口信用保险承保的风险是什么?

5. 忠实保证保险与合同保证保险的区别是什么?

6. 通过网络或其他渠道了解我国境内中资和外资保险公司提供的责任保险产品、信用保险产品和保证保险产品的种类和业务开展情况。

第七章　人身保险

本章概要

人身保险是基本保险类型之一。本章首先讲述人身保险的概念、人身保险的特点和人身保险的主要类别；然后重点介绍人身保险中的最主要险种，即人寿保险，概括人寿保险的特征、分类和常用的标准条款；最后讲述人身保险的其他主要险种，包括人身意外伤害保险和健康保险，介绍各险种的适用范围、主要分类和主要内容。

学习要求

1. 了解人身保险的主要特点和主要类别。
2. 了解人寿保险的主要特征，掌握人寿保险的常见标准条款。
3. 掌握人身意外伤害保险中对意外和伤害的规定性，了解该险种的适用范围。
4. 了解健康保险的特点及其分类。

引　言

人们在日常生活中，不可避免地会遭遇各种人身危险，如疾病、意外伤害、死亡等，会遭受影响和危害人们身体健康和生命安全的事件。无论医疗技术如何发达，都不可能完全摆脱这些风险对人们的伤害，而且，这些人身风险对人们带来的损失后果有时难以独自承受。由此，人身保险就成为首选的人身风险管理工具。

第一节　人身保险概述

一、人身保险的概念

人身保险是以人的寿命和身体为保险标的的保险。当人们遭受保险事故或因疾病、年老以致丧失工作能力、伤残、死亡或退休时，根据保险合同的约定，保险人对被保险人或受益人给付保险金或年金。

人身保险包括以下几点基本内容：

1. 人身保险的保险标的是人的生命或身体；

2. 人身保险的保险责任包括生、老、病、死、伤、残等方面；

3. 人身保险的给付条件是，被保险人遭受保险合同范围内的保险事故，包括疾病、年老退休、死亡、伤残等。

二、人身保险的特点

（一）人身保险合同具有定额给付性质

大多数财产保险是补偿性合同，当财产遭受损失时，保险人在保险金额内按其实际损失进行补偿。与此不同，大多数人身保险具有定额给付性质，只能按事先约定的金额给付保险金。因为人的生命和身体不能用金钱来衡量价值，因此，人身保险无法通过保险标的的价值确定保险金额。健康保险中有一部分是补偿性质，如医疗保险。

（二）人身保险合同大多具有长期性

人身保险的特点之一就是其保险期限长。特别是人寿保险，保险期间通常在五年以上，长达几十年以至贯穿人的一生，但个别人身保险险种期限较短，有几天，甚至几分钟的，如旅客意外伤害保险和高空滑车保险。投保人身保险的人不愿将保险期限定得过短的一个原因是，人们对人身风险保障的需求具有长期性；另一个原因是，人身保险所需要的保险金额较高，一般要在长期内以分期缴付保险费方式才能取得。

（三）人身保险合同往往具有储蓄性

人身保险不仅能提供经济保障，而且大多数人身保险还兼有储蓄性质。作为长期的人身保险，其纯保险费中大部分用来提存准备金，这种准备金是保险人的负债，可用于投资取得利息收入，以其用于将来的保险金给付。正因为大多数人身保险含有储蓄性质，所以投保人或被保险人享有保单质押贷款、退保和选择保险金给付方式等权利。财产保险的被保险人没有这些权利。

（四）人身保险大多使用损失均摊、均衡保费的方法

财产保险是根据风险发生的概率再加上各种业务附加费制定费率，而人身保险的费率厘定需要考虑各年龄的死亡率和利率等因素。按照各年龄死亡率计算而得的逐年更新的保费称为自然保费。

假设死亡支付发生在期末，则其计算公式为：

$$\text{某年龄自然保费} = \frac{\text{保额} \times \text{此年龄死亡率}}{1 + \text{利率}}$$

自然保费刚好用于当年的死亡给付，但由于死亡率是逐年递增的，因此自然保费也逐年增加，这增加了保险经营的困难，一方面削弱了人寿保险的社会效益，另一方面容易出现逆选择。因此，人身保险往往采取均衡费率方法缴纳保费。均衡保费是指投保人在保险年度内的每一年所缴保费相等。均衡保费与自然保费在数值上有很大差别（见表 7.1）。

表 7.1　自然保费与均衡保费的比较

年龄	死亡率（‰）	自然保费（元）①	均衡保费（元）
35	1.057	1.03122	14.18515
40	1.65	1.609756	14.18515
45	2.658	2.593171	14.18515
50	4.322	4.216585	14.18515
55	7.005	6.834146	14.18515
60	11.378	11.10049	14.18515
70	18.275	17.82927	14.18515
80	29.296	28.58146	14.18515
90	46.582	45.44585	14.18515
95	73.092	71.30927	14.18515
100	112.976	110.2205	14.18515
105	171.599	167.4137	14.18515

注：①每百元保险金额收取的保费数量。

三、人身保险的主要类别

人身保险的产品种类繁多，大致有以下几种分类。

1. 按照保障范围分类

按照保障范围可以划分为人寿保险、人身意外伤害保险和健康保险（见本章

第三节和第四节)。人寿保险以被保险人的生命为保险标的，以被保险人在保险期限内死亡或生存到期限届满为给付保险金的条件。根据合同规定的不同，人寿保险可以分为终身寿险、定期寿险、定期两全保险、定期生存保险、生存年金保险等。人寿保险是人身保险的主要险种。

2. 按投保方式分类，人身保险可以分为个人保险、联合保险和团体保险。个人保险是单个被保险人在自愿基础上的人身保险。联合保险是存在一定利害关系的两人及以上为联合被保险人，如夫妻、合伙人等。联合保险中第一个被保险人死亡，则保险金支付给其他生存的人；如果保险期内没有一人死亡，则保险金给付给所有被保险人或指定的受益人。

3. 按保险期间分类，可以分为 1 年以下的短期险、1 年及 1 年以上的长期险。

第二节 人寿保险

一、人寿保险的概念和特征

(一) 人寿保险的概念

人寿保险，简称寿险，是一种以人的生死为保险对象的保险，当被保险人在保险责任期内死亡或生存到期满，由保险人根据契约规定给付保险金。

(二) 人寿保险的特征

1. 人寿保险业务具有长期性和储蓄性

人寿保险一般采用长期性业务，保险期限少则几年，多则几十年或终身，投保期限的长短由投保人自行决定。由于人寿保险的长期性，人寿保险采用均衡保费制度。终身寿险以及两全保险等都具有储蓄性。

2. 人寿保险受利率、通货膨胀等因素的影响

因寿险业务的长期性特点使寿险受到诸多外界因素的影响。

(1) 利率因素。人寿保险的长期合同中一般都有预定利率假设，利率因素对保费和给付金额则会产生很大的影响，时间越长，利率的影响越大。

(2) 通货膨胀因素。传统寿险的最主要特征是固定利率和固定给付，因此持续的通货膨胀会导致人寿保险实际保障水平的下降。

（3）预测因素的偏差。人寿保险合同的长期性使保险公司对于未来因素的预测变得十分困难，如死亡率因素、利率因素、费用因素、失效率因素等，这些因素在长期中较难准确预测，给寿险的经营增加了难度。

3. 人寿保险不存在超额投保、重复保险和代位求偿权问题

由于人寿保险的保险利益难以用货币衡量，所以人寿保险一般不存在超额投保和重复保险问题。但保险公司可以根据被保险人的需要和收入水平加以控制，以控制保险金额的大小，从而限制赔偿责任。同样代位求偿权原则也不适用于人寿保险。如果被保险人的伤害是由第三者造成的、被保险人或其受益人既能从保险公司取得保险金，又能向肇事方提出损害赔偿要求，保险公司不能行使代位求偿权。

二、人寿保险的种类

（一）按照保险责任划分，人寿保险可以分为死亡保险、生存保险、两全保险

1. 死亡保险

死亡保险以保险期限内被保险人死亡为保险金给付条件，即保险期限内如果被保险人死亡，由保险人给付保险金。

死亡保险包括定期寿险和终身寿险。

（1）定期人寿保险

简称“定期寿险”，是指如果被保险人在保单规定的期间内死亡，身故受益人有权领取保险金，如果在保险期满时被保险人仍然生存，保险人无须支付保险金也不返还保险费。

定期保险具有如下特点：①保险期限短。②保险费率低。因为保险期限短，而且不是每份保单都必然发生给付，所以保险责任相对较小。③许多具有可续保性和可转换性。可续保性指在合同约定的限制范围内，定期寿险到期可以续保，而不论被保险人当时的健康状况如何。可转换性指的是在合同约定的限制范围内，定期寿险可以转换为其他类型的寿险，例如终身寿险等。

定期寿险适合以下人群：一类是那些在短期内担任一项有可能危及其生命的临时工作，或急需保障的人；另一类是那些家庭经济收入较低，子女尚未成年的人。

(2) 终身人寿保险

是一种不定期的死亡保险，简称“终身寿险”。保险责任从保险合同生效后一直到被保险人死亡之时为止。由于人的死亡是必然的，因而终身保险的保险金最终必然要支付给保单受益人。由于终身保险保险期长，故其费率高于定期保险，并有储蓄的功能，保单具有现金价值。此外，终身寿险的投保人一般以均衡保费的形式缴纳保费，保单所有人可以享用保单上的现金价值。

2. 生存保险

生存保险以约定的保险期限届满时被保险人仍然生存为保险给付条件，即保险期限届满时被保险人仍然生存，由保险人给付保险金。生存保险可以分为单纯的生存保险和年金保险。现实中生存保险主要以年金保险为主要形式。

年金保险，同样是以被保险人的生存为给付条件的人寿保险，但生存保险金的给付，通常采取的是按年度周期给付一定金额的方式，因此称为年金保险。在被保险人生存期间，保险人按照合同约定的金额、方式，在约定的期限内，有规则地、定期地向被保险人给付保险金。

从某种意义上说，年金保险和人寿保险的作用正好相反。人寿保险为被保险人因过早死亡而丧失的收入提供经济保障，而年金保险则是预防被保险人因寿命过长而可能丧失收入来源或耗尽积蓄而进行的经济储备。如果一个人的寿命与他的预期寿命相同，那么他参加年金保险既未获益也未损失；如果他的寿命超过了预期寿命，那么他就获得了额外支付，其资金主要来自没有活到预期寿命的那些被保险人缴付的保险费。所以年金保险有利于长寿者。从本质上讲，年金保险并不是真正意义上的保险，而是人们通过寿险公司进行的一项投资，它代表年金合同持有人同寿险公司之间的契约关系。当投保客户购买年金时，保险公司为客户提供了一定的收益保障。当然保障的内容取决于投保人所购买的年金的类型。

年金保险有如下分类：

(1) 按缴费方法分类

分为趸缴年金与分期缴费年金。趸缴年金又称为一次缴清保费年金，投保人一次性地缴清全部保险费，然后从约定的年金给付开始日起，受领人按期领取年金。分期缴费年金的投保人，在保险金给付开始日之前分期缴纳保险费，在约定的年金给付开始日起按期由受领人领取年金。

(2) 按年金给付开始时间分类

分为即期年金和延期年金。即期年金是指，在投保人缴纳所有保费且保险合同成立生效后，保险人立即按期给付保险年金的年金保险。延期年金是指，保险合同成立生效后且被保险人到达一定年龄或经过一定时期后，保险人在被保险人仍然生存的条件下开始给付年金的年金保险。

(3) 按被保险人分类

分为个人年金、联合年金保险。个人年金是以个人生存为给付条件。联合年金保险，以两个或两个以上的被保险人的生命作为给付年金条件的保险。它主要有联合最后生存者年金保险以及联合生存年金保险两种类型。联合最后生存者年金是指同一保单中的两人或两人以上，只要还有一人生存就继续给付年金，直至全部被保险人死亡后才停止。它非常适用于一对夫妇和有一个永久残疾子女的家庭购买。由于以上特点，这一保险产品比起相同年龄和金额的单人年金需要缴付更多保险费。联合生存年金保险则是只要其中一个被保险人死亡，就停止给付年金，或者将随之减少一定的比例。

(4) 按给付期限分类

分为定期年金、终身年金和最低保证年金。

定期年金是指，保险人与被保险人有约定的保险年金给付期限的年金。如果被保险人在约定期内死亡，则自被保险人死亡时终止给付年金。子女教育金保险就属于定期年金保险。父母作为投保人，在子女幼小时，为其投保子女教育金保险，等子女满 18 岁开始，从保险公司领取教育金作为读大学的费用，直至大学毕业。

终身年金是指，保险人以被保险人死亡为终止给付保险年金的时间。也就是，只要被保险人生存，被保险人将一直领取年金。对于长寿的被保险人，该险种最为有利。

最低保证年金，是为了防止被保险人过早死亡而丧失领取年金的权利而产生的防范式年金。它具有两种给付方式：一种是按给付年度数来保证被保险人及其受益人利益，该种最低保证年金形式确定了给付的最少年数，若在规定期内被保险人死亡，被保险人指定的受益人将继续领取年金到期限结束；另一种是按给付的回返金额来保证被保险人及其受益人的利益，该种最低保证年金形式确定有给付的最少回返金额，当被保险人领取的年金总额低于最低保证金额时，保险人以现金方式自动分期退还其差额。第一种方式为确定给付年金，第二种方式为退还年金。

(5) 按保险年金给付额是否变动分类

分为定额年金与变额年金。定额年金的保险年金给付额是固定的，不因为市场通货膨胀的存在而变化。因此，定额年金与银行储蓄性质相类似。变额年金保险，是专门为了对付通货膨胀，为投保者提供一种能得到稳定的货币购买力而设计的保险产品形式。保险公司把收取的保险费计入特别账户，主要投资于公开交易的证券，并且将投资红利分配给参加年金的投保者，保险购买者承担投资风险，保险公司承担死亡率和费用率的变动风险。变额年金保险提供的年金直接随资产的投资结果而变化。投保人购买这种保险产品，一方面可以获得保障功能，另一方面以高风险为代价得到高保额的返还金。

3. 两全保险

两全保险，是死亡保险与生存保险两类保险的结合。生死两全保险是指如果被保险人在保险合同约定的期间里身故，受益人则领取合同约定的身故保险金，如果被保险人继续生存至保险合同约定的保险期期满，则被保险人领取合同约定的保险期满金。这类保险是目前市场上最常见的商业人寿保险。

两全保险具有如下特点：(1) 两全保险是人身保险业务中承保责任最全面的一个险种；(2) 两全保险因为保险责任大，而且每份保单必然发生给付，因此费率较高；(3) 两全保险具有储蓄性特点。由于被保险人在保险期内不论是生存还是死亡，被保险人或者受益人都可以稳定地获得一笔保险金，因此，两全保险在形式上与银行储蓄具有相同之处，人们有时也称它为储蓄保险。

(二) 按照保险业务的创新性分类，人寿保险分为传统寿险和创新寿险

以上传统的人寿保险没有充分考虑到通货膨胀的影响，保险的保障作用不高，因此保险业对传统的人寿产品进行了革新，推出了一系列创新型产品，主要包括分红型、投资连结型、万能型等投资理财型产品。

1. 分红保险

分红保险是指保险公司将其实际经营成果优于定价假设的盈余，按一定比例向保单持有人进行分配的人寿保险产品。该保险是抵御通货膨胀和利率变动的主力险种。

分红保险、非分红保险以及分红保险产品与其附加的非分红保险产品必须分设账户，独立核算。分红保险采用固定费用率的，其相应的附加保费收入和佣金、管理费用支出等不列入分红保险账户；采用固定死亡率方法的，其相应的死亡保费收入和风险保额给付等不列入分红保险账户。

分红保险的红利主要来源于“三差”：利差、死差和费差。利差是保险公司实际投资收益率和预定投资收益率的差额导致的收益或者亏损；死差是预定死亡率和实际死亡率的差额导致的收益或者亏损；费差是保险公司预定费用率和实际费用率的差额导致的收益或者亏损。一般来说，在规范的保险市场，保险公司之间死差和费差差异不大，红利主要来源于利差收益。

2. 投资连结保险

投资连结保险保单持有人在获取保险保障之外，至少在一个投资账户拥有一定资产价值。该投资账户必须是资产单独管理的资金账户。投资账户应划分为等额单位，单位价值由单位数量及投资账户中资产或资产组合的市场价值决定。投保人可以选择其投资账户，投资风险完全由投保人承担。除有特殊规定外，保险公司的投资账户与其管理的其他资产或其投资账户之间不得存在债权、债务关系，也不承担连带责任。

中国保监会认可的投资连结保险产品应具备以下特点：（1）该产品必须包含一项或多项保险责任；（2）该产品至少连接到一个投资账户上；（3）保险保障风险和费用风险由保险公司承担；（4）投资账户的资产单独管理；（5）保单价值应当根据该保单在每一投资账户中占有的单位数及其单位价值确定；（6）投资账户中对应某张保单的资产产生的所有投资净收益（损失），都应当划归该保单；（7）每年至少应当确定一次保单的保险保障；（8）每月至少应当确定一次保单价值。

3. 万能人寿保险

万能保险是一种缴费灵活、保额可调整，非约束性的寿险。万能人寿保险具有弹性，成本透明，可投资的特征。保险期间，保险费可随着保单持有人的需求和经济状况变化，投保人甚至可以暂时缓交、停交保险费，从而改变保险金额。万能保险的经营透明度高。保单持有人可以了解到该保单的内部经营。保单持有人可以得到有关保单的相关信息，如保费、死亡给付、利息率、死亡率、费用率、现金价值之间相互作用的各种预期的结果的说明。

从万能保险经营的流程上看，保单持有人首先缴纳一笔首期保费，首期的各种费用支出首先要从保费中扣除。其次，死亡给付分摊额以及一些附加优惠条件（如可变保费）等费用，要从保费中扣除。进行了这些扣除后，剩余部分就是保单最初的现金价值。这部分价值通常是按新投资利率计息累积到期末，成为期末现金价值。在保单的第二个周期（通常一个月为一周期），期初的保单现金价值为上一周期期末的现金价值额。在此周期，如果首期保费足以支付第二个周期的费用及死亡给付分摊额，保单持有人就可以不缴纳保费。如果前期的现金价值不足，保单就会由于保费缴纳不足而失效。本期的死亡给付分摊及费用分摊也要从上期期末的现金价值余额及本期保费中扣除，余额就是第二期期初的现金价值余额。

三、人寿保险的标准条款

由于人身保险合同具有许多不同于财产保险合同的特点，所以人身保险合同也存在许多不同于财产保险合同的特定条款。

(一) 免费观望期条款

又称"犹豫期"条款。该条款允许保单所有人在收到保单后的一个期限内(通常为10天)进一步考虑是否应当或者需要购买该保险。在免费观望期内，保单所有人可以撤销合同，保险公司将如数退回投保人缴纳的首期保费。保险责任在免费观望期内通常有效，但在投保人取消保单时则失效。

(二) 宽限期条款

人寿保险大部分为长期合同，交费期间有的长达几十年。交费期间常出现一些无法按时交费的情形，比如出差、遗忘、暂时性经济拮据等。为避免保险单轻易失效，保险人一般给投保人缴纳续期保费一定的宽限期，在宽限期发生保险事故的，即使投保人没有缴纳保险费，保险人仍给付保险金。如果突破宽限期仍未交费，有保险费自动垫交条款保护的，进入垫交期，没有保护的，则进入失效期。《保险法》规定的宽限期为2个月。

(三) 复效条款

复效条款规定，人寿保险单如因欠交保费而中止效力的，投保人可以在两年内申请补交保险费使保险单复效。但是其他原因导致的失效并不受复效条款的保护。

但是，申请复效需要具备以下条件：

1. 复效申请的时间不得超过复效申请的保留期限。一般而言，投保人需要在从失效之日起的一定时期内（通常为2~3年）填写复效申请书以便申请复效。

2. 被保险人要符合可保条件。如果失效时间较短的保单，投保人一般只填写健康声明书，如果失效时间较长，则要提交体检合格证明，保险人可以自由决定是否同意复效。

3. 被保险人必须一次补缴保单失效期间的全部保费及利息。

(四) 保险费自动垫交条款

突破宽限期仍旧未缴纳保险费的，如果保险单现金价值足以垫交保险费及利息的，除非投保人书面反对该条款，保险人将自动垫交保险费。垫交保险费一直到累计贷款本息达到保险单的现金价值时结束，此时保险单将进入失效期。我国《保险法》并未强制规定该条款，但许多保险公司都提供该条款，不过此条款在许多国家都不是法定条款。

（五）不丧失现金价值条款

该条款规定，投保人享有现金价值的权利，即使保险单失效，保险单的现金价值所有权仍归投保人所有，不因保险效力的变化而丧失。因为除了定期死亡保险以外，大多数人寿保险（特别是终身寿险）在缴付一定时期的保费之后都具有现金价值。这部分现金虽然由保险人保管运用，但实际上同储蓄存款一样，应为保单所有人所有。因此，即使保单失效了，投保人享用保单现金价值的权利并不受影响。

一般而言，可供投保人选择的方案一般有如下几种：（1）办理退保。（2）将保单改为缴清保险。（3）将保单改为展期保险。

（六）年龄误报条款

鉴于年龄是影响人寿保险费率的重要因素，该条款规定，当保险人发现被保险人年龄误报时，将根据真实年龄调整保险金额。年龄误报不属于不可抗辩条款。如果投保人申报的被保险人年龄不真实，致使投保人支付的保险费少于应付保险费的，保险人有权更正并要求投保人补交保险费，或者在给付保险金时按照实付保险费与应付保险费的比例支付。不过，如果年龄误报超出保险公司规定的承保年龄范围时，保险合同无效，保险人退还保险费。

如果投保人填报年龄高于真实年龄，则其所缴保费大于应缴保费，那么按照以下公式调整保额：

$$调整后的保额 = 原保额 \times (实交保费/应交保费)$$

例：一份人寿保险，保额 10 000 元，若投保人的真实年龄为 35 岁，则每年应交保费 300 元，若真实年龄为 36 岁，则每年应交保费 320 元。此人真实年龄为 36 岁，但填报年龄为 35 岁，那么调整后的保额是多少？

调整后的保额 $= (300/320) \times 10\,000 = 9\,375$（元）

（七）受益人条款

该条款规定，保单所有人可以指定受益人，但如果保险合同未指定受益人的，则被保险人的法定继承人作为受益人。如果指定的受益人先于被保险人死亡，则该保险金转回被保险人，这时，保险金作为被保险人的遗产，由被保险人的法定继承人享受其利益。《保险法》第四十二条规定：被保险人死亡后，有下列情形之一的，保险金作为被保险人的遗产，由保险人按照《中华人民共和国继承法》的规定履行给付保险金的义务：

（1）没有指定受益人，或者受益人指定不明无法确定的；

（2）受益人先于被保险人死亡，没有其他受益人的；

（3）受益人依法丧失受益权或者放弃受益权，没有其他受益权人的。

受益人与被保险人在同一事件中死亡，且不能确定死亡先后顺序的，推定受益人死亡在先。

专栏7.1 案例分析：受益人的变更与受益权限的界定

案例：1999年，王老汉购买了一份具有分红性质的终身寿险，指定其子作为受益人，后与儿子关系僵化，搬到女儿家居住。在其临终时，召集家人，决定让其女儿代替儿子作为受益人，但没有通知保险公司。不久，老汉病故，其女儿和儿子同时向保险公司提出索赔，要求取得所有保险金及分红。

解析：原受益人领取保险金，对于保险分红部分，由其女儿领取。

本案涉及受益人的变更及受益权限的界定问题。本案被保险人变更受益人没有遵守法定程序，变更无效。保险金由原受益人领取。但受益人的受益权以保险金请求权为限。对于保单其他权益，如抵押贷款、分红等，仍由被保险人享有，故本案中的保险分红，受益人无权领取，应作为被保险人遗产，由其继承人继承。本案根据王老汉的生前意愿，将其女儿作为继承人，故保险分红部分应由其女儿领取，王某儿子不享有领取分红的权利。

（八）不可抗辩条款

保险单生效（或者复效）之日起两年后，保险人不得因为投保人或者被保险人投保时的故意隐瞒、过失、遗漏和不实告知等原因否定保险合同的效力，但投保人欠交保险费的除外。国际通用的该条款一般侧重保护被保险人或者受益人的利益，我国《保险法》第十六条规定：

“订立保险合同，保险人就保险标的或者被保险人的有关情况提出询问的，投保人应当如实告知。投保人故意或者因重大过失未履行前款规定的如实告知义务，足以影响保险人决定是否同意承保或者提高保险费率的，保险人有权解除保险合同。

前款规定的合同解除权，自保险人知道有解除事由之日起，超过30日不行使而消灭。自合同成立之日起超过2年的，保险人不得解除合同；发生保险事故的，保险人应当承担赔偿或者给付保险人的责任。

投保人故意不履行如实告知义务的，保险人对于合同解除前发生的保险事故，不承担赔偿或者给付保险金的责任，并不退还保险费。

投保人因重大过失未履行如实告知义务，对保险事故发生有严重影响的，保险人对于保险合同解除前发生的保险事故，不承担赔偿或者给付保险金的责任，但应当退还保险费。”

（九）保单贷款条款

人寿保险保险单具有现金价值，一般规定在保险单经过两年后，可将保单抵押给保险人申请贷款。实际操作中，一般贷款额度不超出保单现金价值的一定比例，比如80%。当贷款本利和达到保单现金价值时，投保人应按照保险人通知的日期归还款项，否则保单失效。领取保险金时如果款项未还清，则保险金将扣除该款项后支付。

（十）保单转让条款

保险单有现金价值，可作为金融资产，在一定条件下转让（不侵犯受益人的既得权利等情形）。转让有两种情况：一种是把保单所有权完全转让，同时转让一些未履行的义务；另一种是将保单作为被保险人的信用担保或者贷款的抵押品。保险单转让时必须书面通知保险公司，否则转让不成立。

（十一）红利及保险金任选条款

分红保险的红利有多种处置方式，可以由投保人任意选择。它们是：领取现金、累积生息、抵交续期保费、自动增加保额、自动购买定期死亡寿险、并入准备金以提前满期等。与红利任选条款相似，保险金的给付也有多种处置方式，保险金任选条款规定，被保险人或者受益人在领取保险金时，可选择所列方式：收入利息（领款人死亡后，受益人领回本金）、定期收入（年金）、定额收入（年金）、终身收入（年金）。

（十二）自杀条款

一般规定，被保险人在保险单生效（或者复效）后2年内自杀，无论精神是否正常，保险人都不给付保险金，而只支付所交保险费给受益人。《保险法》第四十四条规定：以被保险人死亡为给付保险金条件的合同，自合同成立或者合同效力恢复之日起两年内，被保险人自杀的，保险人不承担给付保险金的责任，但被保险人自杀时无民事行为能力的除外。保险人依照前款规定不承担给付保险金责任的，应当按照合同约定退还保险单的现金价值。

第三节 人身意外伤害保险

一、意外伤害保险概述

（一）意外伤害保险的含义

人身意外伤害保险，是以人的身体遭受意外伤害为保险给付条件的保险，具体而言，就是被保险人在保险有效期间，因遭遇非本意的、外来的突然的意外事故，致使其身体蒙受伤害而残废或死亡时，保险人依照合同规定给付保险金的保险。

要把握这个概念，必须正确理解意外和伤害两个必要条件。

1. 意外

意外是就被保险人的主观状态而言。

（1）非本意的：不是事先所能预料的，违背本人主观意愿的，即被保险人事先没有预见到伤害的发生，可理解为伤害的发生是被保险事先所不能预见或无法预见的。或者伤害的发生是被保险人事先能够预见到的，但由于被保险人的疏忽而没有预见到，伤害的发生违背了被保险人的主观意愿。

（2）外来的：由自身以外的原因造成的。

（3）突然的：意外伤害的直接原因是突然出现的、瞬间造成的，不是日积月累形成的。以上3点实际上是对“意外”的解释。

2. 伤害

（1）伤害三要素

伤害亦称损伤，是指被保险人的身体受到侵害的客观事实，由致害物、侵害对象、侵害事实三个要素构成。

①致害物。是指直接造成被保险人伤害的被保险人身体之外的物质或物体，分为器械伤害、自然伤害、化学伤害、生物伤害等。

②致害对象。只有致害物侵害的对象是被保险人的身体，才构成伤害。对被保险人精神上或权利上的伤害，诸如姓名权、肖像权、名誉权等，均不能构成保险所指的伤害。

③致害事实。即损害结果的发生，也就是致害物以一定的方式破坏性地接触、作用于被保险人的客观事实。

（2）意外伤害保险的三层含义

①必须有客观的意外事故发生，且事故原因是意外的、偶然的、不可预见的。

②被保险人必须遭受了因客观事故造成的人身死亡或残废的结果。

③意外事故的发生和被保险人遭受人身伤亡的结果，两者之间有着内在的、必然的联系。

专栏7.2　案例分析：不顾规定擅自抽烟造成损失是否构成意外

案情：某公司采购员刘某于2000年11月到江西一旅馆住宿，室内标有“请勿吸烟”明显标志，但刘某仍躺在床上抽烟。疲劳至极的刘某很快睡熟，手中的烟头掉落在棉絮上引起火灾，浓烟中刘某难以辨清方向，皮肤被大面积灼伤，花了2 000元治疗。事后，刘某索赔。有人认为刘某事先应该能预见到吸烟会导致的严重后果，因而事故的发生不属于意外，不构成保险责任。此外，旅馆明确禁止室内抽烟，但刘某不顾规定擅自抽烟，构成了过失责任，由此造成的后果，应由其自己负责。这种说法是否正确？

解析：这种说法不正确。刘某不顾规定擅自抽烟，但他并没有故意造成火灾将自己烧伤的主观愿望。刘某由于疏忽没有预见仍属于意外范畴。

（二）意外伤害保险的特征

1. 保险金的给付

意外伤害保险属于定额给付性保险，当构成保险责任时，保险人按保险合同中约定的保险金额给付死亡保险金或残废保险金。

死亡保险金的数额是保险合同中规定的，当被保险人死亡时如数支付。

残废保险金的数额由保险金额和残废程度两个因素确定。残废程度一般以百分率表示，残废保险金数额的计算公式是：

$$残废保险金=保险金额\times残废程度百分率$$

在意外伤害保险中，保险金额同时也是保险人给付保险金的最高限额，即保险人给付每一个被保险人死亡保险金、残废保险金，累计以不超过该被保险人的保险金额为限。

2. 保费计算基础

意外伤害保险的纯保险费厘定一般不需要考虑被保险人的年龄、性别等因素，不以死亡表为依据，而是根据保险金额损失率计算，这种方法认为被保险人遭受意外伤害的概率取决于其职业、工种或从事的活动，在其他条件都相同时，被保险人的职业、工种、所从事活动的危险程度越高，应交的保险费就越多。其中，职业是计算意外伤害保险费率的重要因素。

3. 保险期限

意外伤害保险的保险期较短，一般都不超过1年，最多3年或5年，而且意外险保费低廉，由于意外险没有储蓄功能，属于纯保障型险种，因此保费较低，保障较高。

（三）人身意外伤害保险和定期寿险的区别

首先，意外伤害保险承保因意外伤害而导致的身故，不承保因疾病而导致的身故，而这两种原因导致的身故都属于定期寿险的保险责任范围。

其次，意外伤害保险承保因意外伤害导致的残疾，并依照不同的残疾程度给付保险金。定期寿险有的不包含残疾给付责任，有的虽然包含残疾责任，但仅包括《人身保险残疾程度与保险给付比例表》中的最严重的一级残疾。

最后，意外伤害保险一般保险期间较短，多为1年及1年期以下，而定期寿险则一般保险期间较长，可以为5年、10年、20年甚至更长时间。

二、意外伤害保险的适用范围

意外伤害保险承保的人身危险是意外伤害，按照保险人承保风险的不同，可以将意外伤害划分为不可保意外伤害、特约可保意外伤害、一般可保意外伤害。

（一）不可保意外伤害

不可保意外伤害也可理解为意外伤害保险的除外责任，即从保险原理上讲，保险人不应该承保的意外伤害，如果承保，则违反法律的规定或违反社会公共利益。

不可保意外伤害一般包括：

1. 被保险人在犯罪活动中所受的意外伤害。

2. 被保险人在寻衅殴斗中所受的意外伤害。

3. 被保险人在酒醉、吸食（或注射）毒品（如海洛因、鸦片、大麻、吗啡等麻醉剂、兴奋剂、致幻剂）后发生的意外伤害。

4. 由于被保险人的自杀行为造成的伤害。

对于不可保意外伤害，在意外伤害保险条款中应明确列为除外责任。

（二）特约可保意外伤害

特约可保意外伤害，即从保险原理上讲虽非不能承保，但保险人考虑到保险责任不易区分或限于承保能力，一般不予承保，只有经过投保人与保险人特别约定，有时还要另外加收保险费后才予以承保的意外伤害。

特约可保意外伤害包括：

1. 战争使被保险人遭受的意外伤害。

2. 被保险人在从事登山、跳伞、滑雪、赛车、拳击、江河漂流、摔跤等剧烈的体育活动或比赛中遭受意外伤害。

3. 核辐射造成的意外伤害。

4. 医疗事故造成的意外伤害（如医生误诊、药剂师发错药品、检查时造成的损伤、手术切错部位等）。

（三）一般可保意外伤害

一般可保意外伤害，即在一般情况下可承保的意外伤害。除不可保意外伤害、特约保意外伤害以外，均属一般可保意外伤害。

三、意外伤害保险的主要内容

（一）意外伤害保险的保险责任

意外伤害保险的责任是负责保险人因意外伤害所致的死亡和残废，而不负责疾病所致的死亡。只要被保险人遭受意外伤害的事件发生在保险期内，而且自遭受意外伤害之日起的一定时期内（责任期限内，如 90 天、180 天等）造成死亡或残废的后果，保险人就要承担保险责任，给付保险金。

意外伤害保险的保险责任由以下三个必要条件构成，缺一不可：

1. 被保险人遭受了意外伤害

即被保险人遭受意外伤害必须是客观发生的事实，而不是臆想的或推测的；而且被保险人遭受意外伤害的客观事实必须发生在保险期限之内。

2. 被保险人死亡或残废

这一必要条件包括以下两方面的要求：

(1) 被保险人死亡或残废

死亡即机体生命活动和新陈代谢的终止。在法律上发生效力的死亡包括两种情况：一是生理死亡，即已被证实的死亡；二是宣告死亡，即按照法律程序推定的死亡。残废包括两种情况：一是人体组织的永久性残缺（或称缺损）；二是人体器官正常机能的永久丧失。

(2) 被保险人的死亡或残废发生在责任期限之内

责任期限是意外伤害保险和健康保险特有的概念，指自被保险人遭受意外伤害之日起的一定期限（如90天、180天、1年等）。宣告死亡的情况下，可以在意外伤害保险条款中定有失踪条款或在保险单上签注关于失踪的特别约定，规定被保险人确因意外伤害事故下落不明超过一定期限（如3个月、6个月等）时，视同被保险人死亡，保险人给付死亡保险金，但如果被保险人以后生还，受领保险金的人应把保险金返还给保险人。责任期限对于意外伤害造成的残废实际上是确定残废程度的期限。

3. 意外伤害是死亡或残废的直接原因或近因

意外伤害与死亡、残废之间的因果关系包括以下三种情况：

(1) 意外伤害是死亡或残废的直接原因。

(2) 意外伤害是死亡或残废的近因。

(3) 意外伤害是死亡或残废的诱因。

当意外伤害是被保险人死亡、残废的诱因时，保险人不是按照保险金额和被保险人的最终后果给付保险金，而是比照身体健康遭受这种意外伤害会造成何种后果给付保险金。

（二）意外伤害保险的保费费率

意外伤害保险保险费的计算原理近似于非寿险，即在计算意外伤害保险费率时，应根据意外事故发生频率及其对被保险人造成的伤害程度，对被保险人的危险程度进行分类，对不同类别的被保险人分类，对不同类别的被保险人分别制定保险费率。一年期意外伤害保险费的计算一般按被保险人的职业分类而确定，对被保险人按职业分类一般称为划分工种档次。对不足一年的短期意外伤害保险费率计算，一般是按被保险人所从事活动的性质分类，分别确定保险费率。

影响意外伤害保险费率高低的因素有两个：一是保险期限的性质。二是被保险人从事工作的危险程度。危险程度高，保险费率高，危险程度低，则保险费率低。保险费率（以寿险公司的意外险为例），一般分为四个档：第一级主要是非生产部门的脑力劳动者，年费率为0.2%；第二级主要是轻工业工人和手工业劳动者，年费率为0.3%；第三级主要是重工业工人和重体力劳动者，年费率为7%；第四级主要是职业危险比较特殊的劳动者，年费率为10%。

（三）意外伤害保险的保险金额

意外伤害保险是以人的身体为保险标的，只能采用定值保险。具体由保险人结合生命经济价值、事故发生率、平均费用率以及当时总体工资收入水平，确定总保险金额，再由投保人加以认可。目前在团体意外伤害保险中，保险金额最低为1 000元，最高为500 000元；在个人意外伤害保险中，保险金额最低为1 000元，最高为100万元。在特种人身意外伤害保险中，保险金额一般由保险条款或者法院规定。有些财产险公司推出的团体意外伤害保险，还增加了被保险人可中途更换的条款。

（四）意外伤害保险的责任准备金

在责任准备金的提存和核算方面，意外伤害保险往往采取非寿险责任准备金的计提原理。由于意外伤害保险业务是跨年度连续经营的，一方面每一年度末决算时，都必须从当年的保险费收入中提存一部分作为未到期责任准备金；另一方面，因此每年度末决算时，应转回上年度末提存的准备金，作为当年的收入。

在计提一年期伤害保险的未到期责任准备金时，我们通常假设伤害保险事故的发生是服从均匀分布规律的。按照这种假设，每份一年期业务保险合同项下的保险费收入都应该分为两部分，第一部分用于当年可能发生的保险事故，第二部分就是上年度末应提存的责任准备金，也是下年度末应转回的责任准备金。

为使一年期和极短期伤害保险责任准备金计提方法统一，对一年期及一年以内的人身保险业务均按当年保险费收入的50%提存责任准备金。

第四节 健康保险

一、健康保险概述

健康保险是以被保险人的身体为保险标的，以非意外伤害而由被保险人本身疾病导致的伤残、死亡为保险条件，补偿被保险人在保险有效期间因疾病、分娩或意外伤害而接受治疗时所发生的医疗费用，或补偿因上述事件而无法工作时的收入损失的一类保险。

构成健康保险所指的疾病必须有以下三个条件：

第一，必须是由于明显非外来原因所造成的。

第二，必须是非先天性的原因所造成的。

第三，必须是由于非长存的原因所造成的。

（一）健康保险的特点

1. 保险期限

除重大疾病等保险以外，绝大多数健康保险尤其是医疗费用保险常为一年期的短期合同。

2. 保险精算技术

人寿保险的定价采用寿险精算技术，主要考虑死亡率、费用率和利息率。健康保险的定价则采用非寿险精算技术，在制定费率时主要考虑疾病发生率、伤残发生率和疾病（伤残）持续时间。健康保险费率的计算以保险金额损失率为基础，年末未到期责任准备金一般按当年保费收入的一定比例提存。此外，等待期、免责期、免赔额、共付比例和给付方式、给付限额也会影响最终的费率。

3. 给付方式

健康保险主要是补偿性的给付，强调对被保险人因伤病所致的医疗花费或收入损失提供补偿。但是，关于“健康保险是否适用补偿原则”问题，不能一概而论，费用型健康保险适用该原则，是补偿性的给付；而定额给付型健康险则不适用，保险金的给付与实际损失无关。

4. 经营风险的特殊性

健康保险经营的是伤病发生的风险，其影响因素远较人寿保险复杂，逆选择和道德风险都更严重。其次，健康保险的业务管理涉及医学上的专业技术，由于医疗机构在很大程度上决定着医疗服务的数量和价格，作为支付方的保险公司很难加以控制。

5. 保险责任限定

由于健康保险是补偿给付而非定额给付，理赔认定带有一定的主观性，因此，在健康保险中，保险人对所承担的疾病医疗保险金的给付责任往往带有很多限制或制约性条款，相对其他寿险而言，健康险保险责任部分的条款比较复杂。

6. 合同条款

健康保险无需指定受益人，且被保险人和受益人常为同一个人。健康保险合同中，除适用一般寿险的不可抗辩条款、宽限期条款、不丧失价值条款等外，还采用一些特有的条款，如既存状况条款、转换条款、协调给付条款、体检条款、免赔额条款、等待期条款等。

（二）健康保险与其他相关概念

1. 健康保险与疾病保险

疾病保险是对被保险人因疾病造成的医疗花费和收入损失提供补偿的一类保险。健康保险的保险责任不仅包括因疾病造成的医疗花费和收入损失，还包括意外伤害造成的医疗花费和收入损失。疾病保险只是健康保险的一部分。

2. 健康保险与医疗保险

医疗保险是对被保险人因伤病造成的医疗费用支出提供补偿的一类保险。健康保险包含医疗保险，健康保险还补偿被保险人因伤残所造成的收入损失（见图 7.1）。

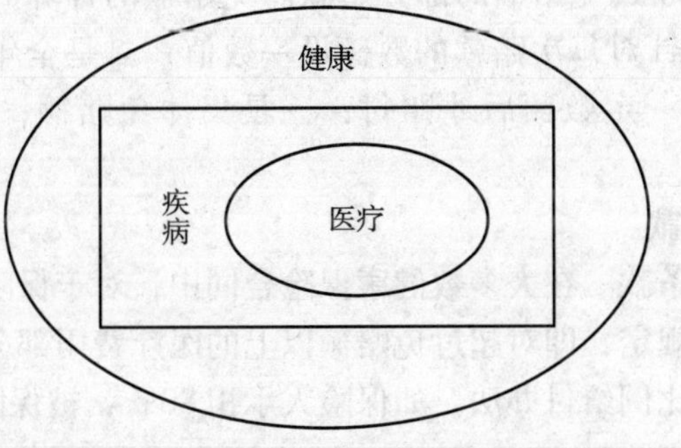

图 7.1　健康保险、疾病保险和医疗保险

3. 健康保险与意外伤害保险

健康保险适用的是财产保险中的“补偿原则”，只对实际发生的医疗费用支出和收入损失提供“补偿”。意外伤害保险中直接按照约定数额给付伤残或死亡保险金有本质区别。

（三）健康保险的分类

1. 按照保险责任划分

按照保险责任，健康保险可以分为疾病保险、医疗保险、收入保障保险等（第四节后面部分讲述）。

2. 按给付方式划分

健康保险按给付方式划分，一般可分为三种：

1. 给付型，保险公司在被保险人患保险合同约定的疾病或发生合同约定的情况时，按照合同规定向被保险人给付保险金。保险金的数目是确定的，一旦确诊，保险公司按合同所载的保险金额一次性给付保险金。各保险公司的重大疾病保险等就属于给付型。

2. 报销型，保险公司依照被保险人实际支出的各项医疗费用按保险合同约定的比例报销。如住院医疗保险、意外伤害医疗保险等就属于报销型。

3. 津贴型，保险公司依照被保险人实际住院天数及手术项目赔付保险金。保险金一般按天计算，保险金的总数依住院天数及手术项目的不同而不同。如住院医疗补贴保险、住院安心保险等就属于津贴型。

（四）健康保险的常用条款

1. 免赔额条款

保险人只负责超过免赔额的部分赔款。免赔额的计算一般有三种：一是单一赔款免赔额，只针对每次赔款的数额设一数值；二是全年免赔额，按全年赔款总额总计，超过一定数额后才赔付；三是集体免赔额，这是针对团体投保而言。

2. 比例给付条款

或称共保比例条款。在大多数健康保险合同中，对于保险人医疗保险金的支出均有比例给付的规定，即对超过免赔额以上的医疗费用部分，采用保险人和被保险人共同分摊的比例给付办法。如保险人承担80%，被保险人承担20%。

3. 给付限额条款

为控制总赔款支出水平，健康保险合同一般对医疗保险金的最高给付均有限额规定，医疗费用实际支出超过部分，由被保险人自己负担。

二、医疗保险

医疗保险是医疗费用保险的简称，是指以约定的医疗费用为给付保险金条件的保险，即提供医疗费用保障的保险，它是健康保险的主要险种之一。医疗费用是病人为了治病而发生的各种费用，它不仅包括医生的医疗费和手术费用，还包括住院、护理、医院设备使用等的费用。

医疗保险主要包括以下类型：

1. 普通医疗保险

普通医疗保险为被保险人提供与治疗与疾病相关的一般性医疗费用，主要包括门诊费用、医药费用、检查费用等。这种保险比较适用于一般社会公众，保险费成本不高。

2. 住院保险

住院保险的费用项目主要是每天住院的床位费用、住院期间的医生费用、使用医院设备的费用、手术费用、医药费等，住院时间长短将直接影响其费用的高低。

3. 手术保险

这种保险提供病人做必要的手术而发生的费用。

4. 综合医疗保险

为被保险人提供的一种全面的医疗费用保险，其费用范围则包括医疗和住院、手术等的一切费用。这种保单的保费较高，一般确定一个较低的免赔额连同适当的分担比例（如80%）。

三、疾病保险

疾病保险指以疾病为给付保险金条件的保险。通常这种保单的保险金额比较大，给付方式一般是在确诊为特种疾病后，立即一次性支付保险金额。如癌症、心脏病等，这些特殊疾病给病人带来的是灾难性的费用支付，因此，要求保单的保险金额足够支付其产生的各种费用而且一般一次性支付。

疾病保险中的重大疾病保险在我国比较流行，其保障的疾病一般有心肌梗塞、冠状动脉绕道手术、癌症、脑中风、尿毒症、严重烧伤、暴发性肝炎、瘫痪和重要器官移植手术、主动脉手术等。这些疾病一旦确认，都会给病人的生命造成致命性的打击。

疾病保险有如下特点：

1. 个人可以任意选择投保疾病保险，作为一种独立的险种，它不必附加于其他某个险种之上。

2. 疾病保险条款一般都规定了一个等待期或观察期，观察期结束后保险单才正式生效。观察期一般为90天或180天。

3. 为被保险人提供切实的疾病保障，且保障程度较高。疾病保险保障的重大疾病，均是可能给被保险人的生命带来重大影响的疾病，如恶性肿瘤，尿毒症等。

4. 保险期限较长。

5. 保险费可以分期交付，也可以一次交清。

四、收入保障保险和护理保险

（一）收入保障保险

收入保障保险是指当被保险人由于疾病或意外伤害导致残疾，丧失劳动能力不能工作以致失去收入或减少收入时，由保险人在一定期限内补偿其收入损失的保险。收入保障保险一般可分为两种：一种是补偿因伤害而致残废的收入损失；另一种是补偿因疾病造成的残废而致的收入损失。在实践中，因疾病而致的残废比因伤害所致的更为多见。

（二）长期护理保险

长期护理保险是为因年老、疾病或伤残而需要长期照顾的被保险人提供护理服务费用补偿的健康保险。长期护理保险的保险范围分为医护人员看护、中级看护、照顾式看护和家中看护四个等级，但早期的长期护理保险产品不包括家中看护。

长期护理保险保险金的给付期限有一年、数年和终身等几种不同的选择，同时也规定有20天、30天、60天、90天、100天或者说80天等多种免责期。免责期愈长，保费愈低。

本章小结

1. 人身保险是以人的寿命和身体为保险标的的保险。

2. 人身保险合同具有定额给付性，以及长期性、储蓄性等特点，并且大多使用损失均摊、均衡保费的方法。

3. 人寿保险是一种以人的生死为保险对象的保险，当被保险人在保险责任期内生存或死亡，由保险人根据契约规定给付保险金。

4. 人寿保险可以分为死亡保险、生存保险、两全保险等传统寿险，以及万能寿险、投资连结等创新寿险。

5. 人身保险合同具有特定的标准条款。

6. 人身意外伤害保险，是以人的身体遭受意外伤害为保险条件的保险。

7. 健康保险以被保险人本身疾病导致的伤残、死亡为保险条件。

重要概念

人身保险　人寿保险　定期寿险　终身寿险　两全保险　年金保险　万能寿

险 意外伤害保险 健康保险 疾病保险 医疗保险 收入保障保险

思考与练习

1. 简述人身保险的特点。
2. 简述人寿保险的特点。
3. 简述人寿保险合同的主要条款。
4. 比较传统寿险与创新寿险的区别。
5. 简述意外伤害保险与人寿保险的区别与联系。
6. 简述健康保险的含义及基本内容。

第八章　再　保　险

本章概要

保险公司是专业进行风险管理的金融机构，为了稳健经营，保险公司需要把自身承保来的大量风险进行分散，在保险人之间进行原保险业务的分出分入，也就是再保险。这是保险公司采取的重要的风险控制措施。本章首先介绍再保险的概念、种类和特点，然后介绍比例再保险和非比例再保险的操作，最后介绍国际和国内再保险市场情况。

学习要求

1. 掌握再保险的含义及与原保险的关系。
2. 理解成数再保险和溢额再保险的保额和责任划分。
3. 理解非比例再保险的分出责任的确定。
4. 了解再保险市场的整体状况。

引　言

再保险最早产生于欧洲海上贸易发展时期，从1370年7月在意大利热内亚签订第一份再保险合同到1688年劳合社建立，再保险仅限于海上保险。17、18世纪由于商品经济和世界贸易的发展，特别是1666年的伦敦大火，使保险业产生了巨灾损失保障的需求，为国际再保险市场的发展创造了条件。从19世纪中叶开始，在德国、瑞士、英国、美国、法国等国家相继成立了再保险公司，办理水险、航空险、火险、建筑工程险以及责任保险的再保险业务，形成了具有一定规模的国际再保险市场。第二次世界大战以后，发展中国家的民族保险业随着国家的独立而蓬勃发展，使国际再保险业进入了一个新的历史时期。20世纪末开始，再保险成为世界各国保险公司的普遍做法。

第一节 再保险概述

再保险（reinsurance）也称分保，是保险人在原保险合同的基础上，通过签订分保合同，将其所承保的部分甚至全部风险和责任向其他保险人进行保险的行为。再保险一般是保险公司之间的保险行为，其意义超出了基本的分散风险和损失补偿，对保险经营机构有着更重要的意义。

一、再保险的概念

再保险是保险人为了减轻自身承担的保险责任而将其不愿意承担或超过自己承保能力以外的部分保险责任转嫁给其他保险人或保险集团承保的行为。之所以称之为再保险，是因为这种办理保险业务的方法有再一次进行保险的性质。再保险业务是国际保险市场上通行的业务，它可以使保险人避免危险过于集中，不致因一次巨大事故的发生而无法履行支付赔款义务，或者虽能支付巨额赔款但却使公司之后无法正常经营，对保险公司的稳健经营起了稳定作用。

在再保险交易中，分出业务的公司称为原保险人（original insurer）或分出公司（ceding company），接受业务的公司称为再保险人（reinsurer），或分保接受人或分入公司（ceded company）。原保险人和再保险人之间的业务关系如图 8.1 所示。

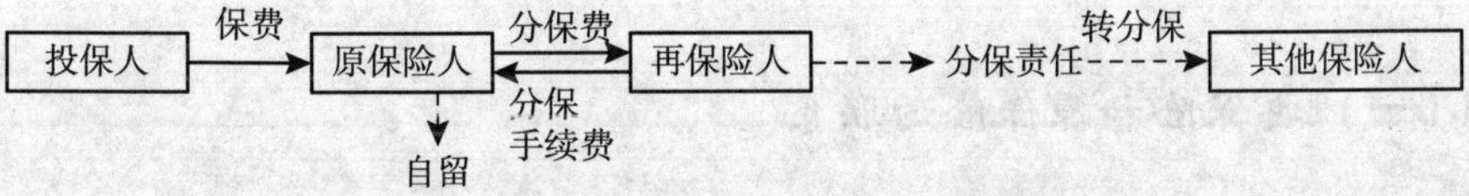

图 8.1 原保险人和再保险人之间的业务关系

分出公司和分入公司的角色是相对于再保险关系而言的，而且是可以变换的。分出公司为调剂业务险种和数量的需要，也会接受其他保险公司的业务，此时它就成了分入公司，同理，分入公司如果也分出部分责任给其他保险公司，此时它便成为分出公司了。如果再保险公司从若干个直接公司（原保险人）那里接受了分入业务，如果发现所接受的业务较集中于某一地区或某一险种，承担的责任总额超过了其承受能力，那么再保险人也需将承担的一部分责任再分出去，以免巨额损失，这种再保险人的分出行为，称为转分保。通过转分保，使危险责任在更大范围内实现了分担，从而形成了全世界无数保险人互助互利，分摊损失的关系网。

在保险人之间建立了再保险关系之后，原保险人将危险责任的一部分或全部转嫁给了再保险人，那么原保险人也需向再保险人支付一部分保险费，即分保费，当然原保险人在展业时也支出了部分费用，因此要向再保险人收取一定的手续费，即分保手续费，也叫分保佣金。当保险事故发生后，原保险人与再保险人按事先约定的责任比例，共同分摊损失赔款。

对于每一危险单位或一系列危险单位的保险责任，分保双方通过合同按照一定的计算基础对其进行分配。分出公司根据偿付能力所确定承担的责任限额称为自留额或自负责任额；经过分保由接受公司所承担的责任限额称为分保额，或分保责任额或接受额。

自留额与分保额可以以保额为基础计算，也可以以赔款为基础计算。计算基础不同，决定了再保险的方式不同。自留额与分保额可以用百分率或者绝对数表示。

根据分保双方承受能力的大小，自留额与分保额均有一定的控制，如果保险责任超过自留额与分保额的控制线，则超过部分应由分出公司自负或另行安排分保。为了确保保险企业的财务稳定性及其偿付能力，许多国家通过立法将再保险的自留额列为国家管理保险业的重要内容。我国《保险法》也有类似规定。

二、再保险与原保险的联系和区别

（一）再保险和原保险的联系

原保险与再保险是密切相关的，原保险需依托再保险而得以发展。同样，再保险的发展基础是原保险，再保险的合同必须以原保险合同为前提条件，再保险的期限和保险责任也都是以原保险合同为基础的，正因为有原保险分散业务责任的需要，才会促进再保险的发展。再保险和原保险都是保险业务的组成部分。

但是，再保险合同独立于原保险合同，再保险人与原保险合同的投保人或被保险人没有任何直接的法律关系，再保险人不能收取原投保人或被保险人的保费，受损的被保险人也不得向再保险人提出赔偿请求。当保险事故发生后，投保人或被保险人提出赔偿请求时，原保险人必须严格按原保险合同的规定履行赔偿或给付义务，而不得以再保险人未支付赔款为理由，拖延或拒付赔款。再保险人也必须按再保险合同规定的内容，履行职责，也不能因原保险人没有赔付而拒绝摊付赔款。

（二）再保险和原保险的区别

再保险与原保险的区别主要表现在以下几个方面：

1. 保险关系的主体不同。原保险合同关系的主体，是保险人与投保人或被保险人；再保险合同关系的主体，双方都是保险人，或一方是再保险公司。

2. 保险标的性质不同。原保险合同保障的标的，有财产及其有关利益，有人的生命和身体机能，有责任和信用之类别的区分；而再保险合同所保障的全都是原保险人所承担的危险责任。

3. 保险赔付的性质不同。原保险人在履行赔付职责时，对财产保险的损失赔付属补偿性质，而对各种人身保险的赔付属给付性质；再保险人分摊赔款则不论财产保险还是人身保险，都属于对原保险人承担损失责任的补偿。

三、再保险的作用

（一）控制承保责任，稳定经营成果

保险业是集中承担风险又有效分担风险的经营机构，虽然它可以免除被保险人的各种风险，但由于各种不确定因素，使得保险公司本身也承担着一定的经营风险，即使不遭遇巨灾损失，也很难使经营的实际赔付率完全与预定的比率相符。然而通过再保险机制，保险公司就可依据其资本和准备金的实际情况，确定每类保险的自留限额，然后将超出自留额的部分分出，以使同类危险单位的保险金额均衡，使实际的平均损失更能接近于预期的平均损失。同时可通过分出、分入的调剂，使各险种的数量达到足够大量，使原集中于某一区域的危险责任得到了分散，从而减少了经营风险。即使有的年份，保险事故损失较少，保险公司可能因为再保险费的支出而减少其利润额，但却能在损失较多年份，从再保险人处摊回赔偿金额，而控制其损失赔付，最终使其各年经营成果趋于稳定，获得正常利润。

此外，通过再保险还可控制每次损失的最高赔付额和责任积累额。保险公司承接的各险种业务有时在地区上会比较集中，一次灾害可能会累及诸多危险单

位。如一次火灾可能会殃及一片房屋，一次风灾可摧毁广大地区的农作物，尽管每一危险单位的自留责任有了控制，但若相距甚近的众多危险单位一齐受灾，则赔付责任依然很大，甚至可能会不堪负担。此时，保险公司就可通过巨灾损失赔付再保险控制责任；同样还可通过赔付率超赔再保险，控制时间跨度内的责任累积，从而使一年内的赔付责任总额得到控制，保证其经营的稳健。

（二）增大承保规模，扩大经营范围

保险公司的承保能力受其自身财务状况的限制，为了保证有足够的偿付力，保障被保险人的利益，许多国家的保险法都对每一危险单位的最高自留额与其资本加准备金的比例作了具体规定。如中国的保险法规定：每一危险单位，即对一次保险事故可能造成的最大损失范围所承担的责任，不得超过保险公司实有资本金加公积金总和的10%。如一家保险公司的资本金加公积金总和为2.5亿元，那么，其承保的每一危险单位的最高责任就不能超过2 500万元。如果没有再保险，那么该保险公司就无法承接飞机、核电站、海上石油勘探和卫星发射等保额巨大的保险业务，甚至连大型企业集团的财产保险和远洋运输保险也难以承担。这样，各个保险公司就可能在承揽业务时受到种种限制，或不得不拒保，结果使保险公司减少了许多营业机会和获利能力，同时也影响了保险公司的信誉和保险保障作用的发挥。而经过分保，这些障碍就清除了。因此，没有再保险，保险公司业务规模就不可能逐年发展，而有了再保险的安排，保险公司就可招揽大保额的保险业务，而且可扩大险种范围，为发展卫星发射、海上石油勘探等高风险的保险业务提供了必要条件。

（三）便于保险人之间的监督和业务指导，形成联合保险基金

再保险关系的确立，使原保险人的利益与再保险人的利益联系在一起。原保险人经营不善，防灾不力，事故赔付增加，再保险人的摊赔也就必然增多，因而再保险人对原保险人的经营情况十分关注，从而能促使原保险人业务的规范化经营。再保险关系的确立，一般有一定的接受条件，分入业务的同时，也是对原保险业务费率和承保条件的审核。如果原保险业务风险很大，经营又不规范，或者费率过低，违背实际要求，则再保险人就不愿接受。因而从某种意义上说，每一项再保险业务的洽谈，实际上都是对原有业务的一次再审核。同时由于再保险关系的存在，也使新成立的保险公司获得经验丰富的再保险公司的业务指导机会，促使其业务迅速纳入正常轨道。此外，由于再保险关系的确立，使原来各家独立的保险公司有了携手合作的机会，原来各家独立保险公司筹集的保险基金也因此

而汇集成了联合的保险基金。这样，通过再保险，既分担了危险责任，降低了保险成本，又提高了保障程度，保全了被保险人的合法权益。

中国再保险集团公司总经理刘京生在中国保险发展论坛2006年国际学术年会上的专题演讲中对再保险的功能和作用做了很好的概括。下面的专栏是演讲的部分内容。

专栏8.1 优先发展再保险 促进保险业的健康发展

我想在这里简单的和大家说一下自己的三个想法。

第一个，我呼吁国内的保险理论界要加大对再保险地位作用和功能发挥的理论研究。

第二个，我呼吁保监会成立再保险部。

第三个，我呼吁在国内经营的中资和外资再保险公司能够联起手来，对于中国再保险市场发挥更大的作用。

目前国内再保险发展相对来讲是滞后的。已经成为保险业发展瓶颈制约。因此，我们呼吁必须优先关注加快发展。我认为当然从我们做再保来讲，要创新思维，重新认识再保险在我们国家保险业这样的一个发展初级阶段所应处的市场地位和它的功能作用。

第一，从再保险的功能来讲，对于保险业整体发展具有重要的调控促进作用。“十五”期间中国保险业快速健康发展，在保障经济、服务社会等方面发挥了越来越大的作用。与此相应，再保险业的发展，应该说仅仅是近十年，才从无到有，从小到大发展起来。当然我们现在已经成为市场上不可或缺的组成部分。

我们有一个数据，按照发达国家再保险收入占保费总规模20%来计算，目前国内的再保险市场根据目前保监会公布的数据来测算，仅仅占到了总体保费的5%。因此，要重新从再保险功能这方面认识，来不断更新我们的观念，然后创新我们的思维。使得今后几年，使再保险业能够有一个飞速发展。

第二，对国内保险业，再保险也可以提供风险管理的作用。从保险业角度讲，我们是经营风险的行业，从再保险公司角度来讲，除了要经营自身的经营风险和各类风险以外，还对全行业累计积累的各类风险要提供风险管理和风险保障。从这一点上来讲，我觉得再保险在整个行业五道风险防线的作用当中，应该是能够发挥一些独特的作用。一方面再保险对直保公司反映的水平是异常敏感的，再保险公司和直保公司进行合作，在业务承保过程当中，了解直保公司内部水平以及对风险管控的能力。出于再保险公司经营利于需要，直保公司也会寻求更高更好的内控水平，促进直保公司的治理结构和内控治理。另一方面再保险直接影响到直保公司的盈利指标，通过再保险安排，对于避免直保公司因为偿还能力不足而产生风险至关重要。在监管实际当中，都把再保险作用提高到一个战略的高度来进行考虑。

因此，我们觉得如果把再保险置于整个保险市场发展中进行研究和分析，比如从宏观上判断直保公司的偿付能力现状，可以起到防范风险的晴雨表作用。

第三，再保险对做大做强保险市场起到分散危险的作用。这是我们再保险的传统的作用。

第四，再保险具有一定的稳定作用。这个也是不可替代的。比方说9.11类似的这些大的巨灾风险当中，再保险业都是发挥了非常重要的作用。国际大的再保险公司，不光对本国保险市场发挥重大作用，同时客观上在防范世界保险业可能发生的这种经营波动方面，也起到预防的一个作用。

资料来源：国发中心金融保险网。

四、再保险的分类

（一）按责任限制划分

再保险业务基本可以分为两类：以保险金额来计算再保险责任的比例再保险，以赔款来计算再保险责任的非比例再保险（该分类详见第二节）。

（二）按照合同安排方式划分

再保险与原保险一样，也是通过合同的方式来明确保险人和再保险人之间的权利和义务关系的。对于再保险的承保内容，包括项目、条件、手续等，都在再保险合同中予以明确。因此，它是一种民事法律关系。再保险合同的主要形式有临时分保合同、固定分保合同和预约分保合同，从再保险分类角度，即临时再保险（facultative reinsurance）、合同再保险（treaty reinsurance）和预约再保险（facultative obligatory）。

临时再保险又称任意再保险、临分业务，它是指保险公司与再保公司之间，平时并无再保险合同存在，保险公司对于特定的保险业务，（如巨额风险、或超出一定限额的个别保险业务）在有分保的需要时，才临时与再保公司洽商，有关的一切条件也临时决定。

合同再保险也称固定再保险，是指分出公司和分入公司对于规定范围内的业务有义务约束，双方均无选择的一种再保险方式。

预约再保险是指分出公司对合同规定的业务是否分出，可自由安排而无义务约束，而分入公司对合同规定的业务必须接受，无权选择的一种再保险安排方式。

五、再保险合同的主要条款

1. 共同利益条款。再保险人与保险人在共同利益的基础上，收取保险费，分摊损失，必须对共同承担责任的权利和义务在合同中加以明确。这项条款，也称为共同命运条款，意即保险人和再保险人在利益和义务上有着共同命运。凡是有关保险费收取、赔款支付、向第三者追偿、法律诉讼或申请仲裁等事宜，保险人在维护双方共同利益的前提下，有权单独处理，因此而产生的一切费用由双方按比例承担。但是，保险人为它单方面的利益而产生的费用，再保险人概不承担。条款还规定再保险人不负责超过合同规定限额以上的赔款和费用，以及合同规定责任范围以外的灾害事故损失。

2. 过失或疏忽条款。此条款规定在执行合同条款时，如果不是由于保险人的故意过失或疏忽而造成的差错或失误，再保险人仍应负责。例如，由于分出公司工作人员的疏忽，漏报应该列入报表的业务，对在发现这一失误之前所发生的赔款，再保险人不能因此而减轻责任，仍需按比例承担赔款。当然，保险人一旦发现差错或失误，应立即采取相应措施向再保险人补报或纠正。

3. 保护订约双方的权利。再保险人给予保险人选择承保对象，制定费率和处理赔款的权利；保险人则给予再保险人有查阅账册、单据和文件的权利。

4. 除上述条款之外，一般合同内容都包括：订约双方的名称，合同开始和终止日期，再保险业务种类和再保险方式、保险费结算，赔款支付，手续费规定，明细账和账单寄送手续等。

第二节 比例再保险和非比例再保险

一、比例再保险

比例再保险（proportional reinsurance）是以保险金额为基础来确定分出公司自留额和接受公司责任额的再保险方式。在比例再保险中，分出公司的自留额和接受公司的责任额都表示为保额的一定比例，该比例也是双方分配保费和分摊赔款时的依据。

在比例再保险中，又可分为成数再保险、溢额再保险以及成数和溢额混合再保险。

（一）成数再保险

成数再保险（quota share reinsurance）是指原保险人与再保险人在合同中约定保险金额的分摊比例，将每一危险单位的保险金额，按照约定的比例在分出公司与分入公司之间进行分摊的再保险方式。成数再保险的最大特征是“按比率”，即原保险人和再保险人保险金额的分摊，保险费的分摊，赔款的分摊都是按照合同规定的同一比例来进行的。在一定意义上讲，它就是按照双方约定的百分比进行责任和权利、义务的分配的。因此，成数再保险是最典型的比例再保险。

例如，一个55%的成数再保险合同，对于保险金额分别为80万元、200万元和500万元的三种业务的自留和分保责任分配如表8.1所示。

表8.1　　成数分保责任分配

保险金额	自留部分45%	分出部分55%	其他安排
800 000	360 000	440 000	0
2 000 000	900 000	1 100 000	0
5 000 000	2 250 000	2 750 000	0

又如，对于80%的成数再保险合同，以下5笔船舶保险业务的保险金额、保费和赔款的分保情况如表8.2所示（假定表中的原保险金额均在合同最高限额之内）。

表8.2　　成数分保计算　　单位：万美元

船名	总额100%			自留20%			分出80%		
	保险金额	保费	赔款	自留额	保费	自负赔款	分保额	分保费	摊回赔款
A	200	2	0	40	0.4	0	160	1.6	0
B	400	4	10	80	0.8	2	320	3.2	8
C	600	6	20	120	1.2	4	480	4.8	16
D	800	8	0	160	1.6	0	640	6.4	0
E	1 000	10	0	200	2	0	800	8	0
总计	3 000	30	30	600	6	6	2 400	24	24

成数再保险具有以下特点：

1. 合同双方利益一致。即对盈余或亏损，保险人和再保险人的利益是一致的。

2. 手续简化，节省成本，但缺乏弹性。由于不论业务大小和质量好坏，双方均按约定的比例分担，因而不能满足分出公司获得准确再保险保障的需求。

3. 不能均衡风险责任。按成数决定责任，原保险合同保险金额高低不齐的问题在成数分保后仍然存在。

成数再保险的这些特点决定了这种方式比较适于小公司、新公司、新业务和某些特种业务如核保险、航空险、责任险、汽车险以及建工险，以及那些保额和业务质量比较平均的业务，在国际再保险的交往中，成数再保险可用于分保交换。

（二）溢额再保险

1. 溢额再保险的基本操作

溢额再保险是由原保险人根据承揽的各类保险业务的危险性质以及自身承担能力，对每一个危险单位确定一个具体的自留责任限额，对超过确定的自留额以上部分视为溢额，转让给再保险人，并以约定的自留额的一定倍数，作为分出额，也称为合同限额，然后按照自留额与分出额对保险金额的比例分配保险费和分摊赔款。溢额再保险中，分保额与自留额的倍数关系，称为“线”，合同容量即以线数表示。

如原保险人确定的自留额是100万元，溢额再保险人最高接受限额确定为10线（即自留额的10倍），那么再保险分出额的最高限额即为1 000万元。

溢额再保险关系确立后，原保险人与再保险人实际承担的比例不同于成数再保险合同的固定比例，而是随着每笔业务保险金额的大小而变动的。例如按照上例的分保安排（原保险人自留100万元，溢额再保险人最高接受限额确定为10线），如果承接一笔200万元保险金额的业务，原保险人自留100万元，再保险人承担溢额100万元，双方比例关系为1∶1；如果承担的业务保险金额1 000万元，则原保险人自留100万元，900万元就作为溢额转让给再保险人，双方的责任比例就变为1∶9。

由于承保业务的保额增加，或是由于业务的发展，采用溢额分保时，有时分入公司不止一家而是几家，这时需要设置不同层次的溢额，依次称为第一溢额、第二溢额等，这时溢额再保险被称为分层溢额分保。例如一份海上货运险溢额分保合同，危险单位按每船每航次划分，对某轮船，自留额10万元，第一溢额合同限额为10线，第二溢额合同限额为15线，现有四笔业务的保险金额分别为5万元、50万元、200万元和250万元，则溢额分保的责任、保费和赔款分担情况如表8.3所示。

表8.3 **分层溢额分保计算示意** 单位：美元

	保险金额	A 轮 50 000	B 轮 500 000	C 轮 2 000 000	D 轮 2 500 000	共计
总额	总保费	500	5 000	20 000	25 000	50 500
	总赔款	0	10 000	20 000	100 000	130 000
自留部分	保额	50 000	100 000	100 000	100 000	
	比例（%）	100	20	5	4	
	保费	500	1 000	1 000	1 000	3 500
	赔款	0	2 000	1 000	4 000	7 000
第一溢额	分保额	0	400 000	1 000 000	1 000 000	
	分保比例（%）	0	80	50	40	
	分保费	0	4 000	10 000	10 000	24 000
	分摊赔款	0	8 000	10 000	40 000	58 000
第二溢额	分保额	0	0	900 000	1 400 000	
	分保比例（%）	0	0	45	56	
	分保费	0	0	9 000	14 000	23 000
	分摊赔款	0	0	9 000	56 000	65 000

2. 溢额再保险的特点

溢额再保险具有较大的灵活性，原保险人不仅可以根据其承保的不同业务种类、质量和性质确定恰当的自留额，有效控制自身的责任，也可均衡保险金额，而且在业务选择和节省再保险费支出上有很大的主动权。保险金额小的可全部自留，由此可自留大部分保险费；保险金额大的业务，还可分层次溢额分保。在订立第一溢额再保险合同基础上，可再根据需要确立第二、第三溢额再保险。

虽然溢额再保险手续较为繁琐，需根据不同的保险金额，计算分出分入比例以及相应的分保费和赔款的分摊数额，编制再保险账单和统计表也较麻烦，由此而产生的管理费用也高于成数再保险，但溢额再保险具有充分的灵活性，尤其适用于业务质量差异大、保险金额不均齐的保险业务，因此，也是国际保险市场上普遍采用的方式之一。

（三）成数和溢额混合再保险

成数和溢额混合再保险，是将成数再保险和溢额再保险组织在一个合同里，以成数再保险的限额，作为溢额再保险的起点，再确定溢额再保险的限额的再保险方式。成数和溢额混合分保合同实际上是保险人在溢额分保合同的自留额的基础上又以成数分保方式安排了再保险。

这种混合运用在实践中很普遍。这种再保险方式综合了成数再保险和溢额再保险的特点，既可节省再保险费用，又可简化再保险手续，因而能更好地满足多种需要。

假定成数分保最高限额 50 万元，分出比例 60%，溢额合同限额为 4 线，成数和溢额混合分保的责任分配如表 8.4 所示。

表 8.4　　混合分保的责任分配

保险金额	成数分保			溢额分保
	金额	自留 40%	分出 60%	
100 000	100 000	40 000	60 000	0
500 000	500 000	200 000	300 000	0
1 000 000	500 000	200 000	300 000	500 000
2 000 000	500 000	200 000	300 000	1 500 000
2 500 000	500 000	200 000	300 000	2 000 000

二、非比例再保险

非比例再保险（non-proportional reinsurance）以损失为基础来确定再保险当事人双方的责任，也称为超额损失再保险（excess of loss re－insurance）。由于超额损失再保险是对原保险人赔款超过一定额度或标准时，再保险人对超过部分责任负责，故又称第二危险再保险，以表示责任的先后。

在超额损失再保险关系中，双方业务经营的结果完全取决于发生损失金额的大小。如果接连发生小额损失，全都在原保险人自负的赔款限额之内，则再保险人无需支付任何赔款，原保险人的经营业绩便会受直接影响；而如若发生多起大额赔款，则原保险人有限额保障，赔付额得到有效控制，而再保险人则可能损失较大。

超额损失再保险自负责任和分保责任是没有比例关系的，如约定自负责任额为 150 万元，分保责任为 260 万元，则发生损失在 150 万元以内的，全都由原保险人负责支付。如损失 260 万元，则原保险人负责 150 万元，再保险人负责 90 万元。如损失 500 万元，则再保险人负责 260 万元，原保险人负责 240 万元。

超额损失再保险的具体种类可以分为险位超赔分保、事故超赔分保和年赔付率超赔分保。

（一）险位超赔再保险

险位超赔再保险，以每一危险单位所发生的赔款来计算自负责任额和再保险责任额。关于险位超赔在一次事故中的赔款计算，有两种情况：一是按危险单位分别计算，没有限制；二是有事故限额，即对每次事故总的赔款有限制，一般为险位限额的 2～3 倍，即每次事故分入公司只赔付 2～3 个单位的损失。

例如，一超过 100 万元以后 900 万元的企业财产保险险位超赔分保合同，在一次事故中有三个危险单位遭受损失，每个危险单位损失 150 万元。如果每次事故对危险单位没有限制，则赔款分摊如表 8.5 所示。

表 8.5　险位超赔的赔款分摊　单位：元

危险单位	发生赔款	分出公司承担赔偿	分入公司承担赔款
1	1 500 000	1 000 000	500 000
2	1 500 000	1 000 000	500 000
3	1 500 000	1 000 000	500 000
共计	4 500 000	3 000 000	1 500 000

（二）事故超赔再保险

事故超赔再保险，以一次巨灾事故所发生赔款的总和来计算自负责任额和再保险责任额。事故超赔再保险的责任计算，关键在于一次事故的划分。对于事故持续较长时间的，如森林大火和地震，按一次事故或几次事故，在责任分摊上是不同的。一次事故的划定，一般是从时间和空间两个方面加以限定的。如通常规定飓风、暴风雨持续 48 小时的损失为一次事故。地震、火山爆发 72 小时的损失为一次事故。空间限制是对遭灾地区的划定，如洪水以河盆或分水岭划分洪水区。

在超额赔款再保险方式中，有一种分“层”（layering）的安排方法，即将整个超赔保障数额分割为几层，便于不同的再保险人接受。如原保险人的赔款自负额规定为 150 万元，第一层的超赔损失再保险人负责 150 万元以上的 110 万元，第二层超赔损失的再保险人负担超过 260 万元以上的 200 万元。这样层层分担，就有效地控制了各自的责任。当然各个层次的再保险费率是不同的，主要是根据赔案损失发生的客观情况而定，一般来说，巨灾发生的概率较小，因此层次越高再保险费率就越低。

（三）赔付率超赔再保险

赔付率超赔再保险（excess of loss ratio reinsurance），是按赔款与保费的比例（即赔付率）来确定自负责任和再保险责任的一种再保险方式，即在约定的某一年度内，当赔付率超过一定标准时，由再保险人就超过部分负责至某一赔付率或金额。

由于赔付率超赔再保险可以将分出公司某一年度的赔付率控制于一定的标准之内，所以，对于分出公司而言，也称为停止损失再保险或损失中止再保险（stop loss reinsurance）。

赔付率超赔再保险合同中，分出公司的自留责任和分入公司的再保险责任，都是由双方协议的赔付率标准限制的。

例：有一赔付率超赔再保险合同规定，赔付率在70%以下由分出公司负责，超过70% ~120%部分，即超过70%的50%部分由接受公司负责，并规定赔付金额60万元的责任限制，两者以较小者为准。假设净保费收入为100万元，已发生赔款为80万元，则赔付率为80%，分出公司负责70%，计70万元；接受公司负责70%以后的部分，即10%，计10万元。

（四）非比例再保险的特点

与比例再保险相比，非比例再保险具有如下特点：

1. 在比例再保险之下，接受公司的所有保费及赔款，皆与分出公司保持一定的分配比例。非比例再保险下，接受公司并不分担任何比例责任，仅在赔款超过分出公司自负额时负其责任。

2. 比例再保险以保额为基础分配自负责任和分保责任；而非比例再保险以赔款为基础，根据损失额来确定自负责任和分保责任。

3. 比例再保险按原保险费率计收再保险费，且再保险费为被保险人所支付的原保险费的一部分，与再保业务所占原保单责任保持同一比例。非比例再保险采取单独的费率制度，再保险费以合同年度的净保费收入为基础另行计算，与原保险费并无比例关系。

4. 比例再保险通常都有再保险佣金的规定，非比例再保险中，不必支付再保险佣金。

5. 比例再保险的接受公司对分入业务必须提存未满期责任准备金。非比例再保险的接受公司不发生未满期保险费责任。

6. 比例再保险赔款的偿付，通常都由账户处理，按期结算，非比例再保险对赔款多以现金偿付，并于接受公司收到损失清单后短期内如数支付。

第三节　再保险市场

再保险市场是指从事各种再保险业务活动的再保险交换关系的总和。在这个市场上，保险人与再保险人之间相互分出或分入保险业务，以达到在更广范围内分散自身承担的风险责任的目的。一个完整的再保险市场，包括以下几方面的要素：第一，再保险市场的主体；第二，具体的交易对象——各类再保险商品；第三，再保险的成本，即再保险保费和佣金。

一、再保险市场的主体

再保险市场的主体是对再保险有直接需求的各类保险机构以及再保险中介，从再保险业务经营的角度出发，这些保险机构分成以下几类：

1. 兼营再保险的保险公司

兼营再保险的保险公司，一方面从事直接保险业务的承保，同时兼营分入和分出业务。很多时候这些保险公司之间以自己直接承保的业务进行互惠交换来实现风险分散，同时也向专业再保险公司分出业务或进行转分保业务。兼营再保险的保险公司是主要的分保业务提供者。可以说，几乎任何一家从事直接保险业务的保险公司都会进行分保业务。

2. 专业再保险公司

专业再保险公司是指那些只从事再保险业务和转分保业务而没有直接承保业务的保险公司。专营再保险公司是从直接保险公司演变而来的，一般都有雄厚的财力和良好信誉，并具有丰富的实践经验和强大的承保能力，足以承担巨额损失的赔偿责任。专业再保险公司除了接受来自直接承保业务的保险公司的分出业务以外，还可以同专营再保险公司之间进行分保业务，即将本身分入的一部分再保险业务再次分出，从而建立了转分保关系。

3. 专属保险公司

也叫专属自保公司，是大型企业自设的附属保险或再保险机构，主要为母公司及其附属企业和相关企业的风险进行保险或再保险。如中国海洋石油总公司所属的中海石油保险有限公司。

4. 劳合社承保人和美国纽约保险交易所

劳合社就其组织的性质而言，并不是一个保险公司，而是一个社团组织，他不直接接受保险业务或出具保险单，所有的保险业务都通过劳合社的会员，即劳合社承保人单独进行交易。劳合社只是为其成员提供交易场所，并根据劳合社法案和劳合社委员会的严格规定对他们进行管理和控制，包括监督他们的财务状况，为他们处理赔案，签署保单，收集共同海损退还金等，并出版报刊，进行信息搜集、统计和研究工作。劳合社承保人以个人名义对劳合社保险单项下的承保责任单独负责，其责任绝对无限，会员之间没有相互牵连的关系。劳合社是国际再保险的中心，是英国最大的接受再保险组织。

成立于1980年3月31日的美国纽约保险交易所（New York Insurance Exchange）主要业务有三类：一是各种类别的再保险业务；二是美国之外的各种直接业务；三是国内的直接业务。其中再保险业务是主角。美国纽约保险交易所成立至今，在再保险业务上形成了与劳合社抗衡的态势。

5. 再保险集团（再保险共同体）

再保险集团指由两家或两家以上的保险公司组织起来的一个集团。再保险集团以国际性的再保险集团为主，还包括国内的再保险集团和区域性的再保险集团。区域性再保险集团是指在世界不同区域内成立的再保险集团，其组成一般有两种方式：一是由该地区内的各国出资人入股，成立一个专门的区域性的再保险机构，如亚洲再保险集团，其成员国有中国、印度、菲律宾、韩国等；二是由该区域内的各保险公司组成一个区域性的再保险集团。成立再保险集团可以减少保费外流，但同时也潜伏着风险相对集中的危险。集团公司内实力强大的保险公司为保护实力较弱的公司，在集团内进行业务分保，以维护集团公司的整体利益。业务在集团内部调整消化，这样就可节省集团公司的再保险成本，提高整体效益。

著名的再保险共同体有美国核保险集团、英国超额赔款集团、瑞士自然灾害保险集团、经济合作组织再保险集团等。

6. 再保险经纪人

再保险经纪人是指促成再保险分出公司与接受公司建立再保险关系的保险经纪人。此类保险经纪机构与分出公司签订委托合同，基于分出公司的利益，为分出公司与分入公司安排再保险业务提供中介服务，并按约定收取佣金。

全球最大的再保险经济公司怡安奔福再保顾问有限公司（Aon Benfield）占

据国际再保险市场50%的份额，其他著名的再保险经纪人有盖伊·卡彭特有限公司（Guy Carpenter）、威利斯（Willis）、英国JLT风险咨询公司等。

以上各类从事分保业务的再保险机构之间，形成了你中有我，我中有你，互相渗透，错综复杂，范围广泛的保险经济关系的网络和体系，使保险市场成为一个不可分割的有机整体。

二、国外主要再保险市场简介

再保险的主要市场在发达国家，国际再保险市场主要分布在英国、美国、德国和瑞士等。如英国、美国、法国、瑞士和德国的海外分支机构大约占外国公司的四分之三，年保费收入约800亿美元。西欧的再保险业务保费收入占全世界总保费的60%，美国占20%。

除此之外，一些新兴的再保险市场也颇受瞩目。如阿拉伯的巴林、亚洲的新加坡和韩国、大洋洲的澳大利亚等。

1. 欧洲再保险市场

欧洲再保险市场有英国伦敦再保险市场（劳合社）和欧洲大陆再保险市场之分。

英国的伦敦再保险市场由劳合社和保险公司市场两部分组成，尤以劳合社更为显著，其特点是所有再保险业务均须经过经纪人，且业务多来源于国外。虽然近年来劳合社再保险业务供过于求，但在世界再保险市场上仍占有重要地位。

欧洲大陆再保险市场主要是专业再保险公司，特点是完全自由化、商业化，竞争激烈，国际地位举足轻重。德国是欧洲大陆最大的再保险市场，目前与世界上120个国家的2 000多个国外公司有联系，保费收入有40%来自国外，对外扩展的最佳业务是工程保险的再保险。慕尼黑再保险公司是国际再保险领域著名的专业再保险公司。欧洲大陆第二大再保险中心是瑞士。在瑞士再保险市场上，专业再保险公司占统治地位，除瑞士再保险外，还有名列世界第八位的苏黎世再保险集团和第十六的丰泰集团（Winterthur Swiss Insurance）。瑞士再保险市场建于1864年，公司的发展以国际业务为基础，以其高居首位的国外保险费收入和广泛的信息网络闻名于世。

2. 北美再保险市场

和欧洲保险市场相比，美国的保险业发展相对较晚，相应地，再保险的发展时间也相对较晚，但发展速度很快，其中以纽约再保险市场最为著名。美国再保险市场的发展偏重于业务交换、共同保险和联营方式，比欧洲再保险公司的自留额高。美国的通用再保险公司（GE Re）是世界15大再保险公司之一。

3. 日本再保险市场

日本再保险市场上专业再保险公司很少，大部分是兼营再保险公司。日本保险法中没有法定分保的规定，国内风险主要采取共保或分保的方式解决，从日本市场流向国际市场的业务主要是高风险和巨灾风险。目前主要通过与国外再保险公司的互惠交换业务进入世界再保险市场。

三、中国的再保险市场

中国再保险市场开始于20世纪30年代。当时的再保险业务主要由外商操纵，民族资本的保险公司因实力薄弱，主要通过联合经营，增强对巨额业务的承保能力。中华人民共和国成立初期，主要由中国人民保险公司和中国保险公司接受私营保险企业的分出业务。1953年，随着私营保险公司合并经营和外商保险公司的退出，再保险市场主体逐渐减少，分保业务逐步演变成由“人保”一家办理国际再保险业务的局面。1959年，我国国内保险业务停办以后，涉外保险业务和国际分保业务由中国人民银行国外业务管理局保险处统一负责。

改革开放以后，1979年恢复了国内保险业务，与此同时，再保险业务也重新由中国人民保险公司经营。随着我国保险体制的改革，1996年2月，中保再保险公司正式成立，从此结束了新中国成立以来无专业再保险公司的历史。1999年，中保再保险公司又改组成中国再保险公司，成为独立的一级法人，经营各类再保险业务。2003年，中国再保险公司实施股份制改革，并于2003年8月18日正式更名为中国再保险（集团）公司，由中再集团作为主要发起人并控股，吸收境内外战略投资者，共同发起并成立了中国财产再保险股份有限公司、中国人寿再保险股份有限公司、中国大地财产保险股份有限公司。

随着我国加入WTO，外资保险公司进入我国保险市场，外资再保险公司也开始进入我国再保险市场。2003年下半年，拿到中国保监会颁发的设立分公司许可证的慕尼黑再保险公司、瑞士再保险公司、通用科隆再保险公司相继开业。这三家均为国际再保险市场上位列前三名的再保险巨头，随着其分公司的开业，中国再保险市场由中国再保险公司垄断的局面宣告结束。

我国《保险法》第九十三条规定：“经保险监督管理机构核定，保险公司可以经营规定的保险业务的下列再保险业务，分出保险；分入保险。”我国《保险公司管理规定》第四十七条、四十八条也规定，经中国保监会批准，财产保险公司和人身保险公司可以经营其业务范围内的再保险业务。也就是说，保险公司在不超出原保险业务范围的情况下，可以经营再保险业务。我国再保险经营主体包括专业的中国再保险公司和其他保险公司。

目前，我国再保险公司经营的业务有：接受财产保险公司的分出业务；接受人身保险公司的分出业务；经中国保监会批准，接受境内保险公司的法定分保业务；办理转分保业务；经营国际再保险。

专栏 8.2 瑞士再保险公司业务副总裁舒爱瑞谈中国再保险市场

主持人：您认为作为一家外资再保险公司目前在中国开展业务最大的难度是什么呢？

舒爱瑞：我们作为外资公司在中国的历史也不短，2003 年我们成立了分公司，之前有代表处，所以和我们的客户相比，历史比有些客户还长，虽然我们是一个外资公司。从难度来讲，我们也并不认为中国市场比别的市场难很多，中国市场的特点是，中国保险市场算是比较年轻的市场，历史不是特别长，所以对再保险公司来说数据是一个很重要的事情，这些数据可能没有其他市场那么久，在预测风险时，靠历史数据可能有点困难。

主持人：没有历史数据可以参考是吗？

舒爱瑞：对，因为历史很短，可能在十年之内发生的灾害并不具备代表性，比如评估地震风险需要几百年的数据，这是一个原因。第二个原因是渗透率也比较低。第三当然这也是好事情，增长率非常快。

主持人：可以说未来的市场空间也是非常大的。

舒爱瑞：如果今天做一个再保合同，对再保险公司来说，很重要的是明年会发生什么事情，但我也不知道明年的增长率会有多快，所以定价在中国比在国外成熟的市场要难一些。除此之外，大部分不是困难，而是优势。

资料来源：和讯网保险频道。

本章小结

1. 再保险，又称分保，是保险人为了减轻自身承担的保险责任而将其不愿意承担或超过自己承保能力以外的部分保险责任转嫁给其他保险人或保险集团承保的行为。

2. 再保险合同独立于原保险合同，再保险人与原保险合同的投保人或被保险人没有任何直接的法律关系，再保险人不能收取原投保人或被保险人的保费，受损的被保险人也不得向再保险人提出赔偿请求。

3. 比例再保险是以保险金额为基础来确定分出公司自留额和接受公司责任额的再保险方式。

4. 非比例再保险以损失为基础来确定再保险当事人双方的责任，也称为超过损失再保险。

5. 再保险市场是指从事各种再保险业务活动的再保险交换关系的总和。

重要概念

再保险　自留额　自留保费　成数再保险　溢额再保险　事故超赔再保险　险位超赔再保险　超额赔付率再保险　专业再保险公司

思考与练习

1. 再保险和原保险的联系和区别是什么？

2. 什么是合同再保险、预约再保险和临时再保险？

3. 原保险人与再保险人签订了一份70%的成数再保险合同，每一风险单位的限额为100万元，现有下列两笔业务，分别计算这两笔业务的保险费和赔款在再保险双方的分配和分摊情况。

	保险金额	保险费	赔款金额
业务一	500 000	10 000	400 000
业务二	1 000 000	20 000	1 000 000

4. 假设某溢额分保合同的自留额为40万元，现有三笔业务分别为40万元、80万元、200万元，则溢额分保的责任、保费和赔款分担情况如何？

5. 一个赔付率超赔合同规定赔付率在70%以下由分出公司负责，超过70%～130%，即超过70%以后的60%，由分入公司负责，分入公司的赔付责任限额为60万元，两者以较小者为准。某年净保费收入为100万元，当年赔款为135万元，则原保险人和再保险人各分担多少赔款？

第三编

保险经营实务

第九章　保险精算

本章概要

保险精算是依据经济学的基本原理和知识，利用现代数学方法，对各种保险经济活动未来的财务风险进行分性、估价和管理的一门综合性的应用科学。如研究保险事故的出险规律、保险事故损失额的分布规律、保险人承担风险的平均损失及其分布规律、保险费率和责任准备金、保险公司偿付能力等保险具体问题。本章先说明保险精算的基本原理，再分别介绍财产保险和寿险保费的计算原理。

学习要求

1. 了解保险费率的构成。
2. 掌握厘定保险费率的基本原则和方法。
3. 掌握财产保险费率的厘定方法。
4. 掌握生命表的基本构造。
5. 了解基本的利息理论。
6. 掌握人寿保险纯保费及附加保费的计算。

引　言

保险是通过向众多的投保人收取保险费建立保险基金，当被保险人发生保险责任范围的损失时给予经济补偿的一种制度。因此，保险人要准确地厘定保险费率，向投保人收取保险费。保险费率是保险商品的价格，反映了保险商品的成本，建立在合理估算和预测的基础上。厘定合理的保险费率是一项非常复杂和困难的工作，保险人通过长期搜集的大量相关数据和资料，在概率论和大数法则的数理基础上，运用数理统计的方法估测出保险标的的损失概率和损失程度，厘定出与投保人未来可能损失和费用相适应的费率。

第一节 保险精算的基本原理

保险作为一种商品，必须遵守等价交换的关系。保险费率作为保险商品的价格，必须客观、公平、公正地反映保险商品的成本，而不得过高或过低，脱离了保险的价值。因此，保险人在厘定保险费率时，必须遵循公平、合理、可行的原则，采用一定的方法来厘定保险费率。

一、保险费与保险费率

保险费是投保人为了转移风险、取得保险人在约定的保险责任范围内所承担的赔偿或给付责任而交付的费用，即保险人为承担约定的保险责任而向投保人所收取的费用，俗称毛保费或总保险费用。保险费是建立保险基金的重要来源，也是保险人履行赔偿或给付义务的经济基础。

毛保费由性质不同的两部分组成：一部分刚好弥补用于保险事故发生后进行赔偿和给付（即偿付成本），这部分保费称为纯保费；另一部分用于保险业务的各项经营业务支出，主要包括营业税、佣金、管理费、工资、固定资产折旧费以及企业利润等，称为附加保费。总之，

毛保费 = 纯保费 + 附加保费

保险费率是每一保险金额单位与所缴纳保险费的比率，是保险人用以计算保险费的标准。通常用千分率（‰）或百分率（%）来表示。例如，某险种每 1 000 元保险金额应收保险费 4 元，则保险费率为 4‰，如某标的保险金额为 30 000 元，则应缴保费为 1 200 元。

保险费率由纯保费率和附加保费率两部分组成。其计算公式为：

保费率 = 附加保费率 + 纯保费率

其中，纯费率也称净费率，是保险费率的主要部分，它是用来支付赔款或保险金的费率，其计算依据因险种不同而不同。财产保险纯费率计算的依据是损失概率，人寿保险纯费率计算的依据是利率和生命表。附加费率是保险费率的次要部分，通常以占纯费率的一定比例表示。习惯上，将由纯费率和附加费率两部分相加组成的费率称为毛费率。

保险人承保一笔保险业务，用保险金额乘以保险费率就得出该笔业务应收取的保险费，即

保险费 = 保险金额 × 保险费率

计算保险费的影响因素有保险金额、保险费率及保险期限，以上三个因素均与保险费成正比关系，即保险金额越大，保险费率越高，保险期限越长，应缴纳的保险费就越多。其中任何一个因素的变化，都会引起保险费的增减变动。

二、精算现值

如何计算保费？这需要先引入一个新的概念“精算现值”。精算现值的概念很重要，是保险精算的基石。在讲这个概念之前，我们先来看看什么是现值。现值（Present value），指资金折算至基准年的数值，也称折现值或者在用价值，是指对未来现金流量以恰当的折现率进行折现后的价值。如果年利率（复利）为 r，一年后的 1 元钱相当于现在的 $1/(1+r)$，现在的 1 元价值通常要大于一年后的 1 元价值。$1/(1+r)$ 是 1 年后 1 元钱的现值，我们用 v_t 代表时刻 t 的 1 元钱贴现到时刻 0 的贴现因子，用 t 表示年份，所以

$$v=\frac{1}{1+r};\ v_t=v^t$$

在保险中，每个时刻的支出不一定发生，表示这种不确定性，我们用概率表示。假设随机变量 Y 在某个固定的时刻可能有 N 个值：y_1、y_2、$y_3 \cdots y_n$，并且取这 N 个值的可能性分别为 p_1、p_2、$p_3 \cdots p_n$，那么这个随机变量的期望值为：

$$E[Y]=\sum_{i=1}^{N} p_i \times y_i$$

这个值也就是 Y 的加权平均值，加权因子分别为 p_1、$p_2 \cdots p_n$。必须注意这是一个非常重要的基本假设，Y 是在同一时刻可能取 N 个值，而不是不同时刻取不同值。如果 $Y=Y(t)$ 在不同时刻 t 有不同的取值。例如，假设 Y 在时刻 t 可能取值为 y_t 或者 0，可能性分别为 p_t 和 $1-p_t$，Y 在时刻 t 的平均值为：

$$E[Y(t)]=y_t \times p_t+0\times(1-p_t)=p_t \cdot y_t$$

如果时刻 t 表示离散值，比如年份，那么将 $Y(t)$ 看作随机函数 Y 的平均值是没有意义的，因为货币有时间价值。假定一共有 m 个时刻，那么 $\sum_{t=1}^{m} E[Y(t)]=\sum_{t=1}^{m} p_t \times y_t$ 代表什么呢？随机函数 Y 的平均值，若是货币的话，代表的是在不考虑利息的情况下的期望总收益，但大部分情况我们是要考虑货币的时间价值的，所以我们还需要把每年的货币去贴现，公式变为：

$$\sum_{t=1}^{m} E[Y(t)]\times v_t=\sum_{t=1}^{m} p_t \times y_t \times v_t$$

这个数值就是精算现值，表示不同时刻的期望值的贴现值之和。因此，计算精算现值有两种方式：一是先计算各个时刻的期望值 $E[Y(t)]$，再计算期望值的贴现值 $v_t \cdot E[Y(t)]$，最后求和；二是先将各个时刻可能出现的数值都贴现到初始时刻 $v_t \cdot Y(t)$，再求这些已贴现数值的期望值 $E[v_t \cdot Y(t)]$，最后求和。后者是大多数精算教科书上所采用的办法，只是第一种计算方式更易于理解。

根据上面的分析，可以看到：(1) 对于期限较短的保险，在可以不考虑货币价值的情况下，可直接利用期望值计算平均损失。财产保险的期限一般较短。(2) 对于期限有一定时间跨度的保险，要考虑到货币的时间价值，可以用精算现值刻画平均损失。人寿保险的期限一般比较长，中间涉及多次的交费与索赔，保险费的收取与保险金的支出之间又有时间差，考虑货币的时间价值就很有必要。

三、保费的计算原理

在计算保费的过程中，我们采用的是期望收支相等原则，对保险公司而言，要求：

支出的精算现值 = 收入的精算现值

我们称这个方程为价值方程，保险人的支出包括偿付成本、费用、税收等，保险人的收入就是毛保费。这一价值方程还可以细化。

纯保费的精算现值 = 保额的精算现值

毛保费包含纯保费和附加保费两部分，计算毛保费的关键在于对附加费用的分析。狭义的附加费用指保险人经营过程中发生的营业费用，广义的附加费用还包括安全附加费用和其他必要费用。安全费用是保险人为应付意外事件所采取的预防措施，例如保单中预定的死亡分布、预定利率与实际情况出现较大偏差，存在难以掌握的退保现象。在这一节，我们以狭义的附加费用为例说明毛保费的计算，但在实际中，考虑的是广义的附加费用。附加费用可分为三部分：新契约费、维持费和收费费用。新契约费指的是保险人为销售保单而发生的费用，如体检费、广告宣传费、代理人和经纪人的佣金以及其他与新契约有关的在第一年必须支付的费用，一般按保额的一定比例提取。维持费是指从契约生效到契约失效为止，为维持和保全保单所发生的费用，如缴费通知单的寄送费用、催缴保费的费用、契约变更的费用、契约发生纠纷时的诉讼费用等，维持费一般是相对稳定的。收费费用包括收费员的工资、代收保险费的服务费用等，一般按总保费的一定比例提取。为了收支相匹配，可从费用发生的时间将附加费用分为初年费用和续年费用。初年费用是新契约生效第一年发生的所有费用。续年费用是从第二年开始发生的费用。由于初年要开展大量的宣传、被保险人的体检等工作，同时要支付佣金，初年费用要远大于续年费用。

根据收支相等原则，毛保费的计算应该使得，保险人支出的精算现值要等于收入的精算现值。例如，设某个保险的保额的精算现值为 A，P 表示投保人每期缴纳的均衡纯保费，a 表示投保人每期缴纳 1 单位保费的精算现值，则 $P \times a = A$。设毛保费为 G，附加费用分为两部分，一部分是固定费用，用 f 表示，该费用发生在保单生效的第一年；另一部分费用与各期所缴纳的总保费成比例，比例系数为 β。依据收支相等原则，有：

$$G \cdot a = A + f + \beta \cdot G \cdot a$$

因此，

$$\text{毛保费 } G = (A + f)/(a - \beta \cdot a)$$

还可以采取另一个等价方程计算附加保费：

附加保费的精算现值 = 保险人费用支出的精算现值

只需将上面的附加费用改成广义的附加费用和预定利润之和一样，就能得到通常所说的毛保费或总保费。

需要指出的是，利用期望收支相等原则计算保费时，必须对各种影响因素做出基本的假设。例如，对于人寿保险产品、必须对死亡率、利率、失效率等因素做出假设，而这些假设不一定贴近实际，那就要分析这些因素的变动对保费的影响，此外，还需考虑计算出的保费是否满足保险公司的现金流量、利润或偿付率等要求。

【例 9.1】 现在年龄为 30 岁的人投保了 6 年期的两全保险，签约的当年年初开始支付，每年初缴纳一次，共付 3 年，保额为 10 万元，保费在当年年末支付。年有效利率为 5%。死亡率见下表。

死亡率数据

年龄	30	31	32	33	34	35
死亡率 q_x	0.000773	0.000809	0.000855	0.00091	0.000976	0.001057

保险产品的费用情况如下：

1. 保险税占总保费的 2.5%；

2. 管理费用：第一年，固定费用为 100 元，可变部分占毛保费的 10%，以后各年费用占毛保费的比例也为 10%。

【解】首先见下面的表。

基本计算数据

年龄	1	2	3	4	5	6
$_{(i-1)\mid}q_x$	0.000773	0.000809	0.000854	0.000908	0.000973	0.001052
$_tp_x$	0.999227	0.998419	0.997566	0.99666	0.99569	0.994643
v^i	0.952381	0.907029	0.863838	0.822702	0.783526	0.746215
$v^i\cdot{}_{(i-1)\mid}q_x$	0.000736	0.000734	0.000738	0.000747	0.000762	0.000785
$v^i\cdot{}_tp_x$	0.951645	0.905595	0.861735	0.819955	0.78015	0.742218

从而单位保额的两全保险的精算现值为：

$$\sum_{k=0}^{5} v^{k+1}\cdot{}_{k\mid}q_x + v^6\cdot{}_6p_x = 0.74672\text{（元）}$$

保额为10万元的两全保险的精算现值为：

A = 100 000 × 0.74672 = 74 672（元）

投保人从第一年的年初开始支付1元连续3年保费的精算现值 a 为：

$$a = \sum_{k=0}^{2} v^{k+1}\cdot{}_kp_x = 2.857239\text{（元）}$$

根据收支相等原则，有：

$P \times 2.857239 = 74\ 672$（元）

从而均衡纯保费为：

$P = 74\ 672/2.857239 = 26\ 134.32$（元）

设毛保费为 G，根据收支相等的原则，有：

$$G\cdot a = A + (100 + 0.1\ G\cdot a) + 0.25\ G\cdot a$$

所以，

$$\begin{aligned} G &= (A+100)/[(1-0.1-0.025)a] \\ &= (74\ 672+100)/[(1-0.1-0.025)\times 2.857239] \\ &= 29\ 907.79\text{（元）} \end{aligned}$$

四、保险费率厘定的方法

保险费率的厘定，从理论上讲是在依据损失概率测定纯费率的基础上，再加上附加费率得到毛保险费率。在实务中，由于保险费率的测定需要必要的技术支持，因此对不同标的的费率厘定，采用不同的厘定方法，大致可以分为以下三种。

（一）判断法

判断法又称个别法或观察法，是指在具体承保过程中，由业务人员根据每笔业务保险标的的风险和以往的经验，直接判断损失频率和损失程度，从而制定出适合特定情况的个别费率。由于这种类型的保险费率是从保险标的的个别情况出发单独制定的，最能反映个别危险单位的特性。虽然判断法具有灵活的特点，但在现代保险经营中，往往因其手续繁琐，费率在很大程度上取决于保险人的判断，很难保证费率厘定的科学性，而不为人们所常用。除非情况非常特殊，所遇风险形式多样且多变，没有以往可信的损失统计资料而不能使用分类法时才使用。如卫星保险、核电站保险等，开始时由于缺乏统计资料，又无可比情况，只好使用判断法。

（二）分类法

分类法是现代保险经营中确定费率的主要方法，它是根据若干重要而明显的标准，对性质相同的风险分别归类，并在此基础上依据损失发生频率制定分类费率。收取的费率反映了该类别的平均损失经验数据，其精确程度，即有赖于分类是否适当，又决定于分类时各类别中所包含的危险单位的数量。分类法应用范围较广，人寿保险、火灾保险以及大多数意外保险通常使用分类法。如我国的企业财产保险，按标的的使用性质分为若干类别，每一类又分为若干等级，不同等级，费率水平各异；但是，在使用分类费率时，可以根据所采取的防灾防损措施而加费或者减费。又如人身保险，一般按照性别、年龄、健康状况、职业等分类。分类法的思想符合大数法则，优点在于便于运用，适用费率能够迅速查到。但缺陷在于忽略了被归为同一类标的的每一个体风险因素的实质差异，因而有可能违背公正合理性原则的要求，优良风险单位的保险费将超过被保险人应负担的标准；而劣质风险单位则可能有相反的情形。

（三）修正法

修正法又称增减法，是在分类法的基础上，结合承保标的的风险状况进行增减变动来确定费率的方法。修正法确定费率时，一方面凭借分类法确定基本费率，另一方面依据实际经验予以补充和修正。修正法因结合了风险程度的差异，费率更能够反映承保标的的风险情况。因此，分类法既具有分类法的优点，又具有判断法的灵活性，可以针对特种风险单独设计费率，较分类法更科学，从而坚持了公正合理负担保险费的原则。修正法在实务中主要有表定法、经验法。

1. 表定法

表定法是以每一个风险单位为计算依据，在基本费率的基础上，参照标的物的显著风险因素作增减修正，来确定费率。当投保人投保时，核保人员以实际投保标的所具有的风险与原定标准相比较，若其条件比原定标准好，则按表定费率减少；反之，则作适当增加。表定费率一般用于承保厂房、商业办公大楼和公寓等财产火灾保险。在确定费率时通常要考虑建筑物的结构、占用性质、消防设施、周围环境状况、保养情况等。表定法的优点在于适用性强，能够切实反映标的的风险状况，促进防灾防损。表定法的缺点是，制定费率的费用较高，不利于保险人降低保险成本；同时，表定法只注重物质或有形的因素，而忽视了人的因素，在实际运用中灵活性太大，业务人员往往在竞争激烈时，为争取承保业务而过度地降低费率，不利于保险财务的稳定和保险市场的良性发展。

2. 经验法

经验法是指根据被保险人以往的损失经验，对分类费率进行增减变动而制定出来的费率。也就是说，以过去一段时期的平均损失为基础，对分类费率加以调整，制定未来时期被保险人待用的保险费率，故又称预期经验法。经验法与表定法相比较，其最大优点在于制定费率时，由于采用了保险标的过去的实际损失的经验数据，即已考虑到所有影响风险发生的因素，而表定法在制定时仅仅考虑了少数实质风险因素，因而经验法相对更合理、科学。经验法的计算公式为：

$$M=\frac{A-E}{E}\times C\times T$$

其中：M——保险费率调整的百分率；

A——经验期被保险人的实际损失；

E——被保险人适用某分类费率时的预期损失；

C——置信系数；

T——趋势系数。

例如，某被保险人依分类费率，其总保险费为20万元，其中60%即12万元为纯保险费，若实际损失为16万元，置信系数是0.3，趋势系数是1，则其费率调整的百分率可依据上式求得：

$$M=\frac{A-E}{E}\times C\times T=\frac{16-12}{12}\times 0.3\times 1=10\%$$

因此，下一个保险期新的保险费应增加的百分率为10%，即依经验法调整后的保险费为22万元。

采用经验法调整费率，其调整百分率的大小，还须考虑所能获得被保险人损失经验资料的多少；而所获经验资料的多少，也就是损失经验置信系数的大小。

因此在计算时，须考虑置信系数。其次，保险费率调整时，为获得数量较多的损失经验资料，通常必须依据较长期间的损失经验。但如果期间过长，其间足以影响损失频率及损失程度的各种条件常常会发生变动，因而在计算调整费率时，也需要将此种变动趋势加入考虑。通常处理的方法为：对置信度采用加权方法，较近年份的经验加权较多，较早年份的经验加权较少。对变动趋势采用趋势因数，依照平均补偿金额支出趋势、物价指数变动趋势等资料，由统计计算其乘数，用以修正费率调整的程度。各项趋势的考虑应以延伸至调整费率将来适用期间的中点为准。经验费率通常适用于企业厂商有较大的规模或有多种形式的作业部门，具有相当大量的危险单位，且若干风险因素被保险人可予以一定的控制。

第二节　保险费率厘定原则

保险人在厘定保险费率时，必须遵循权利与义务对等的根本原则，因而在实务中厘定保险费率要遵循以下五个基本原则。

（一）适当可行原则

保险的基本职能是提供经济补偿或给付保险金，保险费率是保险人收取保险费的依据。保险费率厘定的主要目标是要使所收取的保险费能偿付因风险事故发生所需支付的补偿金额，以及满足营业开支所需的各项费用，同时又要与被保险人的风险水平、承受能力相适应。如果费率定得过高，将增加投保人的负担，也使保险人在竞争中处于不利的地位；如果定得过低，又将使保险人收支不平衡，致使经营发生困难，使保险公司缺乏偿付能力，进一步发展将使保单持有人遭受严重的损失。

（二）公正合理原则

保险费率的公正合理性原则是指被保险人所缴纳的保险费的多少应与其所获得的保险权利相一致，保费的多少应与保险的种类、保险期限、保险金额、被保险人的年龄与性别等风险因素相对称。即保险费率的计算必须考虑能适用于个体风险，使被保险人所缴的保险费的多少，与保险公司对其风险所负的责任大小相适应，公正合理。由于保险标的在不同的时间、地点、主体具有的风险水平不同，这就要求在保险费率水平上得以体现，但在实务操作中却存在着很多困难，要想做到完全公正，除非个别核算。但这种办法不仅事实上行不通，而且也不符合大数法则的要求，为了计算方便，通常将同一性质的风险归纳分类，然后计算分类费率，以适用不同种类的保险标的。

（三）稳定性原则

保险费率厘定后，在较长时期内，不应经常变动。稳定的费率，可使被保险人的负担确定，能依照预算按时支付，不致因保险费率随时更改，而使被保险人支付困难，引起反感，导致营业量减少。不稳定的费率，如费率有继续降低的趋势，可诱使被保险人中途解约，以获得在低费率下另订立新合同的利益。反之，如费率有不断增加的趋势，将使长期合同量随之增加。这些都足以养成被保险人的投机心理，从而与保险经营的基本目标相违背。因此，在保险费率厘定时，必须平均过去若干年的经验数据，并预计未来若干年的发展趋势，以求厘定费率的稳定性。但此平均期间也不能过长，以免被保险人在时间方面遭受不利的影响。

（四）融通性原则

保险费率的厘定，虽应求其稳定性，但仍须使其具有融通性。表面上稳定性与融通性两者似有矛盾，而实质上两者是一致的。即在短期内应注意保险费率的稳定，在长期中则应作适当的调整，以配合实际情形的改变。在较长的时期内，由于社会、经济、科技、文化的不断进步，保险标的所面临的风险在不断地变化，所以经过相当时期的发展后，应根据实际统计资料加以调整，以符合适当性与公正性的原则要求。

（五）防灾防损的诱导性原则

防灾防损是保险的职能之一，在厘定保险费率时，应体现防灾防损的精神。对防灾工作做得好的被保险人降低其费率，对无损失记录或损失较少的被保险人，实行优惠费率；而对防灾防损工作做得差的被保险人实行高费率或续保加费。在现代保险业的经营中，保险人越来越注意在保险费率的厘定中利用保险费率的设计，诱导与鼓励被保险人积极从事各种防灾防损活动。在费率厘定中，注意防灾防损的诱导性，使保险保障功能与防灾防损功能结合在一起，从而最终减少损失发生的频率及损失程度，可使保险业取得更大的社会效益。

第三节　财产保险产品的定价

财产保险，包括财产损失保险、农业保险、责任保险、保证保险、信用保险等以财产或利益为保险标的的各种保险。财产保险费率多采用分类法和修正法来厘定，其依据是损失概率。毛费率是由纯费率和附加费率两部分组成。通过计算保额损失率加均方差计算纯费率，然后计算附加费率。

一、纯费率的计算

财产保险的纯费率是纯保费占保险金额的比例。它用于补偿被保险人因保险事故造成保险标的损失的金额。其计算公式为：

纯费率 = 保额损失率 ×(1 + 稳定系数)

（一）保额损失率

保额损失率是一定时期内赔款金额总和与保险金额总和的比率。它是保险人根据大数法则，将以往较长时期（最少为五年）某类保险业务的损失赔偿资料，用数理统计方法整理计算出来的。其计算公式为：

保额损失率 =(赔偿金额总和/保险金额总和) ×100%

但在许多情况下，若已知各年的保额损失率，则可计算平均保额损失率。

【例9.2】 假设某保险公司过去10年的保险赔款总额为500万元，总保额为10 000万元，则该类保险的保额损失率为：

(500/10 000) ×100% =5%

【例9.3】 假设某保险公司过去7年保额损失率分别为6.1%、5.7%、5.4%、6.4%、5.9%、6.2%、6.0%，则该类保险的平均保额损失率为：

(6.1% +5.7% +5.4% +6.4% +5.9% +6.2% +6.0%)/7 ×100% =5.96%

关于保额损失率这一概念，需要说明两点：

第一，保额损失率不是保险标的损失额与保额之比，而是赔款与保额之比。保险实务中，由于保险责任和各种赔偿方式的具体规定，保险人实际承担的赔偿金额与保险标的实际损失金额总是存在差异的，所以在计算保额损失率时用赔偿金额代表保险人承担的赔偿责任。

第二，计算保额损失率的数据必须源于保险公司的经验。为求未来的保额损失率，需要借助过去的损失经验，即过去的保额损失率。但这组保额损失率必须是源于保险公司的经验数据，而不是出自社会的财产损失统计资料。事实上，保险财产的损失率一般要高于社会平均财产损失率。因此计算保险费时只有使用保险公司的经验数据，才是公平合理的，才能保证保险公司的定性。

（二）稳定系数

由赔偿金额总和与保险金额总和的比率确定的保额损失率，是过去若干年保额损失率的算术平均数。由于它具有不稳定的特点，保险人不能直接将它作为纯费率。因为就未来某一年度而言，实际保额损失率与这一算术平均数一般并不相等。保额损失较大的年份，实际发生的保额损失率将高于预计保额损失率；反之，损失较小的年份，实际保额损失率将低于预计的保额损失率。实际发生的保额损失率与预计保额损失率相等的这种情况只是个别的巧合。而对于保险人来说，各年度实际保额损失率对保额损失率的算术平均数的背离程度大小具有重要意义。特别是个别年度发生巨灾损失，引起实际保额损失率远远高于预计保额损失率，会严重影响保险业务的财务稳定性。因此，保险人有必要在测算实际保额损失率对预计保额损失率背离程度的基础上，在纯费率上加一适当的稳定系数，以保证所收保险费在大多数情况下都能够满足保险赔偿需要。下面举例介绍稳定系数的确定方法。

【例 9.4】 某保险公司某类保险业务以往 10 年中各年的保额损失率如下表所示。

年度	保额损失率 X（%）	离差	离差的平方
2001	6.1	0.1	0.01
2002	5.7	-0.3	0.09
2003	5.4	-0.6	0.36
2004	6.4	0.4	0.16
2005	5.8	-0.2	0.04
2006	6.3	0.3	0.09
2007	6	0	0
2008	6.2	0.2	0.04
2009	5.9	-0.1	0.01
2010	6.2	0.2	0.04

（1）平均保额损失率 $(\bar{X}) = \frac{1}{n}\sum_{n=1}^{n} X_i = 6.0\%$

（2）均方差 $(\sigma) = \sqrt{\frac{\sum_{i=1}^{n}(X_i - \bar{X})^2}{n}} = 0.29\%$

（3）稳定系数 $(k) = \frac{\text{均方差}}{\text{平均保额损失率}} = \frac{\sigma}{\bar{X}} = 4.833\%$

稳定系数是衡量期望值与实际结果的密切程度，即平均保额损失率对各实际保额损失率的代表程度。稳定系数愈高，保险经营稳定性愈低；反之，稳定系数愈低，则保险经营稳定性愈高。一般为10%～20%较为合适。在上例中，稳定系数为4.833%，说明保险经营稳定性很高。也即若保险人以平均保额损失率6%作为纯费率时，其对未来各年度保额实际损失率的估计是基本正确的，其所收取的纯保费可以满足以后各年度支付保险赔款的需要。但是，这种稳定性仅仅是相对而言的，是以未来年度风险发生的条件和以往各年度的情况大体相符为条件，如果风险发生条件有实质性的变化，则实际保额损失率对平均保额损失率变动的程度也将发生变化。

保险公司为了保证保险经营的安全性与稳定性，必须尽量减少实际保额损失率超过根据以往一定年度的平均保额损失率而确定的纯费率的可能性。为了达到这一目的，通常采用在纯费率的基础上附加一至几个均方差作为稳定系数来实现。如在上例中，可以在平均保额损失率的基础上附加一倍的均方差，将纯费率定为6%+0.29%即6.29%。按照统计规律显示，实际保额损失率在（$X-\sigma$，$X+\sigma$）区间上的概率为68.27%，在（$X-2\sigma$，$X+2\sigma$）区间上的概率为94.45%，在（$X-3\sigma$，$X+3\sigma$）区间的概率为99.73%。因而，从理论上讲，无论什么保险，只要在纯费率的基础上附加三倍的均方差作为稳定系数，就能够充分保障保险人的财务稳定性。在实践中，一般认为对于强制保险，由于保险的广泛性和连续性，稳定系数为一个均方差已足够保障保险业务的财务稳定性；对于自愿保险，由于"逆选择"的影响稳定系数应提高到两个均方差。对于一些危险程度很高且易于遭受巨灾损失的保险标的，稳定系数有必要提高到三个均方差。其次，在保险经营中既要考虑保险人自身的财务稳定性，同时又要考虑经济上的可行性，使厘定的保险费率尽量适应投保人的保费负担能力。附加的均方差倍数越高，保险经营中出现亏损的可能性越小，这虽然对保险人有利，但对被保险人来说，附加的均方差倍数越高，保费的负担就越重。因此，保险人在确定费率时，应当综合考虑以上两方面的情况，合理地确定稳定系数。

（三）纯费率的计算

根据一组适当的保额损失率，我们能够得到纯费率的近似值——平均保额损失率，但还不能直接将其定为纯费率。事实上，平均保额损失率既然是以往各年份保额损失率的算术平均值，那么就必然会出现某些年份的保额损失率高于或低于平均保额损失率的情况。倘若我们直接将平均保额损失率作为纯费率，那么一般说来每两年就会有1年的赔偿金额超过当年的纯保费。

为了减少不利年份（即赔偿金额超过纯保费的年份）的出现，通常采用在平均保额损失率上附加这组年保额损失率的一次、二次或若干次均方差的方法来确定纯费率。

【例 9.5】根据例 9.4 的资料我们可以列出下表。

保额损失率 X_i（‰）	平均保额损失率 X（‰）$\overline{X}$	偏差（‰）$X_i-\overline{X}$	偏差的平方 $(X_i-\overline{X})^2$
6.1	6	0.1	0.01×10^{-6}
5.7	6	-0.3	0.09×10^{-6}
5.4	6	-0.6	0.36×10^{-6}
6.4	6	0.4	0.16×10^{-6}
5.8	6	-0.2	0.04×10^{-6}
6.3	6	0.3	0.09×10^{-6}
6	6	0	0
6.2	6	0.2	0.04×10^{-6}
5.9	6	-0.1	0.01×10^{-6}
6.2	6	0.2	0.04×10^{-6}
$\sum_{i=1}^{10} X_i=0.06$	6‰	$\sum_{i=1}^{10}(X_i-\overline{X})=0$	$\sum_{i=1}^{10}(X_i-\overline{X})^2=0.84\times10^{-6}$

由此可求出均方差：

$$\sigma=\sqrt{\frac{\sum_{i=1}^{n}(X_i-\overline{X})^2}{n}}=\sqrt{\frac{0.84\times10^{-6}}{10}}=0.29‰$$

若附加一次均方差，则纯费率为：6‰ + 0.29‰ = 6.29‰

若附加二次均方差，则纯费率为：6‰ + 2 × 0.29‰ = 6.58‰

若附加三次均方差，则纯费率为：6‰ + 3 × 0.29‰ = 6.87‰

那么纯费率应该在平均保额损失率上附加几个均方差呢？假定保额损失率真的发生是服从正态分布的，则我们可以得出附加均方差与一般年份的关系如下表所示。

附加均方差	赔偿金额超过纯保费的概率	几年一遇
一次均方差	0.15866	6.5
二次均方差	0.02275	44
三次均方差	0.00135	741
四次均方差	0.00003	33 333

由此可见，附加均方差次数越多，赔偿金额超过纯保险费的可能性越小，保险公司的经营就越稳，相反投保人的负担也就越重。根据费率厘定的原则，附加均方差的次数必须适当。一般认为，所附加均方差与平均保额损失率之比，以10% ~20%为宜，像例9.5这种情况，附加两次或三次均方差都可认为是合适的，因为，

$$\frac{2\sigma}{X}=\frac{0.58‰}{6‰}=9.67\%$$

$$\frac{3\sigma}{X}=\frac{0.87‰}{6‰}=14.5\%$$

二、附加费率的计算

附加费率是保险人营业费用开支占保险金额总和的比率，它是以经营管理费和预期利润为基础来计算的，其计算公式为：

附加费率 =（营业费用开支总额/保险金额总和）×100%

其中，营业费用开支主要包括代理手续费、雇员工资、办公楼租金及办公设备、单据印刷费、通信费、广告费、各种税金以及保险人预期的营业利润。除按上述公式计算附加费率外，还可以根据经验按纯费率的一定比例确定，如规定附加费率为纯费率的20%。

三、毛费率的计算

毛费率即保险费率，是纯费率和附加费率之和，用公式表示为：

毛费率 = 纯费率 + 附加费率

这样得出的毛费率仅是一个大略的费率，实用性不强。因此，须根据不同的业务，进行分项调整，这种调整就是级差费率调整，经过级差费率调整后，毛费率就形成了，就是投保人向保险人缴纳的费率标准。

上面简单地介绍了财产保险费率的构成及厘定程序，但在实践中，财产保险的费率的厘定是一个非常复杂的过程。保险公司对每一类风险所适用的费率都是在该类风险的大量损失资料的基础上，根据科学的损失分析方法确定并在适用中随损失经验积累经历多次修订而成。同时，保险公司保险费率的厘定还会受到保险监管机构的严格限制和市场竞争的影响。

第四节 人寿保险产品的定价

与财产保险费率一样，人寿保险费率同样也由纯费率和附加费率两部分构成。但由于人寿保险承保的风险是人的生存和死亡，加之保险期限一般比较长，因此，在厘定保险费率时，主要考虑死亡率和利率等主要因素。

一、人寿保险费率厘定的依据

人寿保险的保险标的是人的生命，保险人积聚众多投保人所缴纳的保险费，一旦被保险人在保险期间死亡，或满期生存时便给付保险金，所以人寿保险费率的首要影响因素是被保险人的死亡率、生存率。同时，人寿保险合同多为长期性合同，保费收缴期往往先于保险金给付期，所以利率因素也是影响人寿保险费率的一个重要因素。另外，经营人寿保险业务的保险公司所必需的各项费用开支，其来源也是投保人缴纳的保险费，所以营业费用的高低是影响人寿保险费率的又一因素。因此，人寿保险费率的计算依据是：预定死亡率（生存率）、预定利息率、预定营业费用率。这三个因素通常被称作寿险保费计算的三要素。

人身意外伤害保险的危险性质与人寿保险的危险性质不同，因而计算保费所考虑的因素也不相同。一般在人身意外伤害保险中，被保险人面临的危险程度，并不因被保险人的年龄性别而有所差异，而在同一危险环境中所有的被保险人面临的危险程度基本相同。因此，人身意外伤害保险费率的制定一般不考虑被保险人的年龄，不以生命表作为制定费率的依据；同时由于意外伤害保险大都为短期契约，制定费率时也不考虑利率因素。影响人身意外伤害保险的费率的主要因素是被保险人所从事的职业类别。

相似于人身意外伤害保险，健康保险在制定费率时，除高龄外，被保险人的年龄也不是影响费率的主要因素，因而同样不以生命表为制定费率的依据；同时由于健康保险也为短期契约，制定费率时也不考虑利率因素。影响健康保险的费率的主要因素是被保险人所从事的职业类别、性别和以往健康状况等。由上述可见，人身意外伤害保险和健康保险的保险费率厘定方法实质上与财产保险的计算方法类似。

（一）生命表

1. 生命表的概念与种类

生命表，又称寿命表或死亡表，是根据一定时期的特定国家或地区或特定人口群体（如寿险公司的全体被保险人）的有关生命统计资料，经过分析、整理、计算出某一人群中各种年龄的人的生存和死亡概率，汇编而成的一种表格。它反映了各种年龄的人在一年内的死亡人数和一定年龄的人在一定时期内的生存率和死亡率，是寿险精算的数理基础，是人寿保险费率厘定的依据。生命表一般分为国民生命表和经验生命表。国民生命表是以全体国民或特定地区的人口统计资料综合而成的生命表，又称普通生命表；经验生命表是以人寿保险公司承保的被保险人实际经验的死亡统计资料编制的统计表。在人寿保险费率计算中，一般采用经验生命表。经验生命表是寿险精算的科学基础，是寿险费率和责任准备金计算的依据，也是寿险成本核算的依据。经验生命表根据不同的标准又可分为多种。首先，它可根据死亡统计调查期间不同分为选择表、终极表和综合表。选择表是依据保险人对被保险人的危险选择效果仍存在的资料编制而成的生命表。该表的死亡率同时考虑年龄及投保经过年数两项因素，故而最具准确性。由于不分红保费的制定必须准确，故常用该表。终极表是根据选择效果消失的资料编制而成的生命表。普通寿险的保费通常是根据该表计算的。综合表是以所有被保险人的经验而不考虑投保经过的年数而制定的生命表，即综合被保险人在保险合同订立后最初数年及以后数年间的死亡统计而编制的生命表，此表常用来制定简易人身保险的保费。其次，经验生命表根据统计对象性别的不同可分为男子表、女子表和男女混合表。根据寿险业务与年金业务的差异可分为寿险生命表和年金生命表，寿险生命表就是以寿险被保险人经验而编制的一种生命表，年金生命表是根据购买年金者的死亡统计所编制的生命表。

由于历史的原因，在相当长的时期内，我国保险公司没有自己编制的生命表。人身保险业务主要参考使用日本全会社第二回、第三回生命表。1982 年，我国开始着手编制自己的经验生命表，在编制过程中，收集使用了 800 万份寿险保单的数据，并分别在四省市（辽宁省、山东省和北京市、上海市）及全国其他地方进行调查。1994 年底完成了数据的收集和调查工作，1995 年中期完成生命表的基础工作，并最终在 1997 年 4 月 1 日由当时的保险监管机构——中国人民银行，颁布使用中国人寿保险业经验生命表（1990 ~ 1993 年）计算我国的寿险费率、责任准备金及退保金。该表分非养老金业务男表、女表、男女表和养老金业务男表、女表、男女表。

专栏9.1 编制新生命表的有关背景资料

1995年我国发布的“中国人寿保险业经验生命表（1990~1993年）”（以下简称原生命表）是我国第一张经验生命表。近年来，人民生活水平、医疗水平有了较大的提高，保险公司核保制度逐步建立，未来保险消费者群体的寿命呈延长趋势，原生命表已经不能适应行业发展的要求。与此同时，寿险业的快速发展也具备了编制新生命表的条件。主要体现在三个方面：一是10年来，业务快速发展，积累了大量的保险业务数据资料；二是保险公司信息化程度大幅提高，数据质量也有了较大的改善；三是保险精算技术获得了极大的发展，积累了一些死亡率分析经验。

基于各方面的考虑，在中国保监会的领导和组织下，2003年8月，正式启动了新生命表编制项目。新生命表编制完成后，于2005年11月12日通过了以著名人口学专家、全国人大常委会副委员长蒋正华为主任的专家评审会的评审。

资料来源：中国保监会网站。

2. 生命表的内容

生命表是以死亡率为纲分年龄编制的，通常假设以10万、100万或1 000万为一单位群体，从0岁开始逐步反映当年的生存人数、死亡人数、生存概率和死亡概率，直至全部死亡为止。下面以下表中国人寿保险业经验生命表为例说明（见表9.1）。

表9.1 中国人寿保险业经验生命表（2000~2003年）

年龄（X）	非养老金业务表		养老金业务表	
	男（CL1）	女（CL2）	男（CL3）	女（CL4）
34	0.001121	0.000528	0.000893	0.000421
35	0.001194	0.000563	0.000936	0.000441
36	0.001275	0.000601	0.000985	0.000464
37	0.001367	0.000646	0.001043	0.000493
38	0.001472	0.000699	0.001111	0.000528
39	0.001589	0.000761	0.001189	0.000569
40	0.001715	0.000828	0.001275	0.000615
41	0.001845	0.000897	0.001366	0.000664
42	0.001978	0.000966	0.001461	0.000714
43	0.002113	0.001033	0.001560	0.000763

续表

年龄（X）	非养老金业务表		养老金业务表	
	男（CL1）	女（CL2）	男（CL3）	女（CL4）
44	0.002255	0.001103	0.001665	0.000815
45	0.002413	0.001181	0.001783	0.000873
46	0.002595	0.001274	0.001918	0.000942
47	0.002805	0.001389	0.002055	0.001014
48	0.003042	0.001527	0.002238	0.001123
49	0.003299	0.001690	0.002446	0.001251
50	0.003570	0.001873	0.002666	0.001393
51	0.003847	0.002074	0.002880	0.001548
52	0.004132	0.002295	0.003085	0.001714
53	0.004434	0.002546	0.003300	0.001893
54	0.004778	0.002836	0.003545	0.002093
55	0.005203	0.003178	0.003838	0.002318
56	0.005744	0.003577	0.004207	0.002607
57	0.006427	0.004036	0.004676	0.002979
58	0.007260	0.004556	0.005275	0.003410
59	0.008229	0.005133	0.006039	0.003816
60	0.009313	0.005768	0.006989	0.004272
61	0.010490	0.006465	0.007867	0.004781
62	0.011747	0.007235	0.008725	0.005351
63	0.013091	0.008094	0.009677	0.005988
64	0.014542	0.009059	0.010731	0.006701
65	0.016134	0.010148	0.011900	0.007499
66	0.017905	0.011376	0.013229	0.008408
67	0.019886	0.012760	0.014705	0.009438
68	0.022103	0.014316	0.016344	0.010592
69	0.024571	0.016066	0.018164	0.011886
70	0.027309	0.018033	0.020184	0.013337
71	0.030340	0.020241	0.022425	0.014964
72	0.033684	0.022715	0.024911	0.016787

注：表中数据为当年的死亡率。

生命表中各项生命函数的关系如下：

x 为被观察人口的年龄，从 0 岁开始直至极限年龄 ω 岁，极限年龄一般用 ω

表示，假设该年生存的人全部死亡。

q 为死亡率，q_x 表示 x 岁的人当年死亡的概率，即 x 岁的人在到达 $x+1$ 岁前的死亡概率，为年内死亡人数与年初生存人数的比值。

l 为生存人数，l_x 表示以一定的出生数为基数（l_0），生存至 x 岁的人数，亦即 x 年之初的生存人数。

d 为死亡人数，d_x 表示 x 岁的人在年内死亡的人数。

L 为经过调整后的生存人数，是假设每一年中各死亡者的死亡日期均匀地分布于一年内的各个月内，因而各死亡者在其死亡的当年，每人尚能平均生存半年。

T_x 为生存人年数，表示所有 x 岁的人以后生存的总年数。

e_x 为平均余命，表示 x 岁的人以后可能生存的平均年数。

1. $d_x = l_x - l_{x+1}$

或者 $l_{x+1} = d_x - l_x$。如果计算自 x 年龄起连续 n 年内的死亡人数，则

$$l_x - l_{x+n} = d_x + d_{x+1} + d_{x+2} + d_{x+3} + \cdots + d_{x+n-1}$$

2. $p_x = l_{x+1}/l_x$

${}_np_x$ 常用来表示 x 岁的人生存到 $x+n$ 岁的生存人数与 x 岁的生存人数的比率，即

$${}_np_x = l_{x+n}/l_x$$

3. $q_x = d_x/l_x$

${}_nq_x$ 常用来表示 x 岁的人生存到 $x+n$ 岁以前死亡的人数与 x 岁的生存人数的比率，即

$${}_nq_x = (l_x - l_{x+n})/l_x = (d_x + d_{x+1} + d_{x+2} + d_{x+3} + \cdots + d_{x+n-1})/l_x$$

4. $p_x + q_x = 1$ 或者 ${}_np_x + {}_nq_x = 1$

5. $e_x = (l_{x+1} + l_{x+2} + \cdots + l_\omega)/l_x$

ω 表示生命表中的最高年龄。这样算得的平均余命为简单的平均余命。实际上，每一年内各死亡者的日期，一般会均匀地分布于一年的各个月份内。也就是说，死亡者在其死亡的一年，平均尚生存半年，故又有完整生命余命 e_x，表示为

$$e'_x = e_x + \frac{1}{2} = \frac{l_{x+1} + l_{x+2} + \cdots + l_\omega}{l_\omega} + \frac{1}{2}$$

（二）利息

利息是一定的本金在一年的时间内，按照一定的利率计算而得的利益。决定利息大小的因素有三个：本金、利率和期间。所借入的资金称为本金；运用本金

的一定时间称为期间；利率是在一定时期内（月或年）利息额与本金的比率，它是在单位时期内单位本金所获的利息，常以%、‰表示。利息的数额与本金的数量、利率的高低、存放期间的长短成正比。

由于人寿保险一般是长期性质的，所以人寿保险费的计算必须考虑利息因素。投保人缴纳的保险费，留存保险公司内部作为未来给付保险金的责任准备金，在缴费期与给付期的时间差内保险公司可利用责任准备金进行投资和运用，其收益由保险公司在厘定保险费率时按照预定的利息率算给被保险人。因而，人寿保险期限越长，预定利息率对保险费率的影响就越大。利息的计算方法有单利和复利两种。

1. 单利

单利是在结算利息时，只在原本金上计利息。在单利计算方法下，利息数额等于本金乘以计息期数乘以利率。现以 P 表示本金，i 表示利率，n 表示计息期数，I 表示利息额，S 表示本利和（即本金和利息之和），则

$$I = P \cdot n \cdot i$$

$$S = P + I = P + P \cdot n \cdot i = P \cdot (1 + n \cdot i)$$

【例 9.6】 本金 500 元，年利率 5%，期间 3 年，求利息及本利和。

$I = 500 \cdot 5\% \cdot 3 = 75$（元）

$S = 500 \cdot (1 + 5\% \cdot 3) = 575$（元）

2. 复利

复利的计算是每经过一次结息时间就把前期利息并入本金，在下次结息时，并入本金的利息亦同本金一起计息，即不仅本金生利，而且利上生利。在人寿保险计算中，一般采用复利，以年为计息期，称年复利。现以 P 表示本金，i 表示利率，n 表示计息期数，I 表示利息额，S 表示本利和，则以复利计算的本利和及利息为：

$$S = P(1 + i)^n$$

$$I = P(1 + i)^n - P = P[(1 + i)^n - 1]$$

【例 9.7】 年初存本金 10 000 元，年利率 3%，存期 3 年，每年计复利一次，则本利和为

$S = 1\,000(1 + 3\%)^3 = 1\,092.73$（元）

3. 现值

现值是指按一定利率，经过一定期间积累到一定数额所需的本金，即为未来某一时刻积累一定数额而现在所需要的货币量。计算公式为：

$$P = S/(1 + i)^n$$

【例 9.8】银行存款年复利率为 5%，某人现在存入银行多少钱，可在第 5 年末得到 100 元?

解：$P=100/(1+0.05)^5=78$

即现在存入 78.35 元，5 年末可得到 100 元。

4. 终值

终值是一定的本金按一定的利率经过一定时期生息后的本利和。计算公式即为：

$$S=P(1+i)^n$$

用的现值和终值都是按复利法计算的，并且为了在人寿保险费的计算中便于计算，编制成现值表、终值表以备查用。在现值表中，令

$$V=1/(1+i)$$

V 即是 1 年后每 1 元的现值，V^n 则是 n 年后 1 元的现值。

二、人寿保险的精算现值

人寿保险按保险标的的不同主要分为两类：死亡保险和生存年金保险。

（一）死亡保险的精算现值

死亡保险是以人的死亡作为保险标的的保险产品。被保险人在合同有效期内死亡，保险人给付保额；若被保险人活过合同期限，则保险人无需给付金额。也就是说，保险人支付保额的责任是不确定的，依赖于被保险人自保险单生效之日起的余寿，如果余寿小于合同期限，被保险人获得保额，反之，则得不到。本节以保额在死亡发生的当年年末支付的情形，保额的精算现值依赖于被保险人的取整余寿 K 进行说明。

1. n 年纯粹生存保险

该保险属于生存保险的范畴，不单独开设，常与死亡保险组成两全保险，故在此分析。它的组成是：如被保险人在 n 年内死亡，保险人分文不付；若被保险人活至 $x+n$ 岁，保险人需支付保额 1 单位。保险人在第 $k+1$ 年支付的保额 b_{k+1} 为：

$$b_{k+1}\begin{cases}0(0\leqslant k\leqslant n-1)\\1(k>n-1)\end{cases}$$

保额的精算现值有两种计算方式。首先采取第一种计算方式：不论被保险人在第 t 年内是否死亡（$t<n$），保险人都分文不付，因此，在第 t 年（$t<n$），保额的平均值为 0，平均值的贴现值自然也为 0；由于被保险人活不到 $x+n$ 岁的概

率${}_nq_x$，活到$x+n$岁的概率为${}_np_x$，故保额的平均值为$0\times{}_nq_x+1\times{}_np_x={}_np_x$，该平均值的贴现值为$v^n\times{}_np_x$，从而保额的精算现值为$v^n\ {}_np_x$。采取另一种计算方式：不论被保险人在第$t$年内是否死亡（$t<n$），保险人都分文不付，因此，在第$t$年（$t<n$），保额的贴现值为0，贴现值的平均值自然也为0；若被保险人活至$x+n$岁，保险人需支付保额1单位，其贴现值为v^n，由于被保险人活不到$x+n$岁的概率为${}_nq_x$，活到$x+n$岁的概率为${}_np_x$。故贴现值的平均值为$0\times{}_nq_x+v^n\times{}_np_x=v^n\ {}_np_x$，从而保额的精算现值为$v^n\ {}_np_x$。两种计算方式得到的结果是一样的。对于无继承人且自身健康状况很好的被保险人，比较喜欢这一保险产品。n年纯粹生存保险的投保人要冒这样的风险：一旦在保险到期前死亡，就失去所有缴纳的保费，很少有人愿意冒这样的风险；此外，如果在缴纳了保险费之后不久，被保险人死亡，就要损失全部或部分保险费，在不清楚保险原理的消费者看来，有上当受骗的感觉，因而市场需求极小，保险公司很少单独设计。在理论上，常用于保险产品的比较分析。

2. n年死亡保险

n年死亡保险又称定期寿险。如果（x）在$x+n$岁前死亡，那么保险人在被保险人死亡之年的年末支付保额为1；若（x）活过$x+n$岁，则保险人分文不付，保险人在第$k+1$年支付的保额b_{k+1}为：

$$b_{k+1}\begin{cases}1(0\leqslant k\leqslant n-1)\\0(k>n-1)\end{cases}$$

保额的精算现值有两种计算方式。首先采取第一种计算方式：如果被保险人在第$k+1$年内死亡，在当年年末保险人支付保额1，概率为${}_{k|}q_x$；被保险人在第$k+1$年内仍存活，保险人什么也不支付，概率为$1-{}_{k|}q_x$，故保额的期望值为$0\times(1-{}_{k|}q_x)+1\times{}_{k|}q_x={}_{k|}q_x$，该期望值的贴现值为$v^{k+1}\times{}_{k|}q_x$因而保额的精算现值为：

$$\sum_{k=1}^{n-1}v^{k+1}\times{}_{k|}q_x$$

采取另一种计算方式：被保险人在第$k+1$年内死亡的概率为${}_{k|}q_x$，保险人支付保额1，该保额的贴现值为v^{k+1}，被保险人在第$k+1$年内仍存活，保险人什么也不支付，概率为$1-{}_{k|}q_x$，贴现值的期望值为：

$$0\times(1-{}_{k|}q_x)+v^{k+1}\times{}_{k|}q_x=v^{k+1}\ {}_{k|}q_x$$

求和得保额的精算现值为：

$$\sum_{k=1}^{n-1}v^{k+1}\times{}_{k|}q_x$$

3. 终身死亡保险

自（x）投保之日起，无论其何时死亡，保险人均需在被保险人死亡之年的

年末支付保额，此时 $b_{k+1}=1$，被保险人在第 $k+1$ 年内死亡的概率为 ${}_{k|}q_x$，因而保额的精算现值为：

$$\sum_{k=1}^{\infty} v^{k+1} \times {}_{k|}q_x$$

4. *n* 年两全保险

如果（x）在 $x+n$ 岁前死亡，那么保险人支付保额 1；若（x）活过 $x+n$ 岁，则保险人也支付保额 1。

由于被保险人在第 $k+1$ 年内死亡的概率为 ${}_{k|}q_x$，活到 $x+n$ 岁的概率为 ${}_np_x$，保额的精算现值为：

$$\sum_{k=1}^{n-1} v^{k+1} \times {}_{k|}q_x + v^n \cdot {}_np_x$$

显而易见，n 年两全保险是 n 年纯粹生存保险和 n 年死亡保险的组合。该险种为被保险人提供了更多的保险保障。

在保险实践中，两全保险的含义更广泛，本节所讲的死亡保险与下节所讲的生存保险的各种组合都可称为两全保险，保险公司可以根据保险市场的需求，将死亡保险与生存保险有机地组合起来。

5. 延期 *m* 年的 *n* 年死亡保险

投保时年龄为 x 岁的人在 $x+m$ 岁前死亡时，保险人分文不付；活过 $x+m$ 岁，但在 $x+m+n$ 岁前死亡时，保险人支付保额；活至 $x+m+n$ 岁，保险人又分文不付。也就是说，$m \leqslant k \leqslant m+n-1$ 时，$b_{k+1}=1$，其他情况下 $b_{k+1}=0$，由于被保险人在第 $k+1$ 年内死亡的概率为 ${}_{k|}q_x$，故保额的精算现值为：

$$\sum_{k=m}^{m+n-1} v^{k+1} \times {}_{k|}q_x$$

（二）生存年金的精算现值

在生存年金保险中，只要被保险人在合同有效期内活着，就能定期获得约定的保险金。由此可见，生存年金与死亡保险不同，后者的保额支付是一次性的，而前者的保额支付往往是多次性的。生存年金的精算现值的计算原理与死亡保险是一样的，区别在于死亡保险以被保险人的死亡概率为计算基础，而生存年金以被保险人的生存概率为计算基础。本节假定年金在被保险人存活之年的年末支付。

1. *n* 年生存保险

如果（x）在 $x+n$ 岁内每存活 1 年，那么保险人就在当年年末支付保险金 1；若（x）活过 $x+n$ 岁，则保险人分文不付。此时

$$b_{k+1}\begin{cases}1(0\leqslant k\leqslant n-1)\\0(k>n-1)\end{cases}$$

被保险人活到第 $k+1$ 年的概率为 ${}_{k+1}p_x$，因而保额的精算现值为：

$$\sum_{k=0}^{n-1} v^{k+1}\cdot {}_{k+1}p_x=\sum_{k=1}^{n} v^{k}\cdot {}_{k}p_x$$

按照精算学的惯例，将这一精算现值记为：

$$a_{x:\overline{n}|}$$

2. 终身生存保险

自（x）投保之日起，只要被保险人存活，保险人均需在每年年末支付 1 单位保险金。此时保额的精算现值为：

$$\sum_{k=1}^{\infty} v^{k}\cdot {}_{k}p_x$$

3. 延期 m 年支付的 n 年生存保险

投保时年龄为 x 岁的人在 $x+m$ 岁前存活时，保险人分文不付；活过 $x+m$ 岁，保险人每年年末支付 1 单位保险金；活至 $x+m+n$ 岁，保险人又分文不付。此时，保额的精算现值为：

$$\sum_{k=m+1}^{m+n} v^{k}\cdot {}_{k}p_x$$

4. 延期 m 年支付的终身生存保险

投保时年龄为 x 岁的人在 $x+m$ 岁前存活时，保险人分文不付；活过 $x+m$ 岁，保险人每年年末支付 1 单位保险金。此时，保额的精算现值为：

$$\sum_{k=m+1}^{\infty} v^{k}\cdot {}_{k}p_x$$

三、人寿保险纯保险费的计算

人寿保险费的缴费方式有趸缴和分期缴付两种。趸缴纯保费是投保人在投保时一次缴清纯保费；分期缴付纯保费则是投保人按年、季或月缴付纯保费。人寿保险纯保费的计算适用收支平衡的原则，即保险人收取的纯保费现值应等于未来给付的保险金现值。

（一）趸缴纯保费的计算

趸缴纯保费是投保人在投保时一次缴清纯保费。它是将保险期限内以各年龄的死亡率为标准计算的纯保费折算成投保时的现值，按总和一次缴清。

1. 定期生存保险趸缴纯保费的计算

定期生存保险是保险人对期满生存的被保险人给付约定的保险金，对保险期内死亡的被保险人则不负给付责任的一种人身保险。其趸缴纯保费的计算符号为：

$$A_{x:\frac{1}{n|}}$$

表示 x 岁的人投保 n 年期的生存保险，保险金额为 1 元的趸缴纯保费，按收支平衡原则，可得

$$l_x \cdot A_{x:\frac{1}{n|}} = v^n l_{x+n}$$

从而得公式

$$A_{x:\frac{1}{n|}} = \frac{v^n l_{x+n}}{l_x} = v^n \cdot \prod_{i=x}^{x+n} (1-q_i)$$

【例 9.9】 35 岁的男子投保 5 年期的生存保险，保额为 10 000 元，求趸缴纯保费（假设预定年复利 3%，采用我国 CLI 生命表）。

解：$10\ 000A_{35:\frac{1}{5|}} = 10\ 000 \times \frac{1}{(1+0.03)^5} \times \prod_{i=35}^{39} (1-q_i)$

$= 8\ 566.757$（元）

2. 定期死亡保险的趸缴纯保费计算

定期死亡保险是被保险人在保险期内因保险事故死亡，保险人按照保险合同规定给付保险金，如果被保险人在保险期限内仍生存，保险人则不负给付责任，常称定期寿险。其趸缴纯保费的计算符号为 $A^1_{x:\overline{n|}}$，表示 x 岁的人投保 n 年期的死亡保险，保险金额为 1 元的趸缴纯保险费。根据收支平衡的原则，可得

$$l_x \cdot A^1_{x:\overline{n|}} = d_x v + d_{x+1} v^2 + \cdots + d_{x+n-1} v^n$$

从而得公式：

$$A^1_{x:\overline{n|}} = \frac{d_x v + d_{x+1} v^2 + \cdots + d_{x+n-1} v^n}{l_x} = q_x v + (1-q_x) q_{x+1} v^2 + \cdots + \prod_{i=x}^{x+n-2} (1-q_i) q_{x+n-1} v^n$$

【例 9.10】 同例 9.9 条件，35 岁男子投保 5 年期的死亡保险保额为 10 000 元，求趸缴纯保费（假设每年应给付的保险金于年末给付）。

解：$10\ 000A^1_{35:\overline{5|}} = q_x v + (1-q_x) q_{x+1} v^2 + \cdots + \prod_{i=x}^{x+n-2} (1-q_i) q_{x+n-1} v^n = 62.73$（元）

3. 两全保险的趸缴纯保费的计算

两全保险是保险人对被保险人生存至保险期届满或保险期内死亡都给付约定的保险金，其趸缴纯保费计算符号为 $A_{x:\overline{n|}}$，表示 x 岁的人投保 n 年期的两全保险，保险金额为 1 元的趸缴纯保费。因两全保险中保险人承担给付生存保险金和

死亡保险金的义务，故两全保险的趸缴纯保费为生存保险与死亡保险趸缴纯保费之和。其计算公式为：

$$A_{x:\overline{n|}} = A^{1}_{x:\overline{n|}} + A_{x:\overset{\ \ 1}{\overline{n|}}}$$

【例 9.11】 同例 9.9 条件，35 岁男子投保保额 10 000 元，5 年期两全保险的趸缴纯保费为多少？

解：$10\ 000A_{35:\overline{5|}} = 10\ 000A^{1}_{35:\overline{5|}} + 10\ 000A_{35:\overset{\ \ 1}{\overline{5|}}} = 8\ 629.487$（元）

（二）年缴纯保费的计算

趸缴保费的方式要求投保人一次缴纳数目很大的一笔保费，因而一般情况下投保人难以负担，所以，在实际业务中绝大多数的寿险业务采用分期缴费的方式。分期缴费可以按年交、季交或月交的方式缴纳。寿险业务中多采用年缴均衡纯保费，即每年均衡地缴纳一次纯保费。采用年缴均衡纯保费，根据收支平衡原则，投保人所缴纳的年缴纯保费的现值的总和应当等同于保险金给付的现值的总和，也应等同于趸缴纯保费。

四、人寿保险毛保险费的计算

毛保险费是由纯保险费和附加保险费构成的，人寿保险的附加费是根据各项经营管理费用制定的，在实务中，计算毛保险费的方法主要有以下三种。

（一）三元素法

三元素法是将营业费用按用途划分为以下三项。

1. 新合同费。也称原始费用，是保险公司为招揽新合同，于第一年度所必须支出的一切费用，如宣传广告费、外勤人员招揽费、体检费、各种单证印刷及成本费等费用，一般按保额的一定比例计算为 α。

2. 维持费。指契约自一开始至终了为止，整个保险期间为使合同维持保全所必需的一切费用，如寄送催缴保费通知单、合同内容的变更、保单质押贷款、固定资产折旧等为维护保单保全工作的各项费用，维持费用一般分摊于整个缴费期，每年每单位保险金额为 β。

3. 收费费用。即保单收缴费用，包括收费员的薪金、对与公司订有合约代收保费的团体所支付的手续费，以及其他与收费事务有关的支出费用，也是分摊于整个缴费期，一般按总保费的一定比例计算，用 γ 表示。

此三元素法由史晋列克（T. B. Spraque）提出，故又称为史晋列克算式。

（二）比例法

比例法就是按照营业保费的一定比例作为附加费用。这一比例一般根据以往的业务经营的经验确定。

若以 P' 表示年缴营业保费，k 表示附加费占营业保费的比例，P 表示年缴净保费，则有

$$P' = P + kP'$$

所以

$$P' = P/(1-k)$$

我国目前计算营业保费时，就采用比例法。用比例法计算营业保费非常简便，但缺点是用这种方法确定附加费用不够合理，因为对于保费高的保单，所收取的附加费可能多于实际经营费用的支出；而对于保费低的保单，所收取的附加费甚至可能不足以支付实际经营的费用。

（三）固定常数及比例法

这种方法是首先根据以往的业务资料，确定每单位保险金额所必须支付的业务费用，作为一种固定费用，用常数 α 表示，然后，再确定一定比例的营业保费，作为其余部分的附加费。即

$$P' = P + \alpha + kP'$$

所以

$$P' = (P+\alpha)/(1-k)$$

本章小结

1. 保险费是投保人为了转移风险、取得保险人在约定的保险责任范围内所承担的赔偿或给付责任而交付的费用，即保险人为承担约定的保险责任而向投保人所收取的费用，俗称毛保费或总保险费用。

2. 毛保费由性质不同的两个部分组成：一个部分刚好弥补用于保险事故发生后进行赔偿和给付（即偿付成本），这部分保费称为纯保费；另一部分用于保险业务的各项经营业务支出，主要包括营业税、佣金、管理费、工资、固定资产折旧费以及企业利润等，称为附加保费。

3. 财产保险的纯费率是纯保费占保险金额的比例。它用于补偿被保险人因保险事故造成保险标的损失的金额。保额损失率是一定时期内赔款金额总和与保险金额总和的比率。稳定系数是由赔偿金额总和与保险金额总和的比率确定的保

额损失率，是过去若干年保额损失率的算术平均数。

4. 生命表，又称寿命表或死亡表，是根据一定时期的特定国家或地区或特定人口群体（如寿险公司的全体被保险人）的有关生命统计资料，经过分析、整理、计算出某一人群中各种年龄的人的生存和死亡概率，汇编而成的一种表格。

5. 人寿保险费的缴费方式有趸缴和分期缴付两种。趸缴纯保费是投保人在投保时一次缴清纯保费；分期缴付纯保费则是投保人按年、季或月缴付纯保费。人寿保险纯保费的计算适用收支平衡的原则，即保险人收取的纯保费现值应等于未来给付的保险金现值。

重要概念

保险费　保险费率　精算现值　毛保费　纯保费　附加费用　保额损失率　稳定系数　生命表　趸缴纯保费　分期缴付纯保费

思考与练习

1. 解释下列名词：

保险费率　纯费率　毛费率　附加费率　生命表　复利　现值　终值

2. 厘定保险费率时，应遵循哪些基本原则？

3. 厘定保险费率的方法有哪些？其中哪一种较为适用？

4. 假设某财产保险过去 5 年的保额损失率分别为 3.1‰、2.9‰、3.3‰、2.8‰、3.4‰，纯费率在平均保额损失率基础上加 1 个均方差，附加费率为纯费率的 20%，求毛费率。

5. 厘定人寿保险费率主要应依据哪三项因素？

6. 确定人寿保险附加费率时，通常有哪几种方法？

第十章　保险营销

本章概要

随着我国社会主义市场经济体制的日益深化，与大多数商品一样，保险服务这种特殊商品也已经告别了短缺时代，开始了激烈的市场竞争。以往专注于“生产”和“提供”产品的营销思想，已经不能适应变化了的经营环境，市场营销作为经营管理的一种全新的理论和方法，逐渐受到保险界的重视，并被引入这一新领域。本章先介绍保险营销理论，再讲述保险营销的策略，最后介绍当前保险营销的渠道。

学习要求

1. 掌握保险营销的概念及营销的目标，了解保险营销的演变。
2. 掌握保险营销的策略，了解保险营销和保险销售的差异。
3. 掌握保险营销的主要渠道。

引　言

保险营销是以保险这一特殊商品为客体，以消费者对这一特殊商品的需求为导向，以满足消费者转嫁风险的需求为中心，运用整体营销或协同营销的手段，将保险商品转移给消费者，以实现保险公司长远经营目标的一系列活动。保险企业必须按照营销观念来整合保险企业的内部资源和业务流程，企业各部门要树立市场观念、服务观念、合作观念以及忧患意识；企业必须适应市场环境的变化，在营销与管理上不断创新。

第一节　保险营销概述

随着世界的商品经济得到很大发展，飞速的生产发展使消费者的需求日益多样化和复杂化，市场也逐渐从卖方市场步入到买方市场。因此，企业要控制市场、实现其经营目标，必须对市场进行全面的、系统的调查和研究，依据市场销售原则，运用现代先进技术预测市场的需求变化，制定有效的生产计划和销售计划，为市场提供切实可用的商品，才能从中获取最大利润。这即是现代的市场营销（marketing）。

一、保险营销的概念和研究对象

（一）保险营销的概念

保险营销就是保险人从保险消费者的需要出发，展开整体性的经营活动以适应和影响需要，并把满足这种需要的保单和服务送到保户手中，以实现自身的经营目标。这里所说的整体性经营活动，包括险种的开发、保单及其服务的定价、促销及出售保单的计划、管理等过程。通俗地讲，保险营销是通过售卖保单而使社会对保险的需求得到满足的一种经济活动。

保险营销的重要性主要表现为：

1. 大数法则的必然要求。保险经营以大数法则为技术基础，因此必须大量销售保单，也只有通过展业承保大量风险，才能接近风险同质与风险分散。

2. 保险商品的特殊性导致保险市场营销是保险经营不可缺少的环节。保险商品属于无形商品且是一种承诺，其效用也很难立即感受到，因此必须通过大量的说服工作才能促使投保人投保。可以说保险不是由投保人来购买的，而是推销出去的。

3. 保险企业大量招揽业务，可使保费收入大量增加，积累雄厚的保险基金，降低经营费用，增强其竞争能力。

（二）保险营销的研究对象

保险市场营销研究的对象就是保险市场上供给与需求的变化规律以及它们之间的均衡程度。具体来说，就是指保险企业通过调查分析，根据保险市场上的需要，研究保险的供给和需求关系，使新险种在范围、责任、时空以及费率上与保险市场上的需求相适应的规律。同时，研究这些可以满足需求的险种，如何以正确的方式为投保人所接受。

理解保险市场营销的研究对象，应该注意以下几个问题：

1. 保险市场营销是以保险市场上的需求为核心的。它是以研究保险市场上的需求作为营销活动的出发点，并以满足该需求作为营销活动的落脚点，以此来研究保险的供求关系及规律。

2. 保险市场营销是把保险企业作为营销活动的基点，以实现保险企业的目标为目的，围绕满足市场需求来获取最大利润。任何时候都不可能离开保险企业这个基点。

3. 保险市场营销的关键在于正确地识别与分析保险市场上的需求，根据各种需求，采取手段，比竞争对手更有效、更有力地制定出可以满足市场需求的新险种以及其他的一系列配套措施，从而达到保险市场营销的目的。

保险市场营销的目的，概括地说，就是保险企业通过对保险市场的分析、研究，掌握市场的特征及变化规律，使自身处于一个有利的竞争地位，尽可能地将经营风险降低到最低限度，同时可以保证获得一定的利润，稳定自身的经营状态。它包含两个方面的内容：

1. 通过保险市场营销把握市场机会，根据市场信息，做出正确的经营预测与决策，不断挖掘市场潜力，推动保险企业的发展。

2. 通过保险市场营销，保险企业可认识到对自身企业发展不利的因素及条件，便于采取措施进行及时的补救或避免，减少保险企业的人力、物力、财力的损失。

二、保险营销的特点

保险营销是保险企业在充分了解消费者保险需求的基础上，利用险种、费率等组合设计和开发满足投保人需求的保险商品，并且通过各种手段使投保人接受这种商品，从而实现企业经营战略目标的一种保险经营活动。同其他商品的营销相比，保险营销更注重主动性、服务性、关系性、专业性和整体性。

（一）主动性

保险营销的最大特点之一就是主动性，主要表现为以下三个方面：

1. 变潜在需求为现实需求。多数人对保险的需求是潜在的。尽管保险商品能够转移风险，提供适当的保障和补偿，但由于它是一种无形的、看不见摸不着的抽象商品，对大多数人来说，人们对它没有如同生活必需品般的迫切性需求。因此，保险营销者必须通过主动接近客户、主动向客户宣传、主动解答客户的疑难问题、主动提供客户所需要的服务等，让人们意识到保险商品的重要性与迫切性。特别是由于受长期的计划经济体制的影响，人们的生老病死都由国家统保，人们对保险的需求意识更不强烈。因此，如何唤醒人们内在的保险意识，是保险营销员们所面临的任务。

2. 变负需求为正需求。保险商品涉及的大多是与人们的生死存亡相关的事件，因此，对大多数人来说，他们对保险商品的需求是一种负需求。也就是说，人们往往不喜欢也不会主动去了解保险商品，对其通常采取回避的态度和行为。因此，保险营销者必须通过积极、主动的营销活动，扭转人们对保险商品的认识，打消客户的顾虑，引导人们正确看待可能出现的风险。

3. 变单向沟通为双向沟通。所谓单向沟通，是指企业将自己的产品和服务提供给客户，在所提供的产品和服务中，企业更多的是站在经营的角度去设计。而在双向沟通中，企业不仅要从自身角度去设计和传播产品，更应该注意客户需求的反馈和客户利益的维护。保险营销者必须将单向沟通变为双向沟通，也就是要通过主动性营销将企业要传达的信息，按客户的理解和接受的方式，通过多种传播媒介传递给客户，并跟踪和注意客户对信息的反馈，收集客户对所提供的保险商品的意见和反应，及时调整和改进产品及服务策略，以实现客户满意。

（二）服务性

现代企业愈来愈重视服务的改进，以此作为改进市场营销和增强自身市场竞争能力的重要手段。客户购买商品也愈来愈注重售后服务质量。对保险企业而言，营销是一种特殊的服务性活动，这种服务性活动不仅表现在投保之前保险营销人员应根据其保险需求，帮助设计保险方案，选择适当的保险品种，而且还表现为在保户投保之后，保险营销人员应根据保户的需求变化和新险种的出现，帮助保户调整保险方案，确保保户的财务稳定以及在保险事故发生时能迅速合理地得到赔付。服务的优劣是关系到保险企业成败的重要因素。保险企业的售后服务，包括理赔服务和各项延伸性服务，不仅直接决定客户对保险产品和保险企业的满意程度，也直接决定客户是否与之进行后续交易。

相对于价格竞争而言，优质的服务不易被竞争对手轻易模仿，有利于企业具有长期竞争力和树立良好的企业形象。因而，目前各家保险企业已清醒地意识到了服务的重要性，均陆续开展 24 小时救援或为客户提供免费咨询、气象关切、续保提醒、上门理赔服务等。

（三）关系性

财产保险产品的交易多具有短期性特点，因此，建立和保持与客户的关系，培养忠诚客户，是保险营销人员应当特别重视的问题。据调查，由于需要耗费更多的精力和费用去劝导那些满意的客户从他们目前的供应商那里转换到其他公司，即吸引一个新客户所耗费的成本大概相当于保持一个现有客户的5倍。以前不少国内保险企业往往把精力集中在如何吸引新的客户方面，而不是保持现有的客户，强调创造交易而不是建立关系，注重售前活动和销售活动本身，而不是售后活动，这将不利于公司市场占有率和利润率的提高。因此，越来越多的公司正日益认识到保持现有客户、提高续保率的重要性。根据国外的有关理论证明，一个公司如果将其客户流失率降低5%，其利润就能增加25%～85%。

保持客户主要有两种途径，其一是设置高的转换壁垒。当客户转换保险人将涉及较高的老主顾折扣损失时，客户就可能不太愿意更换保险企业。另一种保持客户的好方法就是提供高的客户满意度，如果竞争者不在提高服务的附加值上下工夫，而只是简单地采用降低费率等方式，便很难争取和巩固客户。

（四）整体性

保险营销是一项整体性的营销活动。在系统的营销过程中，保险企业可以在充分的市场调研和分析判断的基础上，自主选择和控制营销变量，优化营销组合，实现预期的营销目标。如企业可通过对产品、价格、分销、促销等环节的设计与控制，使自己的保险营销活动成为一种整体性的活动，其中每一个环节的设计都作为整体营销活动的一个步骤，所有环节为实现销售这一最终目标而服务。

（五）专业性

保险营销需要高素质的专业营销人员。他们不仅要具备保险专业知识，还应懂得相关的其他知识，如经济、法律、医学、社会学、心理学等。对一个被保险人而言，购买保险并不纯粹只是一种消费行为，而更重要的是一项风险管理计划，一项投资计划，一项财务保障计划，因而保险营销人员需要运用自己丰富的知识，根据保险商品的市场行情，同时结合不同客户的心理特征，帮助其认识自身面临的风险，为其设计出合理的财务保险方案。

三、保险营销与保险推销

保险营销不等于保险推销。营销是一个系统的概念，它包含着以市场为中心、以客户为导向的企业战略规划和战术策划，推销只是营销大系统的一个部分。

（一）两者的区别

保险推销是指保险商品的售卖，仅属于保险营销的一个阶段，这一阶段的任务就是千方百计地把保险单卖出去。保险营销包括保险商品的构思、开发与设计，费率厘定，保险渠道的规划与管理，各项促销活动和售后服务的策划与实施等，以满足客户保险需求，并在此基础上实现保险企业的利润目标。营销最重要的内容并非推销，推销只不过是营销冰山上的顶点。营销的目的就是要使推销变得更容易。以下是关于营销观念的一些精辟的论述："满足有利润的需要"，"发现欲望并满足它们"，"热爱客户而非产品"，"尽我们最大的努力，使客户的每一元保费都能买到十足的价值、质量和满意"。

保险推销的观念认为，客户通常表现出一种购买惰性或者抗衡心理，故须用好话去劝说他们多买一些；公司可以利用一系列有效的推销和促销工具去刺激他们大量购买。保险营销的观念则认为，实现保险经营目标的关键在于正确确定目标市场的需要和欲望，并且比竞争对手更有效、更有利地传送目标市场所期望满足的东西，并达成自身目标。所以，推销观念采用从内向外的顺序。它从保险企业出发，以公司现有产品为中心，并要求通过大量推销和促销活动来获得盈利性销售。营销观念采用从外向内的顺序。它从明确的市场出发，以客户需要为中心，协调所有影响客户的活动，并通过创造性的客户满足来获利。因此，保险营销较推销更适合于更高层次的竞争，更有利于树立企业的长期优势（见表10.1）。

表10.1　　保险营销与保险推销的比较

	出发点	中心	手段	目　的
保险推销	保险企业	险种	推销和促销	通过扩大客户需求来创造利润
保险营销	目标市场	客户需求	协调营销	通过满足客户需求来创造利润

（二）两者的内在联系

尽管保险营销不等于保险推销，两者有着较大的区别，但由于保险商品及其消费的特点，保险营销又特别注重推销。在保险业中流行着一句老话"保险必须靠推销"。这一方面是因为保险商品具有无形性特点。保险企业经营的是看不见、摸不着的风险，"生产"出来的商品仅仅是保险客户的一纸承诺，而且这种承诺的履行只能在约定的事件发生或约定的期限届满时，不像一般商品或服务可以立即实质性地感受其价值和使用（即保险单的收益与效果）。保险商品需要更高层次的思维去体验这样一种既抽象又过于复杂的商品，从而使得购买保险的欲望缺乏。这就需要通过销售人员的推销技巧去唤起人们的需求欲望，引起人们的投保兴趣，并促成人们实质性的购买。

另一方面是因为保险商品的非渴求性。非渴求商品是指客户一般不会想到要去主动购买的商品。保险商品属于典型的非渴求商品，因此很少有人主动买保险，除非法律有强制性规定。

四、我国的保险营销

（一）我国保险营销观念的演变

与一般意义上的企业经营观念的演变大致吻合，保险企业的经营观念大致经历了以下几个阶段。

1. 生产观念阶段

与之相伴随的是保险生产与需求的自然增长。作为社会经济活动的保护神，保险逐渐为更多行业所需求，保险人无需经过很大的营销努力，就能获得满意的销售数量和销售利润。1980～1992 年，中国保险企业基本持这种观念。

2. 推销观念阶段

即当保险业逐渐形成，保险市场主体日益增加，保险品种增多，而保险意识和社会购买力的增加相对迟缓，保险市场供求矛盾开始显露。这样，许多保险人都感到了仅靠满足社会需求是不够的，而要把主要精力放到把保单推销出去的工作上去。1992 年，美国友邦进入上海后，在竞争的压力下，中国保险企业开始在注重产品、内部管理的同时注重推销。

3. 营销观念阶段

一方面随着社会公众生活水平的提高，对保险不断提出新的需求，一方面保险市场供过于求日渐突出，消费者购买保险的选择余地越来越大。严峻的现实就摆在保险人面前：仅把保险单推销出去就认为万事大吉，而不去研究保户是否满意、保险单是否适用，就将失去大部分保户，最终也将失去市场。这就促使保险人把研究消费者需求作为自己营销活动的中心，千方百计让保户满意，扩大销售，获取利润。1999 年人保率先在上海分公司挑选了 50 人开展上门推销试点。随后，各家中国保险公司都设立了销售部门，组织了营销队伍。

4. 社会营销观念阶段

保险市场的日益发育，营销手段的加强，虽然比较多地满足了消费者需求，但随之会出现为了实现利润目标，往往在很多时候要损害消费者利益的现象，正是在消费者压力下，保险人在制定营销办法时，就要注意避免强行推销和欺骗性宣传动员，并力所能及地为消费者提供适当的险种资料，以便消费者对自己购买的保单内容有所了解，然后再做出购买选择。

（二）我国保险营销存在的问题

尽管中国保险业在营销观念上有了长足的进步和提高，但是还存在诸多的问题：

1. 长期以保险公司为中心，没有切实考虑到广大的保险客户，在险种的设计、保险的销售等方面不够贴近保险客户的需求。

2. 对市场的分析和把握不足，中国保险公司却很少投入人力和物力进行市场调研，消费者需要什么产品心里不清楚，社会需要什么产品更不清楚，费率如何厘定缺乏数据基础。如“酒后驾车险”，由于缺乏前期调研和论证，一经推出便遭到多方面的排斥，以致很快就夭折了。

3. 保险团队的素质不高。由于社会和历史原因，很多缺乏专业技能的人进入了保险公司，保险公司又缺乏对员工的培训，致使员工整体素质低下。而且，保险公司对员工的培训不够，企业缺乏凝聚力。

4. 个人营销体制的危机。由于进入门槛过低，一些地方保险代理人成为解决下岗职工再就业的重要渠道，而不少保险公司又没有建立一套完备的培训方式，造成代理人低水平营销，很快就被淘汰出局。人员的高速聚集，已经成为代理人队伍建设的主要问题。同时保险代理人又不属于保险公司员工，不享受保险公司的任何福利和津贴，完全依赖业务提成，造成行业短期行为，一些保险代理人急功近利，误导或诱导消费者投保，产品售后服务又跟不上，最终造成保险纠纷，使保险代理人的社会形象频频“打折”，优秀人才难被吸引。

第二节　保险营销策略

中国保险市场已从垄断市场演变为竞争性市场。针对市场转型带来的消费行为的变化和金融一体化进程，传统保险营销模式面临诸多挑战。要保持保险业持续发展，必须改变营销方式，调整营销策略。保险市场营销过程，既是保险企业实力显示的过程，也是保险企业策略竞争的过程。尽管实力越雄厚的保险企业就越能在市场营销中获得成功，但若不注意策略，同样会导致市场营销失败。

一、创新营销模式

管理专家指出，未来企业的核心竞争优势只有三种——产品领先、运营高效和客户亲密。因此，一切营销方式的创新都必须立足于提高公司一个或几个方面的竞争力来展开，目前中国的保险及保险中介公司重点应在提升运营效率和亲密顾客关系上下工夫。

（一）主要营销模式

1. 一对一深度营销

"一对一营销"核心的实质是以"顾客份额"为中心（即在同一顾客更多地实现销售），与顾客互动以及定制化。即通过与顾客深入的对话交流，更精确、细致地分析、掌握客户的需求并以此引导保险产品的定制，从而为同一顾客提供更多服务（获取更多利益）。

深度营销就是保险人及保险中介人通过长期人文关怀，使客户对本公司形成长期的品牌忠诚，认同公司利益与客户利益的双赢原则，在关心满足客户的显性需求后进而关心其隐性需求，不断开发新的服务机会。

2. 保险与理财联动营销

保险营销人员在充分满足客户投保需求的基础上，以更专业的素质为投保人提供系列化的理财服务。尤其是正寻觅多种投资出路的中产阶层以上的家庭和企业投保人，保险与理财联动，可以保险进门，在理财中（靠智慧）赚钱。

3. 依靠保险中介营销

保险公司逐步从保险业务中专业化分离出来，集中于市场调研与精算，产品设计，售后跟踪与理赔服务，品牌建设等，而将目前花费大量人力、精力的产品营销交给专门化的保险代理人、经纪人公司，这是保险发达国家的共同规律。专业化可以提高经营的集约程度，降低各个经营环节的成本，更容易形成自己的核心竞争力，打造保险公司、保险中介公司自己的经营品牌。

4. 业务流程重组

业务流程重组的核心是对客户的高度关注和负责，是对企业传统经营理念的创新。重组包括变革企业的组织构建，绩效评估，激励机制以及企业文化的调整。

保险/保险中介人公司业务流程重组再造，根本的导向是建立二线为一线服务的运营机制，确立"客户的需求就是所有员工的工作命令"的理念，绝不允许因保险/保险中介人公司内部规定而让客户坐等的现象。

5. 增强团队合作

资讯高度发达的信息时代，个人英雄主义，能人独闯天下已无市场。因而无论是保险公司的直销部门，还是保险代理公司，保险经纪公司，必须扭转目前保险（主要是个险）靠营销员个体作战的流行工作方式，将一个公司的业务资源、技术资源、性格特征作充分的整合，形成一个分工协作优良的团队，获取 1+1>2 的协作合力。

6. 跟踪营销

为已有的投保人及其关联人，持续提供新的产品推荐，销了寿险销财险，作了财险挖掘人身险。

（二）执行保险营销策略注意事项

1. 向顾客学习

必须清醒地认识到，要在现代竞争中胜出，关键是抓住客户的需求。因此，在保险产品研发过程中，首先需要保险营销一线业务人员（无论是保险公司的直销人员，还是各种保险中介人）更深入地了解潜在投保人的需求和需求动向（包括顾客的抱怨也可能正是我们的商机），并把客户的需求信息及时反馈到产品研发部门，使保险产品真正做到按需定制、投客户之所好，那么后一工序——投保、核保才会顺利实现。

因此，在保险产品的设计中，必须尽快消除霸权思想，从根本上确定以人为本、顾客至上的理念，扎扎实实、谦虚向顾客学习，达到（需求）从顾客中来，（产品销售）到顾客中去。

2. 全国性产品，区域创新销售

中国经济发展的态势和发展的水平呈现明显的区域特征，按全球标准来衡量已呈现发达、中等和落后三种经济水平分布。因此，我们的保险产品必须牢牢地立足经济第一性的基础，各地保险公司在全国性通用保险产品的基础上，结合各地区经济特征和投保人的偏好，改良、创新本地化的产品（即把全国票改为地方票），即可实现全国性产品的地方成功营销。

3. 向同行（竞争对手）学习

飞速发展的中国保险业使本来就十分稀缺的保险人才（包括调研、设计、精算、营销等人才）分散到众多的公司，单一一家保险公司难有充分的精力和人才投入全方位精准周到的产品设计，尤其在中国保险产品日趋个性化的今天，各公司同类产品各有强弱，各有优劣，因而需各公司放下盲目自尊，虚心向同行、向竞争对手学习（包括向先进的国家，进入中国的外资、合资保险公司学习），取其精华，扬长避短，站在巨人的肩上，可以更快地推动中国保险与国际接轨，催化中国保险业的成熟，提升本土保险业的综合竞争力。

4. 公司内部相互学习

无论是保险公司，还是中介人公司，在公司内部建立学习型组织，以现代师徒制为雏形，开展互动学习，经验共享；打破部门边界，形成“人人都是业务员”的展业机制，推动学习与业务共同进步。

二、保险市场营销策略

（一）保险市场的调研、分析与预测

市场调研的目的，在于及时收集和分析有关市场营销情况的资料和信息帮助企业或营销员对市场形势做出正确的判断，采取相应的措施，取得良好的经营成果。

一位学者说过，90%的情报加10%的判断，等于决策的科学化。由此，我们不禁想到美国肯德基落户北京之前，厂家雇请几百名大学生轮流在前门街上对来往行人做量化调查，通过调查搞清前门一带每天的客流量，其中外地人占多大比例，妇女、小孩占多大比例，经过观察分析、测算，确认前门是肯德基落户的理想场所，于是北京有了肯德基。

就保险营销调研来说，主要是获取对保险营销工作有价值的信息。在这一过程中，不仅要了解影响营销工作的企业内部因素和外部因素，更要掌握竞争对手的情况。内部因素又称为可控因素，包括保险产品是否适销对路，能否满足消费者需要；保险单的价格确定是否合理，对保户有无吸引力；保险服务是否周到等。外部因素又称为不可控因素，只能认识和适应，很难加以控制，包括政治环境、经济环境，比如国家产业政策调整、投资热点引导、大项目投产建设等；老百姓的消费水平、文化水平、审美观念、宗教信仰等；保险标的法人代表和管理人员的性格爱好、家庭状况、社会关系等。了解掌握这些情况，对我们有针对性地开展保险营销十分重要。然而，这只是调研工作的一部分，另一重要方面则是对竞争对手的了解。要在保险营销中取得主动，必须对保险市场其他主体的业务发展规划、主攻方向、经营策略调整、人员调整、新险种开发、服务举措的出台等，进行认真研究、全面分析，并及时调整自身的营销规划、策略。

在调查研究、分析掌握大量第一手材料的基础上，要对市场情况做出恰当的

预测，主要是对市场需求的预测、市场接受潜量的预测、营销成果和可能取得经济效益的预测。在预测范围内，自身取得最佳成效需要付出哪些方面的努力，则要我们做出决断，并付诸实践。

“大梦谁先觉，平生我自知。”在市场经济的大潮中，必须审时度势，不断调整自己，最快最大限度地适应市场变化的新形势，以占据有利地位。

（二）确定保险目标市场

在对保险市场内、外部环境广泛调研的基础上，确定保险目标市场。保险目标市场是指保险人根据自己的经营能力和保险品种状况，有针对性地选择一定的消费人群。

确定目标市场的意义在于：

1. 任何一个保险人或某一个保险品种，不可能满足整个市场的需求，所以须限定能为之服务的市场范围。

2. 消费者对保险的需求是千差万别的，但有相似需求的消费者会形成自愿消费人群，这就为保险人进行有差别的营销创造了客观条件。

3. 保险人要想更多地占有市场份额，赚取更多的利润，就必须更多地注意消费差别，并以此调整营销策略，实施保单的“差别化营销”。

一般来讲，确定保险目标市场要做好以下几项工作：

1. 细分市场，就是保险人根据地理因素（灾害状况等）、人口因素（年龄、性别、收入等）、心理因素（生活方式、个性、购买动机）等，把整个保险市场分为若干个需要不同的险种和服务的子市场。

2. 评价细分市场，预测细分市场的发展趋势。

3. 考虑本公司的人才状况、经营能力和竞争实力，以此确定目标市场。

4. 制定目标市场策略。目标市场策略主要有无差别营销策略和差别化营销策略。无差别营销就是把整个市场作为目标市场，着眼于消费者的共同需要，不考虑需求的差异、如开发家庭财产一揽子保险、夫妻恩爱保险等就是基于这一策略；差别化营销就是保险人决定为一个或几个保险子市场服务，如学生平安保险、孕妇安康保险。

三、保险营销的具体策略

（一）产品策略

在产品策略方面，由于保险市场需求是随着风险的日益多样化而不断发展变化的，保险企业的产品也应当是不断发展变化的。保险企业应当不断地根据市场需求情况的发展变化，在巩固有生命力、有竞争力的险种的同时，高度重视开发新险种，改进旧险种、设计新服务内容，以最大限度地满足保险客户的风险保障需求。产品策略的目标是保持产品及其附加服务对保险客户的吸引力，并在市场营销中形成自己的“拳头”产品，以其为支撑，带动其他产品发展，这是实现保险市场营销目标的基础。

企业应建立自己的品牌。现代经济已由产品竞争进入品牌竞争阶段（品牌竞争当然地包括了服务竞争）。一个有影响力的品牌，可以取得越来越大的市场份额。这正是中国本土日用消费产品纷纷倒在洋品牌之下的症结。强化品牌意识，就是以品牌与客户建立长期的亲密关系，形成自己的长期回头客户群。

品牌建设，可以是以公司为单位，建设公司品牌（比如中国人寿、平安财险等），也可以是产品品牌，比如国寿鸿泰养老保险等系列险、太平人寿房贷两全保险等。

保险公司和保险中介人公司品牌建设关键要把握三点：一是寻找区隔概念，即找出一个概念，把自己与竞争对手区别开，解决目前保险/保险中介人公司之间只是名称不同的问题。在保险行业，产品高度同质化，保险/保险中介人公司与竞争对手的差异则应更多地体现在服务上。二是品质卓越，即产品质量充分符合顾客的要求，达到顾客满意，并争取给顾客超值服务——带给顾客意外的惊喜。三是品牌建设离不开广告，但决不可陷于广告即品牌之误区。广告可提高知名度，但不能形成认知度（它的核心在于“认”即认可，而知名度的核心在“知”即知道）和忠诚度。认可度和忠诚度需以保险产品的合适与服务的周到，靠保险人及保险中介人长期励精图治，靠市场的口碑方可在顾客中站住脚。

（二）分销策略

所谓分销策略，是指对分销渠道进行选择与管理，其目的是以最有效和最经济的方式来销售保险单，使客户能够顺利地获得相关信息并购买。在分销策略方面，需要保险企业妥善处理的事件主要包括：

1. 合理选择保险业务的分销渠道，如是否通过保险经纪或代理公司展业、如何将员工直销和代理人代销有机结合起来、是否通过互联网开展网上销售等。
2. 合理布局保险市场营销网点等。
3. 合理管理和激励各分销渠道。

（三）定价策略

从保险市场营销的实践来看，价格弹性直接影响销售业绩，险种定价被看做是见效快、市场反应最敏感的部分。因此，险种费率的厘定在中外保险市场上始终是保险市场营销的一项重要策略。就我国现状而言，产险待引入精算制度，进行单险种核算，准确厘定产品价格。

（四）促销策略

有了好的险种、合适的分销渠道和合理的险种价格，还需要有力的促销手段，只有将上述四个要素紧密地结合起来，才能真正地实现保险市场营销的目标。所谓促销，即是保险企业采取促进保险单销售的措施与方法。具体而言，保险促销内容包括以下几方面：

1. 人员销售。即通过保险企业的外勤人员和代理人员直接与保险客户群体进行联系，开展各种财产保险业务的销售活动。

2. 公关促销。即保险企业根据自己的经营目标和业务结构，在市场营销的过程中有效地处理对外交流与联系。此时，保险企业的公关对象是十分广泛的，如各产业部门、保险客户群体、政府部门、金融部门乃至竞争对手等，都是保险企业公关的具体对象。公关促销的方式可以多种多样，如组织各种联谊活动、走访征求意见、参与政府部门和社会化的防灾防损活动、开展保险咨询活动等，均能够取得良好的公关效果。

3. 宣传与广告促销。包括由保险企业出资在有关大众传媒上进行险种或综合性保险服务介绍，或免费向保险客户提供宣传资料，或在醒目的地方设立宣传图片，或通过第三者对保险企业及其相关的险种进行宣传介绍等。它能起到大面积加强沟通，促使人们进一步认识保险、认识相关的险种，直接起到诱发保险客户投保的效果。

第三节 保险营销渠道

保险是特殊的服务行业，经营特殊的商品，即无形的保险产品和服务，保险营销同样具有特殊的意义。保险营销是保险人为了充分满足市场上存在的风险保障需求而开展的总体性活动，除了直观意义上的理解即保险产品推销外，还包括保险市场的调查和预测、环境分析、投保人行为研究、新险种开发、费率厘定、营销渠道选择以及保险售后服务等一系列活动。保险营销的特殊意义在于它更注重建立与维护企业跟客户之间的长期稳固的合作关系，更注重创造客户价值对实现企业价值的重要性。

与普通的商品交换一样，保险产品和服务也要通过一定的渠道传递给需要的顾客，才能变为顾客的消费，满足顾客的保障需求，从而转化为顾客的价值。保险营销渠道就是保险商品和服务向顾客转移所经过的各种途径，它所执行的功能主要是沟通信息、促进企业与客户之间的接触和保险促销等。保险营销渠道也分为直销渠道和间接渠道两种类型。

一、直销渠道

（一）直销渠道的概念和优势

保险直销渠道是指保险企业在向客户销售保险产品或提供服务的活动中，不经过任何中间环节，直接由企业雇员来完成的一种销售模式。

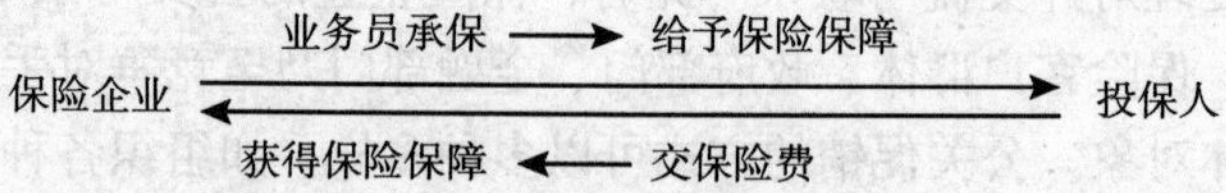

图 10.1　保险直销渠道的业务流程

保险直销渠道的主要优势有：一是可以减少中间代理手续费支出，降低企业经营成本；二是保险企业可以直接和完全控制产品销售和服务过程，有利于企业掌握核心业务和客户资源，建立稳固的客户关系；三是有利于保险企业发挥专业人才的优势，更能够有针对性地设计更全面、更合适的保险方案，提供高品质、专业化的产品和服务，满足客户的更高需求；四是保险企业的业务员通过与客户进行面对面的沟通和交流，可以培养与促进跟客户之间的感情，及时、全面地了解客户的更多需求，直接促进相关保险产品的销售，增加业务收入。

（二）直销渠道的主要类型

1. 上门推销

直接上门推销是保险业务人员开展业务时最为常用的方法之一。目前保险公司对财产险和团体寿险业务多采用由业务人员直接上门推销的销售方式来开拓业务。上门推销开拓准客户的方法主要有三种：陌生拜访法、缘故开拓法和推荐介绍法。

（1）陌生拜访法，顾名思义就是直接拜访陌生人。当然陌生拜访并非意味着漫无目的，而是在拜访之前做好充分准备。首先，通过各种途径收集资料，以了解各单位的经营性质，人员构成，资金状况等信息。其次，根据所收集的资料进行有目的的筛选，筛选出一部分有投保潜力的单位作为准客户。筛选时，可以通过直接询问，也可以通过向知情人打听等方法。最后，对筛选出来的准客户在拜访之前进行预约。通过以上拜访前的准备工作就可以避免盲目拜访，从而提高拜访的成功率。

（2）缘故开拓法，即拜访过去曾有缘相识的朋友或熟人。通过他们来了解其单位的具体情况，然后再通过他们争取到业务。缘故开拓法的成功率一般比陌生拜访法高很多，而且取得的信息也会更直接、更快捷、更真实。

（3）推荐介绍法，是指通过已有的保户或准保户来推荐介绍客户的方法。推荐介绍的好处在于可事先了解准客户的资料及潜在需求，做好准客户的筛选工作，容易突破彼此陌生的障碍，成功的可能性比较高。

2. 柜台销售

这是保险公司利用已建立起来的密集营业网点，通过营业柜台接待前来投保的客户，及时为其办理投保手续的销售方式。

适宜该销售方式的一般为承保手续比较简单的险种，或是多采用定额保单的形式进行销售的险种，或是大多数人都了解或知道的险种。比如航空旅客人身意外伤害保险，保险公司就是采用在飞机场设立专柜销售的形式。

3. 电话销售

电话销售就是利用电话进行销售。

4. 邮寄销售

邮寄销售是指把已经印刷好的险种介绍、公司介绍和投保单等详细资料通过邮寄的方式送达准客户，客户通过阅读相关资料做出是否投保的决定。如决定购买只需将投保单填好再寄回保险公司即可。通过邮寄的方式进行销售，可以消除有些客户对上门推销的反感，但成功率一般较低，容易造成印刷成本的提高。该方式一般适宜对老客户销售新的险种，有时为了确保成功率，也辅之以电话跟踪。

5. 网上在线销售

所谓网络保险是种与现代互联网密切相关的保险营销方式，即保险公司通过互联网开展险种介绍承保、理赔、售后服务等一系列业务活动和业务管理活动，达到与投保人、保险中介机构甚至保险监管部门的信息交流与沟通，投保人在互联网上选择自己满意的险种，通过网络填写投保单，保险公司在网上进行核保与承保，再通过网络发出正式的保险单，投保人则可以通过网络银行将保费划转到保险公司的账户，从而实现网上在线销售的完成。网上在线销售只是网络保险中的一个环节，网络保险还包括被保险人网上报案、保险公司网上理赔以及网上续保等。

网上保险营销的优越性在于：

（1）降低了经营成本、缩减了费用开支，使保险价格有所下降。传统的保险营销方式主要靠上门访问、电话访问以及在各地设立网点等形式。与保户之间进行信息交流与沟通，不仅工作量大、耗时长、费用高，而且效果差，被拒绝的概率大。而网上保险则使保户能更方便、更快捷、更详细地了解和收集到投保信息，迅速做出投保决定，从而精简了业务环节，为保险公司节省了大量的人力、物力和财力。保险公司通过网上销售，免去了中介机构，节省了大量的佣金和管理费。

（2）开辟了新的营销渠道，拓宽了业务的时空范围。建立在大数法则数理基础上的保险经营天生具有规模效应的优势，要求将风险尽可能地分散到最大的范围。而互联网的特点恰恰使保险业务可以延伸到全球的任何地区任何一台上网计算机的用户身上，实现在任何时间、任何地点以任何形成完成投保过程。

（3）更好地迎合了投保人的投保心理和保险需求。利用网上销售避免了销售人员与投保人之间面对面的尴尬和其他销售形式带来的强行推销的感觉，可以让投保人主动选择来实现自己的投保意愿，并且可以在多家保险公司和多种产品之间实现多元化的比较和选择，更好地满足投保人的保险需求。

从长期来看，网上在线销售一定会成为我国保险业的主要销售和服务渠道，但从现阶段来看，完全意义上的网上保险还只是我们的美好愿望。因为在国内实现网上销售还有一系列问题有待解决：第一，如何应用生物指纹鉴定技术来完善投保人、被保险人、受益人等身份的识别和判定系统；第二，如何实现网上货币的安全管理；第三，如何解决保险公司的网络安全和保密问题；第四，如何保护客户的个人隐私问题，等等。这些问题的解决一方面要依靠高新科技的发展，另一方面更需要相关法律制度的建立和完善，这是在世界范围内急需解决的问题。但是，我们相信随着互联网技术的不断完善和发展，网上保险销售一定会为保险营销写上新的一页。

二、间接营销渠道

保险间接营销渠道是指保险产品或服务从企业到客户需要经过若干中间环节才能完成的销售模式，主要包括保险代理人和保险经纪人。

1. 保险代理人。保险代理人是指根据保险人的委托，向保险人收取手续费，并在保险人授权的范围内代为办理保险业务的单位或个人。我国的保险代理人主要分为专业代理人、兼业代理人和个人代理人三种形式。保险代理渠道的业务流程见图10.2。

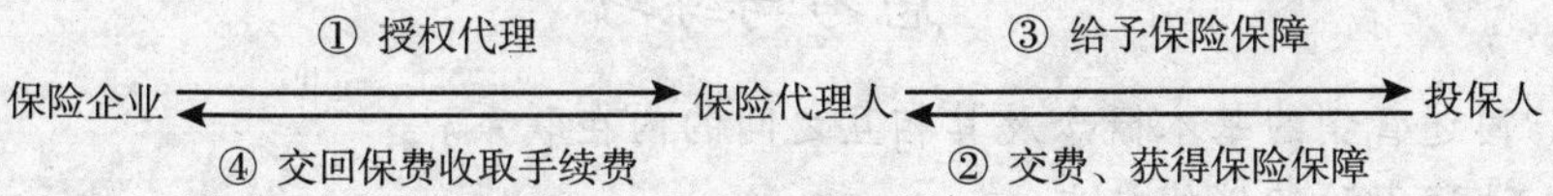

图10.2　保险代理渠道的业务流程

2. 保险经纪人。保险经纪人是为投保人与保险人订立保险合同提供中介服务，并依法收取佣金的单位，包括直接保险经纪人和再保险经纪人，本书是指直接保险经纪人（见图10.3）。[①]

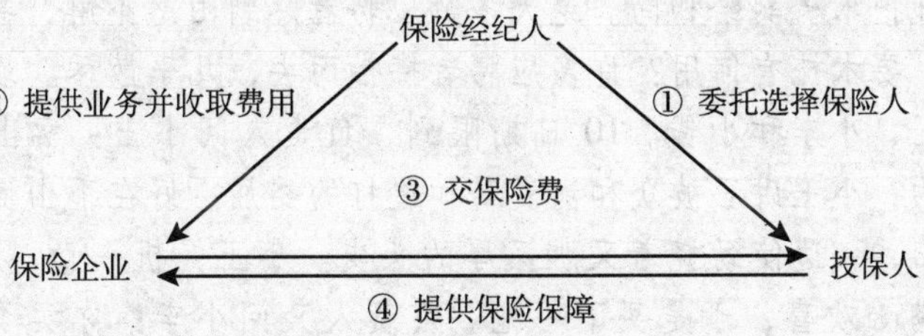

图10.3　保险经纪渠道的业务流程

本章小结

1. 保险营销就是保险人从保险消费者的需要出发，展开整体性的经营活动以适应和影响需要，并把满足这种需要的保单和服务送到保户手中，以实现自身的经营目标。保险营销同其他商品的营销相比，保险营销更注重主动性、服务性、关系性、专业性和整体性。

2. 保险营销策略主要包括产品策略、分销策略、定价策略和促销策略。

3. 保险营销渠道就是保险商品和服务向顾客转移所经过的各种途径，它所执行的功能主要是沟通信息、促进企业与客户之间的接触和保险促销等。保险营销渠道也分为直销渠道和间接渠道两种类型。

① 代理人、经纪人的概念详见本书第十三章第四节保险中介。

重要概念

保险营销　保险推销　保险营销策略　产品策略　分销策略　定价策略　促销策略　直销渠道　间接渠道

思考与练习

1. 简述营销的基本概念及其相互之间的内在联系。

2. 试述保险营销的特点。

3. “营销的目标是使推销成为多余”，而“保险必须靠推销”，对此如何理解？

4. 案例分析

针对以下案例，分析一下当前我们怎样才能搞好保险营销工作？

有一家企业决定进一步扩大经营规模，高薪招聘营销主管。广告一打出来，报名者云集。面对众多应聘者，该公司出具一道实践性试题：以10日为限，想办法尽量多地把木梳卖给和尚。绝大多数应聘者感到困惑不解，甚至愤怒：出家人剃度为僧，要木梳有何用？许多应聘者拂袖而去，几乎散尽。最后只剩下三位应聘者：小王、小李和小钱。10日期限到，负责人问小王：卖出多少？答：一把。怎么卖的？小王讲了被众和尚责骂和追打的委屈。好在下山遇到一个小和尚一边晒着太阳，一边使劲挠着又脏又厚的头皮。小王灵机一动，赶紧递上木梳，小和尚用后满心欢喜，于是买下一把。负责人又问小李：你卖了多少？答：10把，怎么卖的？小李说他到了一些名山古寺。由于山高风大，进香者的头发都被吹乱了。他就找到住持说，蓬头垢面是对佛的不敬，应在每座庙的香案前放把木梳，供善男信女梳理头发。于是，住持就买了10把。负责人又问小钱，卖出多少？答：1 000把。负责人惊问：怎么卖的？小钱说他到一个颇具盛名、香火极旺的深山宝刹，朝圣者如云，施主络绎不绝。小钱对住持说：凡来进香者，多有一颗虔诚之心，宝刹应有所回赠，以作纪念，保佑其平安吉祥，鼓励其多做善事。我有一批木梳，你的书法超群，可以刻上“积善梳”三个字，然后可作赠品。住持大喜，立即买下1 000把，并提出希望小钱再多卖给些不同档次的木梳，以便分层次地赠送给各种类型的施主与香客。

第十一章　保险的承保和理赔

本章概要

承保与理赔是保险经营的核心环节。承保是确定投保人条件与风险状况适应或匹配的过程。理赔是受理报案、现场查勘、责任判定、损失核定以及赔案缮制、赔款支付的过程。保户对理赔的满意程度，关系到保险公司能否建立和巩固忠诚的保户群及开发新的保户。本章先介绍承保的内容和程序及如何续保，再介绍理赔的原则、时效、程序以及理赔时需要准备的材料。

学习要求

1. 掌握承保的内容及程序，了解续保。
2. 掌握理赔的主要内容及程序，了解原则、时效及四种保险的理赔。

引　言

承保与理赔是保险经营的核心环节。承保是对可保风险的判断与选择，是承保条件与风险状况适应或匹配的过程，而理赔是受理报案、现场查勘、责任判定、损失核定以及赔案缮制、赔款支付的过程。保险公司要保证赔得准确、快捷、合理，让客户满意，这完全取决于合理的理赔流程、理赔技术水平和理赔人员的素质。理赔过程中，客户会对公司履行保险合同情况和服务水平的高低有直接和深刻的印象。客户的满意程度，决定了对保险公司品牌的认可程度，也关系到保险公司能否稳定忠诚的客户群，并以此扩大销售。因此，本章将从承保和理赔即“进口”和“出口”把握保险公司的命脉。

第一节　保险的承保

承保（underwriting）是保险经营的重要环节，是保险合同的签订过程，即保险人审核投保人提出的投保请求并认为符合承保条件后，对保险标的承诺受保，继而订立保险合同的过程。

一、承保在保险经营中的重要地位

承保是一项非常复杂而重要的工作，是保险公司业务经营活动中最为重要的一环，承保质量的好坏，直接关系到保险企业经营财务稳定性和企业经济效益的好坏，同时，它也是反映保险企业经营管理水平高低的一个重要标志。其意义主要体现在以下三个方面。

（一）承保是保证业务质量的必然要求

通过核保使保险企业实现既要扩大业务范围又要保证业务质量，既要合理收费又要保证未来合同义务的履行。由于市场竞争的加剧，为了拓展业务，展业人员往往会拓展到一些低质量的保险标的或给客户过低的费率，这就可能会损害保险人的利益。所以承保人员要严把质量关，保证业务质量，收取合理的保费。

（二）承保是保证公司经营稳定性的内在要求

保险公司稳定发展的基础就是其经营的稳定性，它不仅关系着保险公司能否继续生存、发展和壮大；也关系着保险合同能否有效履行，被保险人的权利能否得到有效保障；还关系着整个社会国民经济在灾害后能否迅速恢复和正常运行。

（三）承保是实现利润最大化的本质要求

利润最大化是指在经营稳定性前提下的利润最大化，利润最大化是任何一个经济单位生产和经营的最终目的。保险企业也不例外，但对保险人来说，利润最大化并非尽可能扩大承保规模，一味追求保费收入，而要控制承保质量，同时兼顾自身的承保能力。因此，利润最大化原则要求承保风险要与盈利相一致。

二、承保的内容

（一）审核投保申请

对投保申请的审核主要包括对投保人的资格、保险标的、保险费率等项内容的审核。

1. 审核投保人的资格

根据《保险法》的规定，投保人必须具备两个条件：一是具有相应的民事权利能力和民事行为能力；二是投保人对保险标的应具法律上承认的利益，即保险利益。审核投保人的资格主要是审核后者，即了解投保人对保险标的是否具有保险利益。[①] 保险人审核投保人的资格，是为了防止投保人或被保险人故意破坏保险标的，以骗取保险赔款的道德风险。

2. 审核保险标的

即对照投保单或其他资料核查保险标的的使用性质、结构性能、所处环境、防灾设施、安全管理等。例如，承保企业财产险时，要了解厂房结构、占用性质、建造时间、建筑材料、使用年限以及是否属于危险建筑等，并对照事先掌握的信息资料核实，或对保险标的进行现场查验后，保险人方可予以承保。

3. 审核保险费率

一般的财产和人身可能遭受的风险基本相同，因此可以按照不同标准，对风险进行分类，制定不同的费率等级，在一定范围内使用。例如，承保建筑物的火灾风险，确定费率要考虑的因素有：(1) 房屋的建筑类别，是砖结构还是木质结构；(2) 房屋的占用或使用性质，是商用还是民用；(3) 周围房屋的状况；(4) 房屋所在区域所能提供的火灾防护设施；(5) 与房屋相关的任何安全设施，如是否安装自动洒水灭火装置或警报器等。保险人承保时只需按风险程度将建筑物划分不同的等级，套用不同的费率即可。但是，有些保险业务的风险情况不固定，如海上保险，因航程不同，运输工具不同，风险变化不同，承保的每笔业务都需要保险人根据以往的经验，结合风险的特性，制定单独的费率。因此，承担这类业务时应对每一笔业务的实际情况与它所适用的费率条件进行核查，以保证保险费率的合理性。

（二）控制保险责任

控制保险责任就是保险人在承保时，依据自身的承保能力进行承保控制，并尽量防止与避免道德风险和心理风险。保险人通常从以下三个方面控制保险责任：

1. 控制逆选择

所谓逆选择（adverse selection），就是指那些有较大风险的投保人试图以平均的保险费率购买保险。逆选择意味着投保人没有按照应支付的公平费率去转移

① 保险利益，详见本书第四章第二节。

自己的风险损失。如患有高血压病的人按平均费率选择投保人寿保险；居住在低洼地区的居民按照平均费率选择投保洪水保险。这样一来，由于某些更容易遭受损失的投保人购买保险而无须支付超过平均费率的保险费，保险人就成了逆选择的牺牲品。因此，保险人承保的任务就是控制逆选择的发生。

保险人控制逆选择的方法是对不符合条件者不予承保，或者有条件地承保。事实上，保险人并不愿意对所有不符合可保风险条件的投保人和投保标的一概拒保。例如，投保人就自己易遭受火灾的房屋投保火灾保险，保险人就会提高保险费率承保；又如，投保人患有超出正常危险的疾病时，保险人就会不同意他投保定期死亡保险的要求，而劝他改为投保两全保险。这样一来，保险人既接受了投保又在一定程度上抑制了投保人的逆选择。

2. 控制责任范围

只有通过风险分析与评价，保险人才能确定承保责任范围，才能明确对所承担的风险应负的赔偿责任。一般来说，对于常规风险，保险人通常按照基本条款予以承保，对于一些具有特殊风险的保险标的，保险人需要与投保人充分协商保险条件、免赔金额、责任免除和附加条款等内容后特约承保。特约保险是在保险合同中增加一些特别约定，其作用主要有二：一是为了满足被保险人的特殊需要，以加收保险费为条件适当扩展保险责任；二是在基本条款上附加限制条件，限制保险责任。通过保险责任的控制，将使保险人所支付的保险赔偿与其损失额十分接近。

3. 控制人为风险

避免和防止逆选择和控制保险责任是保险人控制承保风险的常用手段。但是有些风险，如道德风险、心理风险和法律风险，往往是保险人在承保时难以防范的。因此，有必要对这些风险的控制做出具体的分析。

（1）道德风险（moral risk）。道德风险是指人们以不诚实或故意欺诈的行为促使保险事故发生，以便从保险活动中获取额外利益的风险因素。投保人产生道德风险的原因主要有二：一是道德沦丧；二是遭遇财务上的困难。从保险的角度来看，保险人控制道德风险发生的有效办法就是将保险金额控制在适当的额度内。例如，在财产保险中，如果一栋价值50万元的房屋，向保险人投保时确定投保金额为80万元，这就意味着损失发生时，被保险人可能获得30万元的额外利益。因此，保险人在核保时要注意投保金额是否适当，尽量避免超额承保。因为只有保险金额低于或等于保险标的的实际价值，道德风险才不可能发生。但是由于技术上的困难，保险人很少能够在投保时先行估计保险标的的实际价值，所以为了防范道德风险，保险人在条款中规定保险赔偿只能以实际损失为限。

（2）心理风险（psychological risk）。心理风险是指由于人们的粗心大意和漠不关心，以致增加了风险事故发生机会并扩大损失程度的风险因素。如投保了火灾保险，就不再小心火灾；投保了盗窃险，就不再谨慎防盗。从某种意义上说，心理风险是比道德风险更为严重的问题。任何国家的法律对道德风险都有惩罚的方法，而且保险人对道德风险尚可在保险条款中规定，凡被保险人故意造成的损失不予赔偿。但心理风险既非法律上的犯罪行为，而保险条款又难制定适当的规定限制它。因此，保险人在核保时采用的控制手段有：第一，实行限额承保。即对于某些风险，采用低额或不足额的保险方式，规定被保险人自己承担一部分风险。保险标的如果发生全部损失，被保险人最多只能够获得保险金额的赔偿；如果只发生部分损失，被保险人则按保险金额与保险标的实际价值的比例获得赔偿。第二，规定免赔额（率）。免赔额有绝对免赔额和相对免赔额之分。绝对免赔额是指在计算赔偿金额时，不论损失大小，保险人均扣除预定的免赔额。相对免赔额是指损失在免赔额之内，保险人不予赔偿，损失额超过免赔额时，保险人不仅要赔超额部分，而且还要赔免赔额以内的损失。这两种方法都是为了刺激被保险人克服心理风险因素，主动防范损失的发生。

（3）法律风险（legal risk）。法律风险主要表现有：主管当局强制保险人使用一种过低的保险费标准；要求保险人提供责任范围广的保险；限制保险人使用可撤销保险单和不予续保的权利；在保险合同双方当事人对保险合同条款存在疑义时，法院往往会做出有利于被保险人的判决等。这种风险对于保险人的影响是，保险人通常迫于法律的要求和社会舆论的压力接受承保。例如，我国机动车第三者责任险就是一种强制性保险，其费率不高，而赔偿责任却不小，保险人不能以此为由不承保该项保险业务。

三、承保的程序

（一）接受投保单

投保人购买保险，首先要提出投保申请，即填写投保单，交给保险人。投保单是投保人向保险人申请订立保险合同的依据，也是保险人签发保险单的凭证。投保单的内容包括投保人的名称、投保日期、被保险人名称、保险标的名称、种类和数量、投保金额、保险标的坐落地址或运输工具名称、保险期限、受益人和赔付地点等。

（二）审核验险

1. 审核

保险人收到投保单后，应详细审核投保单的各项内容，如保险标的及其存放地址，运输工具行使区域、保险期限、投保明细表、对特殊要求的申请等。

2. 验险

验险是对保险标的风险进行查验，以便达到对风险进行分类的目的。验险的内容，因保险标的的不同而有差异。

（1）财产保险的验险内容。

①查验投保财产所处的环境。例如，对所投保的房屋，要检验其所处环境是工业区、商业区还是居民区；附近有无易燃易爆的危险源；一旦发生火灾，有无蔓延的可能；附近救火水源如何，距离最近的消防队有多远，房屋周围是否通畅，消防车是否能靠近；是否属于高层建筑等。

②查验投保财产的主要风险隐患和重要防护部位及防护措施状况。首先，要认真查验投保财产可能发生损失的风险因素，如查验投保财产是否属于易燃易爆或易损物品，对温度和湿度敏感如何；机器设备是否常常超负荷运转，使用的电压是否稳定；建筑物的材料结构状况等。其次，要重点查验投保财产的关键部位，如建筑物的承重墙是否牢固；船舶、车辆的发动机保养是否良好。再次，要严格检查投保财产的风险防范情况，如有无消防设施、报警系统、排水通风设备；机器有无超载保护、降温保护设施；运输货物有无符合要求的包装；运输方式是否合乎标准等。

③查验有无正处在危险状态中的财产。正处在危险中的财产意味着该项财产必然或即将发生风险损失。如果保险人承保必然或确定发生的风险，就会造成不合理的损失分摊，这对于其他被保险人不公平。

④查验各种安全管理制度的制定和落实情况。健全的安全管理制度是预防和降低风险发生的重要保障。因此，保险人要检查投保人是否制定了安全管理制度及其实施情况。若发现问题，应督促其及时改正。

⑤查验被保险人以往的事故记录，包括被保险人发生事故的次数、时间、原因、损害后果及赔偿情况。

⑥查验投保人或被保险人的数量及相互关系。

（2）人身保险的验险内容。人身保险的验险内容包括医务检验和事务检验。医务检验主要是检查被保险人的健康情况，如检查被保险人过去的病史，包括家族病史，以了解各种遗传因素可能给被保险人带来的影响。有时也会根据投保险种的需要进行全面的身体检查。事务检验主要是对被保险人的工作环境、职业性质、生活习惯、经济状况以及社会地位等情况进行调查了解。

（三）接受业务

保险人按照规定的业务范围和承保权限，在审核验险之后，有权做出拒保或承保的决定。如果投保金额或标的风险超出了保险人的承保权限，他只能向上一级主管部门做出建议，而无权决定是否承保或是否分保。

（四）缮制单证

缮制单证是在接受业务后填制保险单或保险凭证等手续的过程。保险单或保险凭证是载明保险合同双方当事人权利和义务的书面凭证，是被保险人向保险人索赔的主要依据。因此，保险单质量的好坏，往往影响保险合同能否顺利履行。填写保险单的要求有以下几点：

1. 单证相符

要依据投保单、验险报告作为原始凭证，填制保险单。所谓单证相符是指投保单、保险单、批单、财产清单、人身保险的体检报告及其他单证都要符合制单要求，其重要内容如保险标的名称、数量、地址等都应相符。

2. 保险合同要素明确

保险合同要素是指保险合同的主体、客体和内容。保险单中要正确填写被保险人的姓名、单位名称和负责人姓名、地址及其与被保险人的关系。保险合同的客体是保险合同中权利义务所指向的对象，即保险利益。因此，保险单中应标明保险标的范围及地址、保险利益等内容。保险合同的内容包括保险责任、保险金额、保险期限、保险费、被保险人义务以及其他特约事项。总之，明确保险合同要素是保证保险单质量的依据，否则将影响保险合同的法律效力和保险人的信誉，损害保险合同双方当事人的合法权益。

3. 数字准确

填制保险单时，每个数字都代表着保险人和被保险人的利益，在这些数字上的疏忽都可能给保险合同双方当事人造成重人损失，或导致不该发生的纠纷。例如，在填写保险金额时，若是100万元的数字因疏忽少写一个零，就可能给被保险人造成90万元的损失而得不到保险保障的后果。所以填制保险单时一定要反复核对每一个数字，切实做到数字准确无误。

4. 复核签章，手续齐备

保险人签发的保险单是保险合同成立的依据，其他单证也是保险合同的重要组成部分。因此，每一种单证都应要求复核签章，如投保单上必须有投保人的签章，验险报告上必须有具体承办业务员的签章，保险单上必须有承保人、保险公司及负责人的签章，保险费收据上必须有财务部门及负责人的签章，批单上必须有制单人与复核人的签章等。

四、续保

续保（to renew the insurance）是在原有的保险合同即将期满时，投保人在原有的保险合同的基础上向保险人提出续保申请，保险人根据投保人的实际情况，对原合同条件稍加修改而继续签约承保的行为。续保是以特定合同和特定的被保险人为对象。在保险合同的履行过程中，经常与被保险人保持联系，做好售后服务工作，增强他们对保险企业的信心，是提高续保率、保持业务稳定增长的关键。对于投保人来说，续保的优越性表现在，通过及时续保，不仅可以从保险人那里得到连续不断的、可靠的保险保障与服务，而且作为公司的老客户，也可以在体检、服务项目及保险费率等方面得到公司的通融和优惠。对于保险人来说，续保的优越性不仅可以稳定公司的业务量，而且还能利用与投保人建立起来的老关系，减少许多展业工作量与费用，因为续保比初次承保手续要简便一些。

第二节 保险的理赔

一、保险理赔概述

保险理赔，是指在保险标的发生保险事故而使被保险人财产受到损失或人身生命受到损害时，或保单约定的其他保险事故出现而需要给付保险金时，保险公司根据合同规定，履行赔偿或给付责任的行为，是直接体现保险职能和履行保险责任的工作。

（一）保险理赔的重要性

理赔是保险公司履行合同义务的行为，它的依据是保险合同及保险相关法律、同业规定和国际惯例，其他任何理由或解释均不能作为理赔的依据。为了使投保人在投保前能够全面了解合同格式条款的内容，以决定是否投保，新修订的

《保险法》加强了对投保人知情权的维护，增设了保险合同不可抗辩规则。根据新保险法的规定，当投保人故意或因重大过失未履行如实告知义务，足以影响保险公司决定是否同意承保或者提高保险费率的，保险公司有权解除合同。但为了防止保险公司滥用该解除权，新保险法对合同解除权的期限加以了限制，规定合同解除权"自保险人知道有解除事由之日起，超过 30 日不行使而消灭"。同时，新保险法还借鉴国际惯例，增设了保险合同"不可抗辩"条款，规定"自合同成立之日起超过 2 年的，保险人不得解除合同"。即保险合同成立满 2 年后，保险公司不得再以该投保人未履行如实告知义务解除合同。此规则对于被保险人利益的保护意义重大，填补了以前保险法的空白。同样保险理赔也就限制了一个拒赔条件。

做好理赔工作，对于加强保险经营与管理、提高保险企业的信誉和经营效益有着重要意义，表现在：

1. 通过理赔，被保险人所投保险权益得到实现。
2. 通过理赔，为人民群众服务，为社会再生产过程提供保障。
3. 通过理赔，保险承保的质量得到检验。
4. 通过理赔，防灾防损工作得到进一步改进和提高。
5. 通过理赔，保险经济效益得到充分反映。

保险公司在出险后依据保险合同约定向保户理赔有两种方式：赔偿和给付。

赔偿与财产保险对应，指保险公司根据保险财产出险时的受损情况，在保险额的基础上对被保险人的损失进行的赔偿。保险赔偿是补偿性质的，即它只对实际损失的部分进行赔偿，最多与受损财产的价值相当，而永远不会多于其价值。

而人身保险是以人的生命或身体作为保险标的，因人的生命和身体是不能用金钱衡量的，所以，人身保险出险而使生命或身体所受到的损害，是不能用金钱赔偿的。故在出险时，保险公司只能在保单约定的额度内对被保险人或受益人给付保险金。即人身保险是以给付的方式支付保险金的。

（二）保险理赔的原则

保险理赔应当重合同，守信用。保险合同所规定的权利和义务受法律保护，保险公司必须正确维护保户的权益。保险理赔还应坚持实事求是。在处理赔案过程中，要实事求是地进行处理，根据具体情况，正确确定保险责任、给付标准、给付金额。此外处理保险理赔应当主动，迅速，准确，合理。要让保户感觉到保得放心，赔得心服。

和其他合同相比，保险理赔还有其特殊性。主要有以下两个原则：

1. 保险理赔的近因原则

近因原则是指造成保险标的损失的最直接、最有效的原因，这是保险理赔过程中必须遵循的原则，按照这一原则，当被保险人的损失是直接由于保险责任范围内的事故造成的，保险人才予以赔偿。也就是说，保险事故的发生与损失事实的形成，两者之间必须有直接因果关系的存在，才能构成保险赔偿的条件。①

灵活运用保险近因原则是消费者维权的手段。

2. 有利解释原则

原《保险法》规定，“对于保险合同的条款，保险人与投保人、被保险人或者受益人有争议时，人民法院或者仲裁机关应当作有利于被保险人和受益人的解释。”新《保险法》则在第三十条规定，“采用保险人提供的格式条款订立的保险合同，保险人与投保人、被保险人或者受益人对合同条款有争议的，应当按照通常理解予以解释。对合同条款有两种以上解释的，人民法院或者仲裁机构应当做出有利于被保险人和受益人的解释。”新法修订考虑了首先适用“通常解释”，是对原有原则过分侧重被保险人权益保护的纠偏，可以认为是对保险人有利的修订。

二、保险索赔的时效

保险索赔必须在索赔时效内提出，超过时效，被保险人或受益人不向保险人提出索赔，不提供必要单证和不领取保险金，视为放弃权利。险种不同，时效也不同。人寿保险的索赔时效一般为 5 年，其他保险的索赔时效一般为 2 年。

索赔时效应当从被保险人或受益人知道保险事故发生之日算起。保险事故发生后，投保人、保险人或受益人首先要立即知险报案，然后提出索赔请求。

新《保险法》明确核赔期限和通知义务。一是规定保险人收到被保险人索赔请求后，应当及时做出核定；“情形复杂的，应当在30 日内做出核定，但合同另有约定的除外”，“保险人应当将核定结果书面”通知被保险人或者受益人。以督促保险公司及时受理索赔，及时核定责任。二是对不属于保险责任的，要求保险人自做出核定之日起 3 日内向被保险人或者受益人发出拒绝赔偿或者拒绝给付保险金通知书，并说明理由。三是规定了罚则，保险人未及时履行相关规定义务的，除支付保险金外，应当赔偿被保险人或者受益人因此受到的损失。四是提出了先予赔付的概念，保险人自收到赔偿或者给付保险金的请求和有关证明、资料

① 近因原则详见第四章第三节。

之日起60日内，对其赔偿或者给付保险金的数额不能确定的，应当根据已有证明和资料可以确定的数额先予支付。一次书面告知、出具拒赔通知、先予赔付、相关罚则这些新的规定给财产险理赔工作无疑提出了更高的要求，这就需要改变以往的不规范操作，从流程上理顺整个理赔过程，从规则上调整相应制度。

三、索赔需要的资料

《保险法》第二十二、二十三条规定，保险事故发生后，依照保险合同请求保险人赔偿或者给付保险金时，投保人、被保险人或者受益人应当向保险人提供其所能提供的与确认保险事故的性质、原因、损失程度等有关的证明和资料。新《保险法》约束保险人要求被保险人补充索赔材料的行为，规定，保险人认为被保险人等提供的有关索赔请求的证明和材料不完整的，应当"及时一次性书面"通知被保险人等补充提供，以避免保险人以此为由拖延理赔。保险人收到被保险人或者受益人的赔偿或者给付保险金的请求后，应当及时做出核定；对属于保险责任的，在与被保险人或者受益人达成有关赔偿或者给付保险金额的协议后10日内，履行赔偿或者给付保险金义务。保险合同对保险合同对保险金额及赔偿或者给付期限有约定的，保险人应当依照保险合同的约定，履行赔偿或者给付保险金义务。

索赔时应提供的单证主要包括保险单或保险凭证的正本、已缴纳保险费的凭证、有关能证明保险标的或当事人身份的原始文本、索赔清单、出险检验证明和其他根据保险合同规定应当提供的文件。

其中出险检验证明经常涉及的有：

因发生火灾而索赔的，应提供公安消防部门出具的证明文件。由于保险范围内的火灾具有特定性质——失去控制的异常性燃烧造成经济损失的才为火灾。短时间的明火，不救自灭的，因烘、烤、烫、烙而造成焦糊变质损失的，电机、电器设备因使用过度、超电压、碰线、弧花、走电、自身发热所造成其本身损毁的，均不属火灾。所以，公安消防部门的证明文件应当说明此灾害是火灾。

因发生暴风、暴雨、雷击、雪灾、雹灾而索赔的，应由气象部门出具证明。在保险领域内，构成保险人承担保险责任的这些灾害，应当达到一定的严重程度。例如，暴风要达到17.2米/秒以上的风速，暴雨则应当是降水量在每小时16毫米以上，12小时30毫米以上，24小时50毫米以上。

因发生爆炸事故而索赔的，一般应由劳动部门出具证明文件。因发生盗窃案件而索赔的，应由公安机关出具证明。该证明文件应当证明盗窃发生的时间、地点、失窃财产的种类和数额等。

因陆路交通事故而索赔的，应当由陆路公安交通管理部门出具证明材料，证明陆路交通事故发生的地点、时间及其损害后果。如果涉及第三者伤亡的，还要提供医药费发票、伤残证明和补贴费用收据等。如果涉及第三者的财产损失或本车所载货物损失的，则应当提供财产损失清单、发票及支出其他费用的发票或单据等。

因被保险人的人身伤残、死亡而索赔的，应由医院出具死亡证明或伤残证明。若死亡的，还须提供户籍所在地派出所出具的销户证明。如果被保险人依保险合同要求保险人给付医疗、医药费用时，还须向保险人提供有关部门的事故证明，医院的治疗诊断证明及医疗、医药费用原始凭证。

四、保险理赔程序

（一）受理报案

受理报案是指被保险人发生保险事故必须及时向保险公司报案，保险公司应将事故情况登录备案。报案方式有网点柜面、电话、传真等。一般来讲，报案是保险公司理赔过程中的重要环节，它有助于保险公司及时了解事故情况，必要时可介入调查，尽早核实事故性质；同时保险公司又可以根据保险合同的要求及事故情况，告知或提醒申请人所需准备的材料，并对相关材料的收集方法及途径给予指导。

理赔申请人有：

1. 被保险人。

2. 监护人。

3. 受益人——保险单指定受益人。

4. 法定继承人——保单未指定受益人，身故保险金作为遗产分配。我国遗产继承可分为遗嘱继承和法定继承两种。遗嘱继承优先于法定继承。法定继承顺序的第一顺序为配偶、子女和父母，第二顺序为兄弟姐妹、祖父母和外祖父母。

以上申请人均可以委托代理人办理申请理赔事宜。

（二）受理材料、立案

受理立案就是保险公司根据申请人提供的理赔申请材料进行审核，确定材料是否齐全、是否需要补交材料或保险公司确定是否受理的过程。在立案环节中，保险公司的立案人对提交的证明材料不齐全、不清晰的，会当即告诉申请人补交相关材料；对材料齐全、清晰的，即时告知申请人处理案件大致所需要的时间，并告知保险金的领取方法。

（三）审核

审核就是指案件经办人根据相关证据认定客观事实、确定保险责任后、精确计算给付金额，做出理赔结论的过程。保险人在核定责任的基础上，对属于保险责任的，在与被保险人或者受益人达成有关赔偿或者给付保险金额的协议后10日内，履行赔偿或者给付保险金义务。保险合同对保险金额及赔偿或者给付期限有约定的，保险人应当依照保险合同的约定，履行赔偿或者给付保险金义务。

（四）通知、领款

案件经过签批环节后，保险公司就可以通知受益人携带相关身份证明及关系证明，前来办理领款手续了。保险人在核定责任的基础上，对属于保险责任的，在与被保险人或者受益人达成有关赔偿或者给付保险金额的协议后10日内，履行赔偿或者给付保险金义务。保险合同对保险金额及赔偿或者给付期限有约定的，保险人应当依照保险合同的约定，履行赔偿或者给付保险金义务。

保险人按照法定程序履行赔偿或者给付保险金的义务后，保险理赔就告结束。如果保险人未及时履行赔偿或者给付保险金义务的，就构成一种违约行为，按照规定应当承担相应的责任，即“除支付保险金外，应当赔偿被保险人或者受益人因此受到的损失”，这里的赔偿损失，是指保险人应当支付的保险金的利息损失。为了保证保险人依法履行赔付义务，同时保护被保险人或者受益人的合法权益，明确规定，任何单位或者个人都不得非法干预保险人履行赔偿或者给付保险金的义务，也不得限制被保险人或者受益人取得保险金的权利。

五、保险理赔举例：汽车保险理赔

发生交通事故后汽车保险理赔的程序分为五个步骤，对于交通事故后汽车保险理赔的程序具体规定如下：

（一）报赔

发生交通事故后，应妥善保护好现场，并及时向保险公司报案，路面事故同时还要报请交通部门处理，非路面交通事故（如车辆因驾驶原因撞在树或墙上），应由安委会出具证明材料。

（二）核定损失

1. 保险公司接到报案后，会派人到现场勘察或到交通部门了解出险情况，同时对车辆进行定损，估算合理费用，并通知车主到保险公司指定的修理厂处理事故车辆。

2. 对第三者责任的索赔，还应由保险公司对赔偿金额依法确定，并依据投保金额予以赔付。对于保户与第三者私下谈定的赔偿金额，保险公司可拒绝赔付。

（三）赔付规定：全部损失

1. 保险车辆发生全部损失后，如果保险金额等于或低于出险当时的实际价值，将按保险金额赔偿。

2. 保险车辆发生全损后，如果保险金额高于出险当时的实际价值，将按出险时的实际价值赔偿。

（四）赔付规定：部分损失

1. 保险车辆局部受损失，其保险金额达到承保时的实际价值，无论保险金额是否低于出险的实际价值，发生部分损失均按照实际修理费用赔偿；保险车辆的保险金额低于承保的实际价值，发生部分损失按照保险金额与出险时的实际价值比例赔偿修理费用。

2. 保险车辆损失最高赔偿额以保险金额为限。

3. 保险车辆按全部损失赔偿或部分损失一次赔款等于保险金额全数时，车辆损失的保险责任立即终止，但保险车辆在保险有效期时，不论发生一次或多次保险责任范围内的损失或费用支出，只要每次赔偿未达到保险金额，其保险责任依然有效。

4. 保险车辆发生事故遭受全损后的残余部分，应协商作价归被保险人，并在赔偿中扣除。

（五）领取赔偿金

在车辆修复或自交通事故处理结案之日起 3 个月之内，保户应持保险单、事故处理证明、事故调解书、修理清单及其他有关证明到保险公司领取赔偿金。

如与保险公司发生争议不能达成协议，可向经济合同仲裁机关申请仲裁或向人民法院提起诉讼。

车险理赔程序如图 11.1 所示。

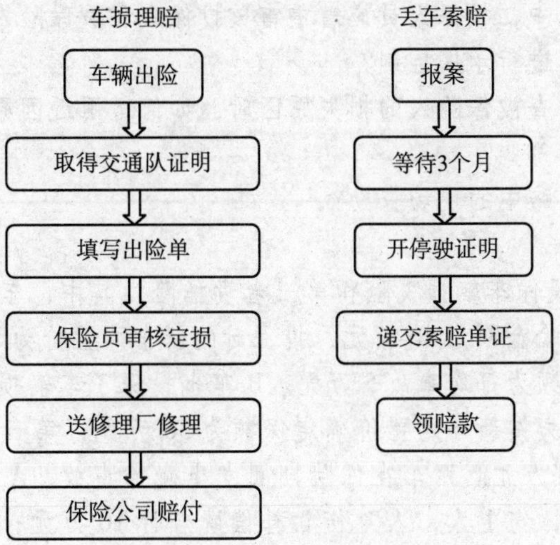

图 11.1　车险理赔程序

本章小结

1. 承保是保险经营的重要环节，就是保险合同的签订过程，是指保险人在投保人提出投保请求后，经审核，认为符合承保条件，便对保险标的承诺受保，并订立保险合同的过程。承保的主要内容和程序。

2. 保险理赔，是指在保险标的发生保险事故而使被保险人财产受到损失或人身生命受到损害时，或保单约定的其他保险事故出现而需要给付保险金时，保险公司根据合同规定，履行赔偿或给付责任的行为，是直接体现保险职能和履行保险责任的工作。

3. 保险理赔程序主要步骤有受理报案、受理材料、立案、审核、通知和领款。

重要概念

承保　理赔　逆选择　道理风险　心理风险　法律风险　近因原则　有效性原则　时效

思考与练习

1. 保险理赔的主要程序是什么?

2. 在人寿保险中，核保人员应着重审核投保人和被保险人的哪些情况?

3. 保险人如何进行承保控制?

4. 保险人在调查被保险人的损失原因时，如何运用近因原则?

5. 核保内容有哪些?

6. 如何做好理赔中的现场查勘?

7. 案例分析

案例1：A车投保车辆损失险和第三者责任险，其中，车辆损失险按投保时的实际价值确定保险金额为40万元，投保时的新车购置价为50万元，第三者责任险的最高赔偿限额为每次事故5万元。B车也投保了车辆损失险和第三者责任险，其中，车辆损失按新车购置价确定保额为30万元，第三者责任险每次事故最高赔偿限额为20万元。两车在保险期间发生碰撞事故，A车车辆损失后实际修复费用为8万元，伤1人，人身伤亡补偿费合计10万元；B车车辆损失后实际修复费用为11万元，伤1人，人身伤亡补偿费合计8 000元，车上货物损失7 000元。经公安交通部门裁定，A车负主要责任即为60%，B车负次要责任即为40%。根据《机动车辆保险条款》规定，A车免赔15%，B车免赔5%。问：A、B车两车的承保人各自应承担多少赔款？为什么？

案例2：王某驾车与李某所驾车辆相撞，造成王某车上货物损失1 000元，李某货物损失2 800元。经公安交通监理部门裁定，李某负主要责任，即90%的责任，王某负次要责任，即10%的责任；王某既为其货物投保了货物运输保险，也为其车辆投保了第三者责任保险，李某却没有投保任何保险。又知王某在私下已经接受李某主动送去的1 000元赔偿费。现王某要求保险公司给予赔偿，请问：该案如何处理？为什么？

第十二章　保险投资

本章概要

对于保险公司而言，通过保险投资获得收益，使公司自身的资产得到有效的保值增值，是其在市场竞争中生存并取得优势的重要手段。本章讨论保险投资对保险公司的重要作用、保险投资的可能性和必要性，介绍保险投资的主要资金来源和保险投资的主要投资渠道的特点。

学习要求

1. 掌握保险投资的概念，了解保险投资的重要性，能区分保险投资的形式，能灵活运用保险投资的原则。
2. 了解保险投资的原则。
3. 掌握保险投资资金的主要来源，并了解各来源资金的特点。
4. 掌握投资的主要渠道，并能熟悉各渠道的特点，了解我国现有的投资渠道。

引　言

随着社会经济的发展，保险公司传统的承保业务竞争日益激烈，仅仅依靠承保业务已不能适应保险业进一步发展的需要。另外，保险公司所拥有的保险资金不断积聚，需要寻找出路，增加资金收益。因此，从当今各国保险业的发展趋势来看，保险公司已从单纯的经济补偿机构逐步变成既有补偿职能又有融资职能的综合性金融企业。投资业务与承保业务并驾齐驱，已成为现代保险业发展的重要特征。

第一节 保险投资概述

一、保险投资的含义

（一）保险投资的概念

保险投资是保险公司将其可用资金进行证券买卖和其他资产买卖的一种资金运用行为。与承保业务一样，保险投资已成为现代保险公司一项非常重要的经营活动。保险公司将其暂时闲置的保险基金进行合理运用，使其达到增值目的的过程。一般的投资着眼于现实资本存量的增加并与扩大再生产相联系，而保险投资的着眼点并不是直接增加公司资本存量，形成生产性资产，而是增加公司债权或金融资产，从中盈利，以增强公司的经济补偿能力与市场竞争能力。但是，保险投资也会间接地增加公司的资本存量，形成一定的固定资产和流动资产。

（二）保险投资与保险资金运用的区别

保险投资往往是指保险资金的运用，但从严格意义上说，这两个概念是有区别的。在会计上，资金运用专指企业资金占用和使用情况，它既包括企业拥有的各种财产，也包括企业的各种债权。而保险投资主要是指增加公司债权或金融资产的活动，它是资金运用的一种主要形式，而不是全部。保险投资不等于保险资金运用。

（三）保险投资的形式

从投资形式看，保险投资分为直接投资和间接投资两大类。直接投资就是将资金投向生产经营过程，参与生产经营活动，其主要形式有合资入股、直接经商办厂、购置不动产等。由于这种投资风险较大、变现能力差，它在保险资产总额中所占的比重不大，通常在5%～10%之间。间接投资就是购买政府、银行、企业等发行的债券和股票以及向企业、个人发放贷款，其投资收益的形式是利息、股息等。由于间接投资方式的流动性、盈利性较高，保险公司一般都非常注重间接投资。

二、保险投资的可能性和必要性

（一）可能性

保险投资的可能性，在于保险经营是一种负债经营，保险资金运动具有特殊性。保险公司的承保业务经营，就是向众多的被保险人收取保险费，建立保险基金，而对少数受损的被保险人给予经济补偿，所以保险公司的资金主要是今后随时要返还被保险人的保险基金，保险经营可称之为负债经营。在保险经营过程中，由于保险责任范围内的自然灾害和意外事故的发生具有随机性和损失程度不同的预计性，那么从某一时点来看，保险费的收取与赔偿或给付，在时间或数量上便产生差异。也就是说，保险公司收到的保险费不会马上用以支付赔偿或给付，保险费的总额也不可能正好等于赔偿或给付数量总额。这种时间差和数量差，使保险公司的一部分资金沉淀下来，变为闲置资金，同时也就成为保险投资的资金来源。在保险公司的资产负债表上，这部分资金就表现为负债项目的各种准备金。

（二）必要性

保险投资不仅是可能的，而且是必要的。这是因为：

1. 保险投资的必要性，最根本的原因在于保险资金具有保值和增值的内在要求

为了承担保险事故所引起的保险责任，保险公司应具有各种形式的责任准备金。由于收取保费和公司赔付之间的时滞及在此期间可能发生的通货膨胀，原有资金在数量上很可能不足以用来支付赔偿或给付。尤其是人身保险中长期储蓄性的寿险业务，合同期限长，有的长达三四十年，保险基金最终都要返还给被保险人。如果不进行投资的话，这类业务就很难经营。

2. 保险投资也是保险市场竞争日趋激烈的必然结果

无论是在国际保险市场，还是在国内保险市场上，保险竞争的主要手段就是降低费率，以争取保户投保。保险费率是根据实际损失率计算出来的。在其他条件不变的情况下，费率下降，保险人自然难以足额支付赔款。因此，为了在市场竞争中处于不败之地，保险人必须进行投资，以弥补费率降低后的业务损失，同时扩大承保业务，增加保费收入，促进投资业务发展，从而使保险业务在良性循环的轨道上发展。

三、保险投资的原则

正是由于保险资金的独特性质，它的营运必然存在与一般资金不同的特征，主要有保险投资存在规模、结构、保险投资的特定的技术要求等方面的约束，还必须坚持一定的原则。目前，保险投资理论中为多数人认同的保险投资原则主要有安全性、增值性、流动性、匹配性等。

（一）安全性原则

安全性是指所有保险资产的可实现价值不得少于其总负债的价值，也就是说要保证保险投资资金的足额返还，以保证保险人的偿付能力。保险投资的安全性原则是由保险资金的性质所决定的。保险资金的绝大部分是保险公司对全体被保险人的负债资金，即由全体被保险人缴纳保险费而形成的保险基金，最终要用于对被保险人的赔偿或给付。保险费率是以损失事件为基础，以大数法则作为计算依据的，因此无论从数量上看还是从时间上看，保险资金总量最终应与损失赔偿和保险给付的总量一致。所以保险资金的运用必须以安全返还为前提，否则会影响到保险经济补偿功能的实现，从而影响到保险公司经营的稳定以至社会的安定。因此在保险投资的管理中，保证资金的安全性往往被放在众多考虑因素的第一位。需要着重指出的是，安全性原则是从保险投资的整体着眼的，强调安全性原则并不等于具体的每一个投资项目都必须绝对安全，实际上这既不可能也不必要。由于投资收益与投资风险成反比，凡是投资都必然会有一定的风险，而且风险越大收益越大。所以，在保险投资的总额中，有一部分资金投入风险较大的投资项目，即使发生投资损失，但只要在总体上能够确保保险资金的保值与增值，也是符合安全性原则的内在要求。因此，安全性原则是一种整体上的、广义上的、动态的原则，而并不是个体上、狭义上的、静态的原则。如果不能客观全面的来正确理解保险投资的安全性原则，就必然会束缚我们进行保险投资的手脚，使得保险投资由于过于保守而收益降低，反而不利于安全性原则的实现。保险投资的长期发展实践证实了一个简单的道理就是，没有收益或者收益过低的投资就是最大的不安全投资。

（二）盈利性原则

盈利性原则是指保险投资在满足安全性的前提下，要最大限度地来获取投资利润。盈利是保险投资的目的，没有盈利就没有保险投资。保险公司作为一种金融企业，追求盈利理所当然。在目前国内外保险行业承保利润日益减少甚至亏损的情况下，提高保险投资的盈利水平无疑就是保险公司生存与发展的基本条件。而在现代保险业竞争日益激烈的情况下，保险投资的盈利大小就成为保险公司能否在竞争中获胜的重要条件。坚持盈利性原则有利于保险公司增强自身实力，从而吸引更多的客户，实现保险经营的良性循环。

（三）流动性原则

流动性原则是由保险资金的运动特点所决定的。流动性是指在任何时期和合理的价格条件下，能够迅速获得现金以保证各种保险支付的需要，也可以说是保险投资项目的变现能力。保险资金具有负债的性质，它要以保险事件发生为条件而返还给被保险人，由于保险事件的发生具有随机性的特点，因此投资运用中的保险资金必须保持足够的流动性，以随时满足保险赔偿和给付的需要。而且，不同的保险业务，其保险事件不同，保险事件的发生规律也不相同。一般来说，财产保险通常都是短期的保险业务，保险事件发生的频率较高，这部分保险资金在运用时对流动性的要求就比较高：而人身保险特别是寿险业务，从保险费的最初缴纳到给付保险金，中间间隔数十年，因此这部分投资相对而言对流动性的要求就低一些。同样，流动性原则绝非要求每一项投资均有较强的变现能力。保险人可以根据预先估计的现金流量表对投资结构进行合理安排，将一部分资金投资于流动性较强的资产，一部分资金投资于流动性相对较弱，也就是说变现能力相对较差的资产以获取较高的投资收益。这样就可以在获得较高收益的前提下，从总体上确保保险资金具有一定的流动性。

（四）匹配性原则

这一原则是保险投资的特定原则，这也是由保险资金来源的特殊性所决定的。保险投资资金从总体上说绝大部分来自于保险准备金，不同形式的保险准备金影响着保险投资的结构和形式。例如，长期闲置的资金可以用于长期投资，以获得尽可能大的投资收益，而短期的资金来源所形成的短期负债，或者不能用于投资，或者只能进行短期投资。保险资金应该在保证安全性和流动性的前提下，投入到收益相对较高的项目。从保险公司的两种基本形式即人寿保险公司和财产保险公司来看，因其经营业务不同，它们的资金来源结构和特点也就存在着较大的差异。一般而言，人寿保险公司的资金来源具有长期性与稳定性的特点，而财产保险公司的资金来源具有短期性和相对流动性的特点。所以，寿险公司和财险公司的保险基金来源与结构有着较大的差异，这就需要具体问题具体分析，针对不同负债性质的保险基金，采取与之相适应的投资形式与渠道，实现保险投资资金与投资项目的相匹配，这就是保险投资所特有的匹配性原则。

保险投资的安全性、盈利性、流动性、匹配性四者之间既存在矛盾，又相互关联。从总体上看，安全性和流动性是成正比的，流动性较强也就是说变现能力较强的资产，通常安全有保障、风险较小；流动性、安全性与盈利性成反比，通常来说，流动性强安全性好的资产，盈利较低，反之则盈利较高。匹配性会限制保险投资的灵活性而影响流动性和盈利性。保险投资应在保证安全性和流动性的前提下，根据资产和负债的匹配，追求最大限度的利润。匹配性影响着流动性和盈利性，流动性是实现安全性的必要手段，安全性则是收益性的基础，在匹配性的基础上追求盈利是安全性和流动性的最终目标。

四、我国保险投资的发展历程

我国在1980年恢复国内保险业务，但保险投资则是从1984年开始的。因保险业发展阶段的特征差异，我们可以将我国保险投资的发展历程划分为以下三大阶段。

第一阶段（1980～1987年）：初步发展阶段。

这一阶段国家对保险公司的投资实行较严格的管理。1980～1984年，保险资金全部存入银行。1984年，国务院批准从保险公司收取的保费中，扣除赔偿额、赔款准备金、费用开支和缴纳税金后，余下的部分可自己运用，但国家对投资规模采取的是计划控制的方法，对投资的方式也作了严格的限制。1986年，中国人民保险公司的资金运用被限定为投资地方自筹的固定资产项目。1987年，批准试办流动资产贷款和购买金融债券。这一阶段的资金运用率和投资收益率都较低。

第二阶段（1988～1995年），无序投资阶段。

这一阶段，尤其是社会主义市场经济体制确立之后，经济改革步伐加快、证券市场正式启动并得以快速发展，随着非国有保险公司的纷纷成立，保险行业的竞争格局逐步形成，保险资金规模也在不断扩张。为防范通货膨胀风险、提高保险资金营运效率，各家保险公司纷纷开展了保险资金的投资与运营活动。1995年以前，保险资金的运用渠道包括发放贷款、不动产投资、购买股票等，但随之而来的就是保险公司资产质量出现了不同程度的恶化，违规运用保险资金现象严重，如“以贷促保”，从而形成大量不良资产。

第三阶段始于1995年10月，为逐步规范阶段。

1995 年，我国正式颁布国内第一部《保险法》，并对保险资金运用的范围和形式等作了严格的规定，保险公司的资金运用限于在银行存款、买卖政府债券、金融债券和国务院规定的其他资金运用形式。在此阶段，保险公司购买企业债券的品种仅限于评级在 AA + 以上的铁路、三峡和电力等中央企业债券，并且购买的债券余额不得超过保险公司总资产的 10%。1995 年《保险法》的颁布实施，标志着我国保险业进入到有法可依、依法管理阶段。以《保险法》的出台为标志，国内保险公司的资金运用渠道进入了严格管制和规范发展并重的阶段。

1998 年 10 月，中国人民银行批准保险公司加入银行间同业拆借市场，从事债券现券买卖业务。这是自《保险法》实施后第一次对保险公司的资金运用渠道进行开放。经各保险公司提交加入同业市场的申请后，1998 年 11 月第一批保险公司（共 6 家）正式加入同业市场，包括原中国人民保险公司、太平洋保险公司、平安保险公司、新华人寿保险公司、泰康人寿保险公司和华泰财产保险公司，并规定加入该市场的业务范围为现券交易。

1999 年 8 月，为发展货币市场，同时进一步拓宽保险公司的投资渠道，中国人民银行发出《关于批准保险公司在全国银行间同业市场办理债券回购业务的通知》，除了已允许从事的现券交易业务之外，批准作为全国银行间同业市场成员的保险公司可与其他银行间同业市场成员进行债券回购交易，交易券种为中国人民银行批准交易的国债、中央银行融资券、政策性银行金融债券等债券。

1999 年 10 月，保监会正式批准保险资金间接入市，保险公司可以在二级市场上买卖已上市的证券投资基金和在一级市场上配售发行的证券投资基金，同时确定保险资金间接进入证券市场的规模为 5%，以后视情况适当增加。2000 年，保监会先后批复泰康人寿、华泰财险等多家保险公司投资于证券投资基金的比例适当提高，但不超过上年末总资产的 10%。2001 年 3 月，保监会将平安、新华、中宏等三家保险公司的投资连结保险在证券投资基金上的投资比例从 30% 放宽至 100%。

2002 年 12 月，中国保监会公布首批取消 58 项行政审批项目，从监管上进一步与国际接轨。其中包括保险公司投资证券投资基金资格审批、保险公司在境外运用资金审批、保险公司购买中央企业债券额度审批、保险公司投资证券投资基金的投资比例核定等。

2003 年 1 月 1 日，新修订的《保险法》开始实施。与旧《保险法》相比，新修订《保险法》将保险公司的资金“不得向企业投资”规定改为“不得用于设立保险业以外的企业”，也就是说，国家允许保险公司的资金可用于设立与保险产业相关的其他企业，如保险资产管理公司、各类保险中介机构等。以新《保险法》实施为标志，国内保险资金运用开始进入快车道。同年6月，新出台的《保险公司投资企业债券管理暂行办法》将可购买的债券品种由四种中央企业债券扩展到经国家主管部门批准发行，且经监管部门认可的信用评级机构评级在AA级以上的企业债券，投资比例也由原来的10%增加到20%。

2004年2月，《国务院关于推进资本市场改革开放和稳定发展的若干意见》出台，鼓励合规资金入市，支持保险资金以多种方式直接投资资本市场，逐步提高社会保障基金、企业补充养老基金、商业保险资金等投入资本市场的资金比例。这标志着保险资金直接进入股市的政策坚冰开始融化。

2004年4月，保监会公布《保险资产管理公司管理暂行规定》，使保险公司搭建资金管理运用平台有章可循。《规定》确定了保险资产管理公司与保险公司之间的权利义务关系以及受托管理保险资金应遵循的一些基本规则，并为保险资产管理公司今后拓宽业务范围留下了法律空间。

2004年5月，保监会出台《保险资金运用风险控制指引（试行）》。《指引》对保险公司和保险资产管理公司建立运营规范、管理高效的保险资金运用风险控制体系，制定完善的保险资金运用风险控制制度提出了具体要求，被业内视为出台有关保险资金直接投资股票、投资境外资本市场、参与重大基础建设项目等投资管理细则的前奏。

2004年7月，保监会发布通知，允许保险公司投资可转债，可转债投资规模计入企业债券投资余额内，合计不得超过保险公司上月总资产的20%。这标志保险资金直接进入股市已近在咫尺。

2004年10月，中国保监会和中国证监会联合发布《保险机构投资者股票投资管理暂行办法》，保险资金直接进入股市获准。

2005年9月，中国保监会对外宣布，保监会积极协商国家外汇管理局，已经颁布了《保险外汇资金境外运用管理暂行办法实施细则》。这是在2004年颁布《保险外汇资金境外运用管理暂行办法》的基础上关于保险外汇资金境外投资的又一重要文件，标志着保险外汇资金境外运用步入实质性操作阶段。《细则》明确规定，保险外汇资金投资境外股票，只限于中国企业在纽约、伦敦、法兰克福、东京、新加坡和香港证券交易所上市的股票。此外，《细则》还允许保险资金配置于美元、港币、欧元、英镑、瑞士法郎、加币、澳元、日元、新加坡元等币种，这与人民币汇率形成机制参考的“一揽子货币”主要币种基本吻合，使保险机构可以投资全球主要成熟金融市场，构建多种货币投资组合，分散投资风险。

2006年1月，中国保监会主席吴定富在全国保险工作会议上透露，国务院已相继批准保险资金间接投资基础设施项目和渤海产业投资基金。这是保险资金投资渠道的又一重大突破。这可以减少对利率性产品的过度依赖，直接分享经济增长成果，降低保险业投资成本。基础设施项目投资期限长、收益较稳定，适合保险业尤其是寿险业的口味。

2007年，保监会已将保险资金直接投资A股比例由5%上调到10%，但保险资金权益类投资上限仍控制在20%。拥有股票投资资格的保险机构，其投资A股股票比例由占上年末总资产的5%升至10%；同时，保险资金投资证券投资基金（不包括货币市场基金）比例由15%降到10%。也就是说，保险资金权益类投资上限仍为20%。7月25日，中国保监会会同中国人民银行、国家外汇管理局正式发布《保险资金境外投资管理暂行办法》，允许保险机构运用自有外汇或购汇进行境外投资。

2009年4月发布了《保险资金间接投资基础设施项目试点管理办法》及《保险资金间接投资基础设施债权投资计划管理指引（试行）》规定保险公司可以投资保险资产管理公司、信托公司等专业管理机构发起设立的债权投资计划。

2010年8月保监会发布《保险资金运用管理暂行办法》，系统总结了多年来保险资金运用改革发展的成果，吸收了现行有关规定，明确了保险资金运用的原则、目的、运作模式、风险管控和监督管理。《办法》共6章70条，主要内容包括：一是深化保险资金运用改革；二是细化保险资金投资渠道；三是确立保险资金运用托管制度；四是规范运用风险管理工具。随后出台了《保险资金投资不动产暂行办法》和《保险资金投资股权暂行办法》。

第二节 保险投资的资金来源

保险公司投资的资金来源较多，但可用于投资的资金来源主要包括以下几项。

（一）权益资产

权益资产，即资本金、公积金、公益金和未分配利润等保险公司的自有资金。

资本金是保险公司的开业资本，也是备用资金。它是保险公司开业初期保险赔付的资金来源，也是偿付能力的重要组成部分。各国保险法为了促进保险人开业初期业务的开展，保证其经营的稳定性，均对保险人的开业资本金规定了最低限额。例如日本规定国内保险企业的最低限度资本金不得少于3 000万日元；法国规定保险股份有限公司的最低限度资本为500万法郎，相互保险公司的最低限度资本是250万法郎；加拿大按经营业务的不同而分别规定，经营非寿险业务的保险公司开业资本要求150万加元，经营寿险业务的保险公司则为200万加元；我国《保险法》第六十九条设立保险公司，其注册资本的最低限额为人民币2亿元。国务院保险监督管理机构根据保险公司的业务范围、经营规模，可以调整其注册资本的最低限额，但不得低于本条第一款规定的限额。保险公司的注册资本必须为实缴货币资本。

此外，还要求保险人将实收资本金的一定比例缴存保证金。由于资本金是保险人的自有资金，没有特定的责任对应，只有在发生特大自然灾害事故或经营不善以致偿付能力不足时才需动用。所以，资本金除去缴存的保证金外，一般可用于长期投资。例如，我国《保险法》第九十七条规定："保险公司成立后应当按照其注册资本总额的20%提取保证金，存入金融监督管理部门指定的银行，除保险公司清算时用于清偿债务外，不得动用。"

公积金、公益金和未分配利润在未使用或分配前，一直处于闲置状态，因而是一种可运用的资金。公积金是保险公司按保险公司法的规定从历年的利润中提存，它和保险公司的注册资本（或实收资本）共同构成保险公司的偿付能力或承保能力。公积金分为资本公积金和法定公积金，前者主要形成于资本溢价、资本盘盈、接受捐赠和汇兑收益等，后者是保险公司从税后利润中提取积累的公积金。公积金的用途一般限于弥补公司亏损，扩大公司经营规模和转增公司资本。公益金与法定公积金不一样，是从保险公司税后利润中提取，用于职工集体福利。未分配利润是保险公司在经营中形成的，尚未被股东分配或转为资本金的利润。

（二）责任准备金

责任准备金是从保费收入中提存的，是保险公司的负债，将来要偿付给被保险人的资金。由于保险经营的特点，这部分资金并不需要立即支付，在一段时间内掌握在保险人手中，成为保险投资的资金来源。根据保险公司经营管理的要求，保险准备金有多种形态，从投资角度看，大体上可划分为以下四种。

1. 未到期责任准备金。未到期责任准备金又称未满期保费准备金。因为当年承保的业务中，由于保险期限跨越会计决算年度，在下年度中仍有未了的保险责任，因而，应将未到期部分的保险费提存出来，转为准备做下年度未到期责任的赔偿之用，由此提存的保险费即为未到期责任准备金。

2. 未决赔款准备金。由于存在当年已经发生并且属于本年度支付而未支付的未决赔款，保险公司为了正确计算年度的损益，根据这些未决赔款从当年保费中估算提存的准备金就是未决赔款准备金。未决赔款准备金是保险人可运用资金的来源之一，而且随着保险人保险业务的开展，保费收入的增加，其规模也不断扩大。其估算一般有逐案估算和赔案平均估算两种方法。

3. 寿险责任准备金。它是指经营寿险业务的保险人，为了保证未来时期的经济给付责任而提取的准备金，世界各国的通行做法是按寿险保单的全部净值提取。这种准备金虽然属于保险公司的负债，却始终或长期停留在保险人手中，是可运用资金的主要来源。

4. 总准备金。它属于保险人的自有资金，通常从公司的税后利润中提取，用于特大灾害事故的赔款支出，故又称为巨灾准备金。在正常情况下，总准备金是长期沉淀的，是保险公司长期投资的一项主要资金来源。

（三）保险保障基金

这是各保险公司从保费收入中提取的。我国规定按当年保费收入1%的标准单独提取，当保险保障基金达到公司总资产的6%时，停止提取。筹集的资金专户储存于监管机构规定的商业银行，也可以购买国债。寿险业务和长期健康险业务不提取保险保障基金。当保险公司出现偿付能力严重不足或濒临破产需要运用该项基金时，须报请保险监管部门，批准后方可动用。

（四）其他资金

在保险公司经营过程中，还存在其他可用于投资的资金来源，如结算中形成的短期负债，这些资金虽然数额不大，而且须在短期内归还，却可作为一种补充的资金来源。此外，在一定时期内，因保费收入的形成相对集中，而赔款支出断续发生，这部分“时间差”所形成的资金，在年终决算形成利税和盈余上交或分配前，也是一种资金来源。

第三节 保险投资渠道

不同国家对保险投资的渠道有不同的规定。但一般来说，有以下六种主要的投资渠道。

（一）银行存款

银行存款是指保险公司将闲置资金存放于银行等金融机构。保险公司承担的赔付责任有很大的随机性，所以必须有一部分资金存入国家指定的银行账户，其中有长期存款，也有短期存款。这种投资方式，具有较强的安全性和流动性，但利息率较低，特别是在通货膨胀的情况下，货币难以保值和增值。所以，银行存款应该保持适当比例，所占比重不能太大，以保证经营性随时提款的需要为宜。从国外保险公司的投资实践看，银行存款不是主要的投资形式。保险公司通常运用银行存款作为正常赔付或寿险保单期满给付的支付准备，以及临时性的机动资金准备，而不是作为获取投资收益的投资形式。

（二）债券

债券包括政府债券、金融债券和公司债券。政府债券包括国家和地方政府发行的公债，定期偿还本金和支付预定利息，信用等级高，并有税收优惠。金融债券是由金融机构（主要是银行）发行的债券。公司债券是公司为筹集资金而发行的债务凭证。2009 年企业主体债券发行规模创出 19 659.5 亿元的历史新高，同比猛增 83.5%。2010 年，我国债券余额达 20.4 万亿元。根据 BIS 统计，我国债券市场规模排名已跃居世界第 5 位、亚洲第 2 位。2010 年末公司信用类债券的余额达 4.3 万亿元，占国内生产总值（GDP）比重上升到 10.9%。根据 BIS 统计，我国公司信用债券市场排名已跃居世界第 4 位、亚洲第 2 位。2010 年我国银行间债券市场交易量突破 150 万亿元，比 2004 年增长 12 倍多，债券换手率大幅提高，公司信用类债券流动性在亚洲国家位于前列。一般来说，债券的最大特点是利率固定、期限长、变现能力较强，尤其是政府债券，风险最小，安全性最高。债券投资存在着利率风险、信用风险和流动性风险。债券价格会由于利率变化导致其内在收益率变化而出现反向变动，使保险公司面临债券出售价格波动的风险。政府债券一般没有信用风险，金融债券和公司债券存在一定的信用风险。2009 年《关于债券投资有关事项的通知》保险机构投资企业（公司）债券的比例，由不超过该保险机构上季末总资产的 30%，调整为不超过该保险机构上季末总资产的 40%。其中，投资香港市场债券的比例，统一按《通知》第二条第（四）项执行。其他投资比例，仍按《暂行办法》和《通知》的有关规定执行。2010 年 11 月，我国保险机构银行间市场债券托管量增加 157.27 亿元；2010 年 12 月，增加 279 亿元；2010 年全年共增 3 855 亿元。2011 年 1 月份，根据中国债券信息网 1 月份的最新统计数据，保险机构银行间市场债券托管量 1.97 万亿元，较上月末增加 98 亿元，而与此同时，商业银行债券托管量为 14.02 万亿元，较上月减少 653 亿元；基金公司债券托管量 1.2 万亿元，较上月增加 93 亿元。

（三）股票

股票是一种有价证券，是股份公司在筹集资本时向出资人公开或私下发行的、用以证明出资人的股本身份和权利，并根据持有人所持有的股份数享有权益和承担义务的凭证。上市公司股票可以随时转让，流动性很强。股票收益来自股息收入和资本利得，股息收入的多少完全取决于公司的盈亏状况，资本利得则取决于未来股票价格的走向，一般情况下，在经济景气时期，股票投资的回报率高于债券利息和存款利率。因此，相对于债券，股票的收益较高。不过，股票市场受政治、经济、国际、国内各种因素影响较大，其安全性比其他投资方式低，风险较大。股票可分为优先股和普通股。优先股股息固定，派息后于公司债务还本付息，而先于普通股。当公司破产清盘时，优先股对公司剩余财产的要求权后于公司债务而先于普通股。一般而言，优先股投资风险较债券大，较普通股低。因此，优先股投资是保险资金运用的较佳选择。

（四）证券投资基金

证券投资基金是一种利益共存、风险共担的集合证券投资方式，即通过发行基金份额，集中投资者的资金，由基金托管人托管，由基金管理人管理和运用资金，从事股票、债券等金融工具投资，并将投资收益按基金投资者的投资比例进行分配的一种间接投资方式。我国《证券投资基金法》规定，基金财产应当用于下列投资：第一，上市交易的股票、债券；第二，国务院证券监督管理机构规定的其他证券品种。因此，证券投资基金的投资范围为股票、债券等金融工具。目前我国的基金主要投资与国内依法公开发行上市的股票、非公开发行股票、国债、企业债券和金融债券、公司债券、货币市场工具、资产支持证券、权证等。2003年《保险公司投资证券投资基金管理暂行办法》第八条保险公司投资基金的比例应符合如下要求：（1）各保险公司投资基金的余额按成本价格计算不得超过本公司上月末总资产的15%；（2）保险公司投资于单一基金的余额按成本价格计算，不得超过上月末总资产的3%；（3）保险公司投资干单一封闭式基金的份额，不得超过该基金份额的10%。证券投资基金是一种集中资金、专家管理、分散投资、降低风险的投资工具，但投资者投资于基金仍有可能面临风险。证券投资基金存在的风险主要有：

1. 市场风险。基金主要投资干证券市场，投资者购买基金，相对于购买股票而言，由于能有效的分散投资和利用专家优势可能对控制风险有利。分散投资虽能在一定程度上消除来自个别公司的非系统性风险，但无法消除市场的系统性风险。因此，证券市场价格因经济因素、政治因素等各种因素的影响而产生波动时，将导致基金收益水平和净值发生变化，从而给基金投资者带来风险。

2. 管理能力风险。基金管理人作为专业投资机构，虽然比普通投资者在风险管理方面确实有某些优势，如能较好地认识风险的性质、来源和种类，能较准确的度量风险，并通常能够按照自己的投资目标和风险承受能力构造有效的证券组合，在市场变动的情况下，及时地对投资组合进行更新，从而将基金资产风险控制在预定的范围内等，但是，不同的基金管理人的基金投资管理水平、管理手段和管理技术存在差异，从而对基金收益水平产生影响。

3. 技术风险。当计算机、通信系统、交易网络等技术保障系统或信息网络支持出现异常情况时，可能导致基金日常的申购或赎回无法按正常时限完成、注册登记系统瘫痪、核算系统无法按正常时限显示基金净值、基金的投资交易指令无法即时传输等风险。

4. 巨额赎回风险。这是开放式基金所特有的风险。若因市场剧烈波动或其他原因而连续出现巨额赎回，并导致基金管理人出现现金支付困难时，基金投资者申请巨额赎回基金份额，可能会遇到部分顺延赎回或暂停赎回等风险。

（五）不动产投资

不动产投资是指保险公司把资金用于购买土地、直接建造或购买并自行经营的房地产、基础设施的投资，如建造大型宾馆、公共娱乐场所和住宅等。不动产投资具有占用资金量大、投资期限长的特点，是比较适合于寿险资金的一种投资方式，收益一般较高，但流动性差。投资期限长就难以预期经济形势和宏观政策变化对投资于不动产的影响，因此，这种投资形式存在着价格风险。各国保险立法对投资于不动产有严格的比例限制。

中国保监会在《保险资金投资不动产暂行办法》第十四条规定：保险公司投资不动产（不含自用性不动产），应当符合以下比例规定：

1. 投资不动产的账面余额，不高于本公司上季度末总资产的10%，投资不动产相关金融产品的账面余额，不高于本公司上季度末总资产的3%；投资不动产及不动产相关金融产品的账面余额，合计不高于本公司上季度末总资产的10%。

2. 投资单一不动产投资计划的账面余额，不高于该计划发行规模的50%，投资其他不动产相关金融产品的，不高于该产品发行规模的20%。

（六）贷款

保险资金用于贷款是指向需要资金的单位或个人提供融资。包括抵押贷款和保单贷款。抵押贷款包括不动产抵押贷款、有价证券质押贷款和银团担保贷款等。选择恰当的抵押贷款种类可使保险公司获得较为安全、稳定的收益。国外一些保险公司对住宅楼宇长期抵押贷款往往采取分期偿还、本金递减的方式，收益较为理想。保单贷款，又称保单质押贷款，是指保险公司以寿险保单为依据向保单持有人的贷款。贷款以寿险保单为质押，在保单现金价值一定比例内发放。保单贷款这种投资方式较为安全，在发达国家的保险公司较为常用。

保险资金除了上述运用形式外，还可用来投资各类金融衍生工具、同业拆借、黄金、外汇等。

本章小结

1. 保险投资是保险公司将其可用资金进行证券买卖和其他资产买卖的一种资金运用行为。与承保业务一样，保险投资已成为现代保险公司一项非常重要的经营活动。保险公司将其暂时闲置的保险基金进行合理运用，使其达到增值目的的过程。

2. 保险公司的资金来源较多，但可用于投资的资金来源主要有权益资产、责任准备金、保险保障基金及其他资金。

3. 保险投资的方式有银行存款、债券、股票、证券投资基金、不动产投资和贷款。

重要概念

保险投资　权益资产　责任准备金　保险保障基金　银行存款　债券　股票　证券投资基金　不动产投资　贷款

思考与练习

1. 简述保险投资的含义和必要性。
2. 保险投资资金的来源有哪些?
3. 保险投资的方式主要有哪几种?
4. 论述我国保险投资渠道是如何一步一步拓宽的。
5. 简述我国保险投资的发展阶段和存在的主要问题。

第四编

保险市场与保险监管

第十三章 保险市场

本章概要

保险市场是保险商品交易的场所，具有不同于其他市场的特征。本章首先阐述保险市场的基本概况，包括保险市场的特征、市场主体、市场客体和市场模式；然后分析影响保险供给和需求的各种因素，并介绍保险市场供给主体的主要组织形式；最后介绍保险中介的构成情况及保险中介的发展趋势。

学习要求

1. 了解保险市场的特征及构成要素。
2. 了解我国现行的保险主要组织形式。
3. 掌握影响保险市场供给和需求的主要因素。
4. 了解保险中介的作用及其构成。
5. 了解保险中介的发展趋势。

引　言

保险市场是一国金融市场的重要组成部分。保险市场的主要构成要素是市场主体和市场客体，市场主体即保险市场的参与者包括保险商品的需求方和供给方、保险中介，市场客体即是形形色色的保险商品。保险市场就是市场主体之间以市场客体为纽带缔结的各种经济关系的总和。

第一节　保险市场概述

保险市场，是指保险商品供给与需求关系的总和，通常由保险商品的交换关系组成。保险市场既包含固定的、有形的、实现保险商品交换和让渡的交易场所，如保险交易所，也包含无固定场所的无形的交易空间，如网上交易等。保险市场的交易对象是保险人为消费者提供的各种保险保障，也就是各类保险商品。

一、保险市场的特征

保险商品的特殊性决定了保险市场的特有特征。

1. 保险市场是直接的风险市场。尽管任何市场都存在风险，交易双方都可能因市场风险的存在而遭受经济上的损失，但是，一般商品市场所交易的对象，其本身并不与风险联系，而保险市场所交易的对象是保险人提供的风险保障，所以本身直接与风险相关联。保险商品的交易过程，本质上就是保险人聚集与分散风险的过程。所以，保险市场是一个直接的风险市场。

2. 保险市场是非即时清结市场。所谓即时清结，指市场交易一旦结束，供需双方立刻就能够确切知道交易结果。无论是一般的商品市场，还是金融市场，都是能够即时清结的市场。而保险交易活动，风险的不确定性和风险的射幸性使交易双方都不可能确切地知道交易结果。而且，保险单的签发，看似保险交易的完成，实质是保险保障的开始，最终的交易结果还要看双方约定的保险事故是否发生。所以，保险市场是非即时清结市场。

3. 保险市场是特殊的"期货"交易市场。由于保险的射幸性，保险市场所成交的任何一笔交易，都是保险人对未来风险事件发生所致经济损失进行补偿的承诺。而保险人是否进行经济补偿，则取决于保险事故是否发生，只有约定的保险事故发生，保险人才能进行经济补偿。因此，保险市场是一种特殊的"期货"市场。

二、保险市场的构成要素

（一）保险市场主体

保险市场的主体就是保险市场的参与者，包括保险商品的供给方、需求方和保险中介。

1. 保险商品的供给方

保险商品的供给方是指在保险市场上，提供各类保险商品，承担、分散和转移他人风险的各类保险人。我国《保险法》规定，保险人的组织形式只能是独资公司或股份有限公司，不允许个人经营保险业务。

2. 保险商品的需求方

保险商品的需求方是指保险市场上现有的或潜在的保险商品的需求者，即具有一定的缴费能力和投保意愿的投保人。

3. 保险市场的中介方

保险市场中介方，即包括充当保险供需双方的媒介、把保险人和投保人联系起来并建立保险合同关系的人，包括保险代理人和保险经纪人；也包括独立于保险人与投保人之外，以第三者身份处理有关保险业务的公证、鉴定、理算、精算等事项的人，如保险公证人（行）或保险公估人（行）、保险律师、保险理算师、保险精算师、保险验船师等。

专栏 13.1　2010 年保险市场关键词六：创新与回归

2010 年，保险行业在创新之路上继续前行，特别是在营销模式上及新渠道建设上，步伐迈得不小。2010 年 10 月，中国平安首推的金领移动展业新模式在全国正式推广。一个销售人员，一个电子化销售平台，能够在现场支持客户了解产品、完成投保、获得核保结果、现场交纳保费并获得保障，整个过程仅需半个小时。网络投保方面，除了保险公司以自身的网站作为销售平台外，保险网络营销市场还涌现出很多大型的保险网络销售平台，如中国保险信息网、E 家保险网、淘宝网等。电话销售方面，各家公司电话销售车险的热情一浪高过一浪。

资料来源：http：//www. sina. com. cn，2011 年 1 月 17 日《理财周刊》。

（二）保险市场客体

保险市场的客体是指保险市场上供求双方具体交易的对象，即保险商品，如人身保险、财产保险等。保险商品的载体是保险合同，其内容是保险事故发生时给予经济保障的承诺。保险商品是一种特殊形态的商品，具有以下特征：

第一，这种商品是一种无形商品。其他商品在交易时可以明显地把握其使用价值和价值，而保险商品提供的是一种无形的风险保障，这种保障只有在约定事件发生或约定期限届满时，才能感觉到其价值，因此，这种无形商品的价值不容易被人们主观地感知到。

第二，这种商品是一种“非渴求商品”。由于保险商品的射幸性和风险发生的偶然性，只有部分人可以得到赔偿和给付，致使一部分人产生侥幸心理，因此，一般情况下，人们很少主动购买保险商品。

第三，保险商品的需求弹性较大。由于保险商品的非渴求特点，保险需求受保险产品价格、收入、心理作用等因素的影响较大，具有较大的弹性特征，因此，保险商品的销售呈现出“主动推销”的特征。

（三）保险市场模式

保险市场的模式，也叫市场结构，反映的是市场的竞争程度。当前主要存在完全竞争、完全垄断、垄断竞争和寡头垄断等四种保险市场模式。

1. 完全竞争模式。一般认为完全竞争模式是一种理想的市场模式，它能充分、适度、有效地利用生产资源。这种模式下，保险市场上有数量众多的保险公司，保险市场处于不受任何阻碍和干扰的状态中，保险资本可以自由流动，每个保险公司在保险市场上所占的份额都很小，任何一个保险公司都不能单独左右市场，而由保险市场自发地调节保险商品的价格。这种模式在保险业发展较早的西方发达国家早期存在，但是，自由竞争发展的结果，必然导致垄断。

2. 完全垄断模式。完全垄断型保险市场，是指保险市场完全由一家保险公司操纵，市场上没有竞争，没有替代品，没有可供选择的保险人。因此，保险公司可凭借其垄断地位获得超额利润。完全垄断模式分为两种形式：一种是专业型完全垄断模式，即在一个保险市场上同时存在两家或两家以上的保险公司，各自垄断某类保险业务，相互之间业务也不交叉；另一种是地区型完全垄断模式，指在一个国家中同时存在两家或两家以上的保险公司，各垄断某一地区的保险业务。

3. 垄断竞争模式。在垄断竞争型的保险市场中，大小保险公司并存，少数大公司在市场上取得垄断地位。竞争的特点表现为：同业竞争在大垄断公司之间、垄断公司与非垄断公司之间激烈展开。

4. 寡头垄断模式。寡头垄断型保险市场，是指在一个保险市场上，只存在少数相互竞争的保险公司。在这种模式的市场中，保险业经营依然以市场为基础，但保险市场具有较高的垄断程度，保险市场上的竞争是保险垄断企业之间的竞争，形成相对封闭的保险市场。

专栏 13.2 亚洲和中国保险市场概况

2009 年见证了自 1930 年以来最严重的一次经济危机。全球国民生产总值缩水了 1.9%，降至 582 160 亿美元。尽管国民生产总值急剧下降，大部分国家的保险行业却表现出强劲的增长势头。亚洲的保险收入依然在增长，不过增长率较 2008 年有所放缓。

1. 亚洲保险市场结构

根据瑞士再保险公司的研究，2009 年全世界保费规模（寿险和非寿险）为 40 660 亿美元，其中欧洲占 39.6%（2008 年 41%），北美占 30.5%（2008 年 32%），亚洲比去年上升 2.3 个百分点，占 24.3%，排名第三。就亚洲市场而言，如果用保费收入来衡量市场份额，2009 年日本仍在 10 个国家或地区中稳居状元，拥有 53% 的市场占有率。中国则与 2008 年一样，依然占据榜眼位置，由 2008 年 16% 的市场占有率增长至 17%。韩国位列第三，拥有 10% 的市场占有率，相对于 2008 年萎缩了 1%。印度在亚洲市场占有率约为 6.8%。亚洲四小龙（韩国，中国香港，新加坡和中国台湾）一共占有 20.2% 的市场份额，小于中国和印度市场占有率之和。

在保费构成上，全球保费中寿险和非寿险保费收入分别为 23 310 亿美元（占 57.3%）和 17 340 亿美元（占 42.7%）。亚洲市场的保费构成则有些不同，其中寿险保费在保费构成中占较大比重，达到 74%。出现这种情况的主要原因是日本市场的影响。日本保险市场的规模占整个亚洲市场的一半以上，而日本保险市场主要以寿险为主，寿险保费占到其总保费的 79%。

2. 保险深度和保险密度

保险深度指的是保费规模占 GDP 的比率。整个亚洲平均保险深度为 6.1%（与 2008 年的 6.0% 相比略有上升），其中“亚洲四小龙”依然占据领先地位。中国台湾保险深度最高，达 16.8%，接下来依次是中国香港（11%），韩国（10.4%）以及新加坡（6.8%）。日本作为规模最大的市场，保险深度为 9.9%。亚洲人口最多的两个经济体——中国大陆和印度，保险深度却分别只有 3.4%（2008 年为 3.3%）和 5.2%（2008 年为 4.6%），也说明了这两个市场有着巨大的潜力。保险深度最低的国家是印度尼西亚，只有 1.3%。

从保险密度（即人均保费）来看，2009 年亚洲国家和地区人均保费支出约为 243.1 美元，略高于 2008 年的 234.3 美元。其中，2009 年寿险保费和非寿险保费支出分别为 180.3 美元和 62.8 美元。由于经济差异以及财富分配不均衡等方面的原因，各国家和地区保险密度存在较大差异。亚洲国家和地区中，日本拥有最高的保险密度，为 3 979 美元，中国香港紧随其后，为 3 304 美元，其次是中国台湾（2 752 美元），新加坡（2 558 美元），以及韩国（1 890 美元）。2009 年度，中国台湾超越了新加坡而占据了排名第三的位置。保险竞争力研究所涵盖的其他国家中，印度尼西亚保险密度最低，为 31.7 美元，其次是印度（54.3 美元），中国（121.2 美元），泰国（154.4 美元）和马来西亚（321.8 美元）。

资料来源：节选自《21 世纪经济报道》，2011 年 2 月 26 日。

第二节 保险市场的供给

一、保险市场供给概述

(一) 保险市场供给的含义

保险市场供给是指在一定的费率水平上，保险市场上各家保险公司愿意并且能够提供的保险商品的品种和数量。保险市场的供给包括质和量两方面的内容。

保险市场供给的质是指保险供给者所提供的各种不同的保险险种，如财产保险、人身保险、责任保险等。保险供给的量，一方面是指保险企业为某一种保险品种所提供的经济保障额度；另一方面是指保险企业为全社会所提供的所有保险商品的经济保障总额，即全社会所有保险人对社会经济所担负的风险责任的总量。

通常情况下，保险市场的供给用保险市场的承保能力来度量。承保能力主要指的是保险市场能够提供的总保险金额。度量保险供给的意义在于反映全社会保险供给量及其增长的程度。

(二) 制约保险市场供给的主要因素

保险供给以保险需求为前提。因此，保险需求是制约保险供给的基本因素。在存在保险需求的前提下，保险市场供给的实际数量和质量，受到以下因素的制约：

1. 保险费率。在市场经济条件，保险供给的主要影响因素是保险费率，也就是保险价格，从理论上讲，保险价格与保险供给成正比，一般来说，保险费率上升，所收保费越多，会刺激保险供给增加，社会有一部分资本流向保险行业，扩大了保险供给；反之，保险费率降低，保险供给就会减少。因此，保险市场供给予保险费率呈正相关关系。保险公司可根据保险市场费率的变化，从保险结构上调整业务经营，通过扩大或减少供给，调高或调低费率的办法来使险种的结构合理化。

2. 保险资本量。保险公司经营保险业务必须拥有一定数量的经营资本，因为保险公司开展保险经营时，不仅要为基本设施、人员等支出费用，还需要拥有一定数量的资本作为赔付准备金。这个资本量在客观上制约着保险供给的总规模。一般情况下，可用于经营保险业的资本量与保险供给成正比关系。

3. 保险业的技术和管理水平。保险业经营是一种技术性和专业性都很强的业务活动，尤其是保险费率的厘定要运用复杂的保险精算技术。有些险种即使有较大的市场需求，但由于险种设计过于繁复，保险公司仍难以提供供给。可见，保险技术的难易程度制约了保险供给。

4. 保险业的偿付能力。由于保险经营存在特殊性，各国法律对于保险公司都规定有最低偿付能力标准，因而保险供给会受到偿付能力的制约。保险公司的业务容量比例也使得公司不能随意、随时扩大保险供给。我国《保险法》第九十八条规定："保险公司应当具备与其业务规模相适应的最低偿付能力。保险公司的实际资产减去实际负债的差额不得低于保险监督管理部门规定的数额；低于规定数额的，应当增加资本金，补足差额。"

5. 保险利润率。保险利润率是制约保险供给诸因素中最重要的因素之一。一般地说，需求的动力是消费，供给的动力是利润。在西方市场经济制度下，平均利润率规律支配着一切经济活动，保险资本也受平均利润率规律支配。因此，平均利润率是制约保险供给的基本因素，其他因素都围绕着这一因素发生作用。如果保险公司的平均利润率高，就会诱导人们投资保险公司，从而扩大保险供给；如果保险公司的平均利润率低，就会导致许多人退出保险行业，这样就缩小了保险供给。

6. 互补品、替代品的价格。互补品价格和保险供给呈正相关关系。互补品价格上升，引起保险需求减少，保险费率上升，使保险供给增加；互补品价格下降，引起保险需求增加，保险费率下降，使保险供给减少。替代品价格与保险供给呈负相关关系。替代品价格下降，保险需求减少，保险费率上升，使保险供给增加。反之，则使保险供给减少。

7. 政府监管。保险业是一个极为特殊的行业，各国对其都有相对于其他行业更严格的监管，有些甚至是极为苛刻的。因而，保险监管政策是否宽松在很大程度上决定了保险业的发展，决定保险经营的性质，也决定了保险业的发展方向。如果监管政策为扶持和鼓励态度，则保险供给增加；反之，若采取限制发展的政策，则保险供给减少。

专栏 13.3 "十一五"保险业沿着科学发展道路不断前进

2010 年以来，保险业深入贯彻落实科学发展观，围绕转方式、调结构、防风险、促发展，开拓创新、扎实工作，保险市场继续保持了良好发展势头。2010

年1~11月，全国实现保费收入1.34万亿元，同比增长31.6%。其中，财产险保费收入3 527.7亿元，同比增长33.6%；人身险保费收入9 912.6亿元，同比增长30.8%。保险赔付2 812.6亿元。保险公司预计实现利润总额576.7亿元，同比增长25.1%。保险总资产达到4.9万亿元。目前已有保险公司146家，比2005年增加53家，形成了原保险、再保险、保险中介、保险资产管理协调发展的现代保险市场体系。大部分保险公司已经实现业务数据大集中、大后援，信息化水平大幅提高，保险资金运用已经基本实现集中化、专业化、规范化运作。

2010年是“十一五”的收官之年。回顾这五年，保险业走过了不平凡的发展历程。在国际金融危机爆发，全球保险业业务增长缓慢的情况下，我国保险业正确判断、有效应对，保持了持续较快发展的良好势头，保费收入年均增长24.2%。五年来保险机构共实现投资收益7 201.2亿元，年均投资收益率超过6%。保险业各项赔款和给付支出累计达1.26万亿元，是“十五”期间的2.95倍。在南方雨雪冰冻灾害、汶川地震等重大自然灾害和突发事件面前，保险业较好地发挥了经济补偿和社会风险管理功能，促进了生产生活秩序的稳定和灾后重建。

资料来源：http：//www.sina.com.cn，2011年1月10日《中国金融》。

二、保险市场供给的组织形式

保险市场供给的组织形式，是指保险市场上保险人经营保险业务所采取的组织模式。保险经营组织形式多种多样，从目前国际保险市场的现状来看，主要有如下五种：国有独资保险公司、股份制保险公司、相互保险公司、个人保险人和专业自保公司。其中，保险股份有限公司占据主导地位。

（一）国有独资保险公司

它是由政府或国家授权的机构投资设立并经营。它可以是非垄断性的，与私营保险公司自由竞争，平等地成为市场主体的一部分；也可以是垄断性的，具有经营独占权，从事一些特别险种的经营，如美国国有保险公司经营的银行存款保险，其经营目的是以增加财政收入为目标。当前，国有保险公司在组织形式上发生了一些新的变化，主要是国有保险公司并非都由政府出资设立，也并非必须由政府设机构经营。但是，无论采取哪种形式，只要不改变其国家所有的性质，都可以成为国有保险公司的组织形式。

（二）保险股份有限公司

保险股份有限公司简称为股份公司，是现代企业制度最典型的组织形式，它是由一定数目以上的股东发起组织，全部注册资本被分为等额股份，股东以其认购股份承担有限责任，公司以其全部资产对公司债务承担民事责任的企业法人。采用这种组织形式在筹资方面具有较大的优越性。从国际保险业的发展趋势看，股份保险公司是保险公司最主要的组织形式。

保险股份有限公司有以下特点：(1) 股份有限公司是典型的合资公司，公司的所有权与经营权相分离，利于提高经营管理效率，扩展保险业务，分散风险。(2) 股份有限公司通常发行股票（或股权证）筹集资本，比较容易筹集大额资本，财力雄厚，有利于业务扩展。

保险股份有限公司的组织机构主要由三部分组成，即决策机构、执行机构和监督机构，其中，决策机构或权力机构是股东大会，经营机构是董事会，监督机构是监事会。

（三）相互保险公司

相互保险公司是由具有共同风险的单位或个人，为达到分散风险的目的共同集资设立的非营利保险组织。其参与者并非股东，仅仅是合同当事人（称社员）。该公司的所有社员必须为保险参加者，他们既是被保险人，又是保险人，当保险关系终止时，会员资格也随之丧失。因此，相互保险公司是一种非营利型公司。相互保险公司的最高权力机构是社员代表大会，理事不限于社员，为了有利于开展业务，常常选举具有各种社会关系的成员担任理事。

股份保险公司与相互保险公司相比较，有如下特点：

1. 从公司主体看，股份保险公司由股东组成，相互保险公司由社员组成。股份保险公司的股东并不限于保险加入者；相互保险公司的社员必须是保险加入者，即相互保险公司的投保人具有双重身份，当投保人购买公司保单后，就成为公司成员。

2. 从经营资金看，股份保险公司的资金来源于股东股本；相互保险公司则为基金，其来源并不限于社员，可从外部借入。

3. 从保费缴纳方式看，股份保险公司采取确定保费制；相互保险公司则不采用这种保费制，而是按其厘定费率的不同方法，分为摊收保费制、永久保费制和预付保费制三种。

4. 从保险合同的性质看，股份保险公司提供的有关合同均属商业行为，要征收营业所得税；相互保险公司的行为一般不属于商业性质，无须交纳所得税。

5. 从利益处理看，对股份保险公司的利益，股东有全部处理权；相互保险公司的剩余，首先要支付借入基金的利息，多余部分才能由社员均分。

6. 从权力机构看，股份保险公司的权力机构是股东代表大会，相互保险公司的权力机构则是社员代表大会。股份保险公司的董事仅限于股东，相互保险公司的理事可选用非社员的其他成员。

（四）个人保险人

个人保险人，即以个人名义承保保险业务的一种组织形式。迄今为止，这种组织形式只有英国的"劳合社"。"劳合社"是当今世界上唯一的，也是最大的具有垄断性质的个人保险组织。劳合社并不是一个保险公司，不直接承保业务，而是一个类似交易所的保险市场，实际上是个人承保商的集合体，其成员全部是个人，各自独立、自负盈亏，进行单独承保，并以个人的全部财力对其承保的风险承担无限责任。

（五）专业自保公司

专业自保公司是指某一行业或企业为本系统或本企业提供保险保障的组织形式。欧美国家的许多大企业集团，都有自己的自保保险公司。行业自保组织具有一般商业银行所具备的优点，但其使用范围有所限制，所以不能像商业保险那样普遍被采用。

三、我国现行的保险组织形式

（一）国有独资保险公司

国有独资保险公司是我国保险公司的主要组织形式之一，在我国保险市场上占有主导地位。它是国家以投资者的身份参与保险业经营的重要手段，并担负着经营政策性保险业务的重要职能。国有独资保险公司具有特殊性：它是一种特殊的有限责任公司，其组织机构是一种特殊的国有企业。我国的国有独资保险公司主要有中国人民保险集团公司、中国人寿保险（集团）公司、中国再保险（集团）股份有限公司、国家出口信用保险公司以及香港中国保险（控股）有限公司等。

（二）保险股份有限公司

我国新设立的中资保险公司基本上采取这种组织形式，股份有限公司已发展成为我国保险公司的重要组织形式之一。《保险法》规定：设立保险公司应当经国务院保险监督管理机构批准。设立保险公司应当具备下列条件：主要股东具有持续盈利能力，信誉良好，最近三年内无重大违法违规记录，净资产不低于人民币2亿元；有符合本法及《中华人民共和国公司法》规定的章程；有符合本法规定的注册资本；有具备任职专业知识和业务工作经验的董事、监事和高级管理人员；有健全的组织机构和管理制度；有符合要求的营业场所和与经营业务有关的其他设施。当前我国主要的保险股份公司有中国平安保险（集团）股份有限公司、中国太平洋保险（集团）股份有限公司等。

（三）行业自保组织

我国的行业自保组织主要有中华联合财产保险公司。该公司前身是新疆建设兵团保险公司。1986年7月15日由财政部、农业部专项拨款1.1亿元在新疆注册成立的“新疆生产建设兵团农牧业生产保险公司”。成立之初，公司主要经营新疆生产建设兵团范围内的“种、养”两种保险业务。1990年，经中国人民银行批准，公司的业务险种范围扩展到兵团农牧团场以下的财产险和人身险。1992年，公司经央行批准再次将业务领域拓展到兵团范围内除涉外保险和法定保险外的所有保险业务，并改名为“新疆兵团保险公司”。2001年11月，根据兵团保险的管理和经营情况，中国保监会批准其业务经营范围从全自治区扩大至全国。2005年10月18日，正式更名为“中华联合财产保险公司”并举行了挂牌仪式。

专栏13.4　保险超市颠覆传统销售模式

随着国内大型专业保险中介企业的不断壮大，一种可为消费者提供更多选择的保险超市正在悄然兴起，并在多个方面对消费者更具吸引力。记者发现，在这些“超市”里，产品选择多，基本涵盖了意外险、疾病险、寿险、财产险、企业年金等保险种类；其次是服务快，“超市”代理人可站在中立、客观的立场为客户提供专业的财务分析，市民无须再到处比较与研究产品，这里还能为投保人提供理赔和法律咨询，协助投保人向保险公司争取更大的权益；还有就是花费省，通过对各家保险公司拳头产品的优化组合，取长补短，同样一套较全面的同额度的保障方案，保险超市可以为客户节省10%～30%的保费。业内人士表示，保险超市颠覆了保险以往传统单一的销售模式，它就像保险行业中的沃尔玛、国美，让消费者有了更多的选择余地。

资料来源：《深圳特区报》，2011年1月12日。

第三节 保险市场的需求

一、保险市场需求概述

（一）保险市场需求的含义

保险需求是全社会在一定时期内购买保险商品的货币支付能力，即在特定时间内，在不同的费率水平上，消费者保险需求的集合。它包括保险商品的总量需求和结构需求，总量需求可以用投保人投保的保险金额总量来计量，结构需求是各类保险商品占保险商品需求总量的比重，如财产保险保费收入占全部保费收入的比率，财产保险和人身保险各自内部的结构等。不过，由于保险商品的特殊性所在，消费者除了要有投保欲望与缴费能力以外，保险利益的存在成为保险需求的首要前提。

（二）影响保险市场需求的主要因素

1. 风险因素。风险是保险产生、存在和发展的前提条件和客观依据，从而也就成为产生保险需求的条件。保险需求问题与风险因素存在的程度成正比，风险程度越大，保险需求越强烈。

2. 保险费率。保险费率对保险市场需求有一定的约束力。两者一般呈反方向变化，从总体上来讲，费率上升带来保险需求的减少；费率下降导致保险需求增加。但是，费率对保险需求的影响会因保险品种的不同而不同。

3. 消费者收入。消费者收入直接关系到保险购买力的大小。当国民收入增加时，作为保险商品的消费者、企业的利润也会随之增多，会有更强的缴费能力，保险的需求随之扩大。因此，消费者收入是影响保险需求的主要原因之一。

4. 保险互补品和替代品价格。财产保险的险种是与财产相关的互补商品。例如，汽车保险与汽车，当汽车的价格下降时，会引起汽车需求量增加，从而导致汽车保险商品需求量的扩大，反之，则会引起汽车保险商品需求量的减少。另外，一些保险商品，特别是人寿保险商品是储蓄的替代商品，当银行利率上升时，人寿保险商品的需求量就会减少，反之，则会增加。

5. 经济制度。市场经济条件下，个人和企业会面临更多的风险，而这一切不再由国家包揽解决，保险就成为一条最佳的解决途径，因而经济制度的变化会影响保险的需求。

二、保险市场供求平衡

保险市场供求平衡，是指在一定费率水平下，保险供给恰好等于保险需求的状态，即保险供给与需求达到均衡。保险市场供求平衡包括供求的总量平衡与结构平衡两个方面。保险供求的总量平衡指的是保险供给规模与需求规模的平衡，保险供求的结构平衡指的是保险供给的结构与保险需求的结构相匹配，包括保险供给的险种与消费者需求险种的适应性、费率与消费者缴费能力的适应性以及保险产业与国民经济产业结构的适应性等。

保险供给与保险需求之间的均衡，不外乎三种情况：第一种情况，保险供给与保险需求之间达到均衡；第二种情况，保险供给大于保险需求，此时，要激发社会公众对保险产品的需求量，即刺激需求，调整供给，尤其发挥保险价格的作用，适当降低保险价格，使两者逐步趋于均衡；第三种情况，保险需求大于保险供给，只能从增加保险供给入手，新增保险业务，扩大范围，最大限度地满足投保者的要求，必要时适当提高保险价格，从而，使保险需求与供给达到均衡。

保险市场有自动实现供求平衡的内在机制。保险市场供求平衡受市场竞争程度的制约，市场竞争程度决定了保险市场费率水平的高低，因此，在不同的费率水平下，保险供给与需求的均衡状态并不相同，如果市场达到均衡状态后，市场价格高于均衡价格，则保险需求缩小，迫使供给缩小以维系市场均衡；如果市场价格低于均衡价格，则保险供给缩小而迫使需求下降，实现新的市场均衡。

专栏 13.5 供给超前与需求滞后

中国保险业的可持续发展需要由供给者、中介人和消费者“三驾马车”合力共同拉动，其中，保险消费者是最具实质力量的“一驾马车”，因为无论是保险供给市场还是保险中介市场，最终的服务对象仍然是保险消费者市场；因为只有消费市场才是一切商品的最终归宿；保险消费市场是保险市场中最终起决定作用的市场。如果无视保险消费市场的建设与培育，而一厢情愿地主观发展保险供给市场或保险中介市场以求拉动整个保险市场，这种外在的推动力不仅只是暂时的，不会持久的，而且整个保险业的发展也是不具有可持续性的。

就当前而言，中国保险市场的发展是失衡的，表现在，一方面是供给市场的飞速发展，另一方面是消费市场发展的严重滞后，可以说，现阶段中国的保险消费市场几乎是一种供给导向型。无论是消费者的保险消费意识、消费理念、消费行为，还是他们的消费水平与消费结构，无一不是受制于保险供给市场。而这种供给导向型消费市场的现状是：消费者的保险消费意识滞后、消费理念扭曲、消费行为缺乏理性、消费水平偏低、消费结构畸形。因此，保险消费市场的建设成为了中国保险业可持续发展中最薄弱的环节，或者说中国保险消费市场发展的严重滞后在一定程度上已经成为了中国保险业科学发展的障碍因素。

保险供给的超前性与保险需求的滞后性以及保险消费结构的畸轻畸重，暴露了保险市场供求失衡的现实。而一个成熟的保险市场，不仅需要成熟的保险供给者即保险人，更需要成熟的保险消费者与之匹配。因此，如何引导消费者合理、理性的保险消费，已经成为中国保险消费市场建设的重要问题，更应当作为中国保险市场建设的重中之重。

资料来源：全景网，理财频道。

第四节 保险中介

一、保险中介概述

（一）保险中介定义

保险中介，指介于保险经营机构之间，或保险经营机构与投保人之间，专门从事保险业务咨询与销售、风险管理与安排、价值衡量与评估、损失鉴定与理算等中介服务活动，并从中依法获取佣金或手续费的单位或个人。保险中介分为保险代理人、保险经纪人和保险公估公司，此外，其他一些专业领域的单位或个人也可以从事某些特定的保险中介服务，如保险精算师事务所、事故调查机构和律师等。

保险中介是保险市场精细分工的结果。保险中介的出现推动了保险业的发展，既满足了被保险人的需求，方便了投保人投保，又降低了保险企业的经营成本。保险中介的出现，解决了投保人或被保险人保险专业知识缺乏的问题，最大限度地帮助客户获得最适合自身需要的保险商品。此外，保险中介的出现和发展，也使保险经营者从繁重的展业、检验等工作中解脱出来，集中精力致力于市场调研、险种开发、偿付能力管理、保险资金运用以及加强组织管理制度建设等方面。

（二）保险中介在保险市场上的作用

1. 提供专业技术

在保险中介公司中都具有各自独特的专家技术人员，能够弥补保险公司存在的人员与技术不足的问题。此外，保险中介公司凭借其专业技术和专家网络优势，为社会公众提供风险评估、防灾防损等风险管理咨询服务，这种特殊性的专业技术优势，使保险中介公司在保险市场中处于不可替代的地位。

2. 促进保险合同履行

保险市场是一个信息不对称的市场，而且保险合同是一种专业性较强的经济合同，非一般社会公众所能理解。建立保险中介制度，并利用其专业优势，为保险合同双方提供信息服务，是加强保险合同双方的信息沟通，协调保险合同双方的关系，促进保险经济关系良性发展的最佳选择。

3. 协商洽谈

由于保险合同双方在保险的全过程中存在着利益矛盾，意见分歧在所难免。保险中介的存在能够提供具有公正性和权威性的资证，供保险双方或法院裁决时参考，有利于矛盾的化解和消除。在保险合同双方发生争议时，由保险中介人出面，不仅能解决专业术语和条款上的疑难问题，而且容易缓解双方之间的紧张关系。

专栏 13.6　保险中介市场保持良好发展势头

截至2010年第一季度末，全国共有保险专业中介机构2 564家，兼业代理机构14.98万家，营销员293万人。全国保险公司通过保险中介渠道实现保费收入3 749.88亿元，同比增长34.35%，占全国总保费收入的82.57%。全国中介共实现业务收入301.42元。

从我国保险中介发展来看，保险中介发挥了保险产品销售主渠道的作用，为全国保险市场保持良好的发展势头做出了应有的贡献。报告显示，2010年第一季度，保险专业代理机构实现代理保费收入108.34亿元，同比增长91.75%；占全国总保费收入的2.39%，同比提高0.67个百分点。从业务结构来看，保险专业代理机构实现的财产险保费收入为70.80亿元，人身险保费收入37.54亿元，分别占全部代理保费收入的65.35%和34.65%。

同年一季度，保险经纪机构实现保费收入61.29亿元，同比增长41.91%，占全国总保费收入的1.35%，比去年同期略有上升。此外，保险经纪机构盈利1.5亿元，实现营业收入9.04亿元，同比增长36.97%。

谈起保险经纪公司的发展，江泰保险经纪有限公司董事长沈开涛表示，保险经纪公司作为客户利益的代表，如不能全面、客观地评估风险，保险方案就无法制定。“为社会各界提供风险管理方案也是保险经纪公司的重要职责之一，我们一直以化解社会风险为己任，如今风险管理成为江泰公司核心竞争力的重要体现。”沈开涛介绍，以江泰公司中标的2010年度旅行社责任险全国统保项目为例，此项目旨在第三方专业保险经纪机构的协助下，采取“政策引导、政府推动、市场化运作和保险经纪人参与”的统保模式，统一设计保险产品、统一招标采购选择保险公司、统一制定服务内容和标准，从而使旅行社责任保险达到保险保障完善、保险索赔有效、保险成本合理支出，将风险管理与保险融入到旅行社的日常经营管理之中的统保目标。

资料来源：中国经济网。

二、保险中介的构成

（一）保险代理人

保险代理人是指根据保险人的委托，向保险人收取代理手续费，并在保险人授权的范围内代为办理保险业务的单位或者个人。

我国保险代理人分为专业代理人、兼业代理人和个人代理人。

1. 专业代理人

专业代理人指专门从事保险代理业务的保险代理公司或个人，其法定名称中应该包括“保险代理”字样。专业代理人的业务范围包括代理销售保险单、代理收取保险费、保险和风险管理咨询服务、代理保险公司进行损失的勘查和理赔。

2. 兼业代理人

兼业代理人是指受保险人委托，在从事自身原有业务的同时，为保险人代办保险业务的单位。兼业代理人的业务范围包括代理销售保单和代理收取保费。也就是说，代理人只能代理与本行业直接相关且能为保险人提供便利的保险业务。

我国兼业代理人主要包括以下三种形式：（1）业务经办单位代理。如旅行社代理旅客人身意外伤害保险；长途汽车站代办旅客意外伤害险；医院代理手术意外保险等。（2）单位代理，即单位主管部门受保险人委托兼办所属单位的保险业务，如企业代办企业内部的职工养老保险，再如学校代办学校内部的学生意外伤害险。(3) 银行保险。近年来，银行已经成为保险公司重要的销售渠道之一，一方面，银行有固定的办公地点，其密集而庞大的银行网络，使代理保险业务的成本更低；另一方面，银行掌握丰富的客户资源，而且，其卓越的品牌优势，使客户的信任度更高，易于得到客户的认同。

3. 个人代理人

个人代理人是指根据保险人的委托，在保险人授权范围内代办保险业务，并向保险人收取代理手续费的个人。

（二）保险经纪人

《保险法》第一百一十八条规定，保险经纪人是基于投保人的利益，为投保人与保险人订立保险合同提供中介服务，并依法收取佣金的机构。保险经纪人是连接投保人和保险人的重要市场中介，是完善的保险市场的重要组成部分，具有不可替代的作用。

1. 保险经纪人是投保人的利益代表，保护保险消费者的利益

保险经纪人熟悉保险市场的行情，熟知投保条件、保险费率等专业知识和保险技能，作为被保险人的代理人，可以帮助被保险人设计费用最低、最经济、最符合投保人自身利益的投保方案。在保险事故发生后，保险经纪人作为被保险人的代理人向保险公司索赔，可以有效保障被保险人的利益。

2. 促进保险市场有序竞争和健康发展

由于保险经纪人是投保人的利益代表，为保障投保人的利益，会在保险市场上从多家保险公司中为投保人选择费率最低、服务质量最好、保险保障程度最高、信誉最好的保险人进行投保。这会促进保险市场竞争机制的发挥，促进保险公司不断改善经营管理水平，提高服务质量，增加保险产品种类，为消费者提供更好的产品和服务，从而促进保险市场的发展。

3. 保险市场长远发展的需要

国际经验表明，保险市场的发展，离不开保险经纪业务，尤其大宗业务、涉外业务、高风险业务以及特殊风险业务等，离不开保险经纪人的专业服务，保险市场的长远发展对高水平的保险经纪业务有较高的依赖性和强烈的需求。

（三）保险公估人

保险公估人是指站在中立的第三者的立场上，受保险公司、投保人委托办理保险标的的勘查、鉴定、估损以及赔款的理算，并向委托人收取酬金的机构。保险公估人不代表任何一方的利益，往往由具有专业知识和技术水平的专家担任，保持独立性和公正性，具有较高的职业信誉。其职能是，在风险事故发生后，按照委托人要求，对保险标的进行检验、鉴定，判定损失的原因及程度，并出具公估报告，由于公估报告不代表任何一方的利益，虽然不具备强制性，但是通常为保险双方当事人所接受，成为有关部门处理争议的权威性依据。

保险公估人在保险市场上的作用具有不可替代性，具体而言，其发挥的作用如下：

1. 保险公估人具有理赔的职业技能

保险理赔是保险经营的重要环节。由于专业化分工的发展，保险公司如果自己全部从事保险标的的检验、定损、理赔等工作，就需要配备大量门类齐全的专业技术人员，花费大量的物力人力，而且随着业务的不断发展，保险公司的理赔人员由于自身的局限性，也越来越难以适应各种复杂的定损业务。从降低经营成本考虑，保险公司愿意把这部分业务分流给专业的理赔人员，而保险公估人恰好可以提供这方面的专业服务，可以协助保险人解决理赔领域的一些专业性、技术性较强诸如工程技术、金融、法律等方面的问题，促进保险理赔的顺利进行。

2. 保险公估人使保险赔付更为公平合理

保险公估人的身份中立，其不代表争议双方任何一方的利益，由此做出的结论往往令人信服。而保险公司作为承保人和理赔人，如果直接负责保险标的检验和定损，其做出的结果往往会受到质疑。因此，地位超然、专门从事保险标的勘查、鉴定的公估人作为中介人，可以以“裁判员”的身份出现，独立于争议双方之外，其经营原则是“独立和公正”，不会受到主观利益的驱动，能使保险理赔更加公平合理，从而缓和保险争议双方的矛盾。

3. 保险公估人有利于提高专业分工，节约社会资源

保险公估人的存在促进了保险理赔工作的专业化分工，规模效应以及逆向选择和道德风险的减少，会降低保险理赔成本，由此减少了社会资源的耗费，提高了整个社会福利。

（四）保险中介人之间的区别

保险代理人、保险经纪人、保险公估人都属于保险中介，但三者之间具有明显的差别：

1. 代表利益主体不同

保险代理人代表保险人的利益，保险经纪人代表投保人的利益，保险公估人不代表任何一方当事人的利益，而是站在第三者公立的立场上，其法律地位是独立的。

2. 法律地位不同

保险代理人必须以保险人的名义从事保险业务，保险经纪人如果代为投保或代被保险人索赔，要以委托人的名义，但有时经纪人从事居间活动或咨询活动，则必须以自己的名义，保险公估人从事业务，只能以自己的名义。

3. 业务水平不同

一般而言，保险公估人的业务水平要高于保险经纪人，保险经纪人的业务要求高于保险代理人。代理人熟悉保险业务即可胜任，而经纪人的业务要求要高于此，公估人则往往是某方面的专家。

4. 承担责任的主体不同

保险代理人在保险人的委托权限内开展保险业务，由此给被保险人造成的损失，其责任后果由保险人承担。而保险经纪人和保险公估人办理业务时如果有过错，其行为后果往往由自己承担。

三、保险中介的发展趋势

保险中介在保险市场体系中发挥着举足轻重的作用，保险业走向成熟，发达的中介市场是一个重要标志。由此，市场化、规范化和国际化是未来中国保险中介行业生存的前提，也是发展的方向。①

1. 市场化

保险中介是保险市场细分的结果，纵观世界保险中介的发展史，保险业发达保险中介行业成熟活跃的国家，无一不是市场经济发达的国家。小农经济不需要保险中介，计划经济也不需要保险中介。世界知名的保险中介公司，无一不是在开放的市场竞争中发展和壮大起来的。因此，在中国保险业市场化的进程中，保险中介必然也会进一步市场化。

2. 规范化

市场经济下各经济主体都必须在法律约束下，进行有序竞争，规范运作。保险中介机构同样、也必须顺应现代企业制度的要求，建立科学的法律治理结构，建立健全完善的组织框架、规章制度和有效的内控机制，责权分明、规范经营、公平竞争。规范化是其未来的发展趋势之一。

3. 国际化

保险中介作为一个行业，虽然在我国刚刚起步，但在发达国家却是相当成熟

① 参考熊福生等：《保险学》，经济管理出版社2010年版。

的一个行业，具有公认的运作规则和模式。在全球经济金融一体化的今天，国内中介行业的发展，应该在经营规则、经营理念和经营方式等方面，与国际主流运作接轨，进行国际化运作。

专栏13.7 泛华保险服务集团获“第五届中国保险创新大奖”

2011年1月22日，在第五届“中国保险创新大奖”颁奖盛典暨第三届中国保险文化与品牌创新论坛上，泛华保险服务集团荣获2010年度“文化品牌奖”和“产品综合奖”的两项大奖。组委会对泛华保险服务集团的颁奖词是：作为保险中介跻身全球资本市场的亚洲第一家，五大营业集团、近60家中介公司、数万名员工队伍，数字足以彰显实力；作为“中介改革试点单位”，从“海上丝路”的起点，开“总对总”模式先河，进军电子商务保险，更描画出这艘“最具潜力”号的新航程!

泛华保险服务集团（CNinsure Inc.）是亚洲保险中介行业第一家在全球主要资本市场上市的企业，目前拥有国内金融服务中介行业最大的销售及服务网络，在全国22个省成立了50家代理公司、3家经纪公司以及3家公估公司，销售网点达到636个，吸纳了5万余名保险从业人员。泛华和国内60多家保险公司合作，与人保、平安、太平洋等21家保险公司签订了“总对总”战略合作协议。

2010年以来，泛华保险服务集团业绩稳步上升，发展加快：1月，泛华被福布斯中国评选为最具潜力的中小企业第14名；5月，与中国人保险财险签署战略合作协议，目前共有21家保险公司与泛华开展“总对总”合作；7月，泛华斥资4.74亿收购保网而进军网络销售，搭建强大的销售平台；8～11月，泛华与中国人保携手举行“安全行驶迎亚运”活动，12月底财险保费规模突破60亿元大关等。正是基于以上泛华所彰显的活力和成就，第五届保险创新大奖评选委员会将2010年度“最佳保险中介机构品牌”这一殊荣授予了泛华保险服务集团。

此前，泛华于2010年12月28日凭借“后援平台+个人创业”发展模式，是集管理创新、技术创新与制度创新于一体的金融创新模式，荣获了2010年广东省“金融创新奖”。其“后援平台”，是泛华通过管理创新和技术创新，以产品合约、人员、财务、信息等多种管理手段建立一个集产品供应、营销管理、服务支持、风险管控于一体的综合管理与服务平台。该平台为个人创业者提供了必要的支持，对上游保险公司充当渠道外包商和服务外包商的角色，对下游保险中介公司提供平台支持。该模式形成了泛华的规模化、集团化经营，也间接诠释了保险中介公司的生存之道。

资料来源：http：//finance. qq. com。

本章小结

1. 保险商品的特殊性决定了保险市场的特有特征。
2. 保险市场的构成要素包括，保险市场主体、保险市场客体、保险市场模式。
3. 保险市场供给的实际数量和质量，受到若干因素的制约。
4. 保险市场供给的组织形式主要有5种。
5. 影响保险市场需求主要因素有5种。
6. 保险中介的构成包括保险代理人、保险经纪人和保险公估人。

重要概念

保险市场　保险市场需求　保险市场供给　保险中介　保险代理人　保险经纪人　保险公估人

思考与练习

1. 简述保险市场的含义及其主要特征?
2. 保险市场的基本构成要素有哪些?
3. 什么是保险市场的供给，影响保险市场供给的因素有哪些?
4. 什么是保险市场的需求，影响保险市场需求的因素有哪些?
5. 简述保险市场中介的类型?
6. 比较分析保险代理人、保险经纪人、保险公估人之间的异同?

第十四章 保险监管

本章概要

保险业是经营保险商品的特殊行业，是金融业的一个重要组成部分，关系到国民经济的发展和社会公众的利益，因此政府必须要对保险业进行监管。本章首先介绍监管的含义，指出保险监管的必要性；其次详细阐述保险监管的内容，包括保险组织的监管，保险业务的监管，保险财务的监管，保险偿付能力的监管和保险中介的监管。

学习要求

1. 了解保险监管的含义和保险监管的必要性。
2. 掌握保险业务的监管。
3. 了解保险财务的监管。
4. 掌握保险偿付能力的监管。

引　言

保险业是经营风险的特殊行业，在社会经济中占有重要地位，具有较强的公共性和专业性，其行业性质和经营特点决定了必须要加强保险监管。

第一节　保险监管概述

一、保险监管的含义

保险监管有广义保险监管和狭义保险监管之分。广义保险监管，是指在一个国家范围内为达到一定的目标，从政府、社会、保险行业各个层次上对保险企业、保险经营活动及保险市场进行监督和管理；狭义保险监管是指政府通过法律和行政手段对保险企业、保险经营活动和保险市场进行监督和管理。从世界保险监管的实践来看，各国一般都建立广义层次的保险监管体系，其中，政府对保险业的监督和管理构成保险监管的基础，保险行业自律是保险监管的补充。

二、保险监管的必要性

1. 保证保险人的偿付能力，防范保险经营风险。保险人的偿付能力是指保险人对其责任范围内的赔偿或给付所具有的经济偿付能力。企业或人们购买保险最主要的目的就是在保险事故发生并造成损失时，能够得到经济上的补偿，而一旦保险公司陷于财务困境，不能在客户发生风险时兑现承诺，或者进行非法经营，社会公众的利益就会受到损害，从而影响社会稳定。正因如此，许多国家都把偿付能力监管列为监管的第一目标。许多监管措施，如资本金、保证金、各种准备金、最低偿付能力、承保限额、法定再保险等方面的规定、财务报告与检查制度等，都是为了实现这一目标而制定的。

2. 保证保险交易的公平性和公正性，维护被保险人的利益。现实生活中，利用保险进行欺诈以获得不当得利的现象相当普遍，有保险人方面的欺诈、投保人（被保险人）方面的欺诈和社会各方面的欺诈，尤其是保险人方面的欺诈。因为保险业的专业性很强，保险合同又是附合合同，保险市场存在严重的信息不对称，为保险人对消费者进行欺诈和隐瞒提供条件，因此，许多国家都利用监管来规范和约束保险人的行为。

3. 维护保险市场秩序，促进保险业健康发展。保险人为了追求更多利润，存在不断扩大经营规模的内在动力，保险人之间也存在恶意竞争的可能，从而容易造成保险资源的不合理配置。保险市场的竞争程度决定了该市场的效率，防止保险市场上出现过度竞争，反市场垄断，是保险市场需要监管的重要原因。保险监管部门通过干预、管理和协调等方式，在全行业内合理引导保险资源流向和配置保险资源，保证保险经营的效率性，促进保险业健康发展。

专栏 14.1 世界保险监管的起源和发展

历史上，保险监管首先出现在 19 世纪的美国。1810 年，美国宾夕法尼亚州率先通过一部法律，禁止外州保险公司在本州开办保险业务，随后，马里兰州和纽约州相继通过了类似法律，保险监管开始萌芽。1814 年，纽约州通过立法规定了保险公司的破产清算程序，保护被保险人的利益，加强了对保险公司破产的管理。1837 年，马萨诸塞州要求保险公司提交关于保险准备金的资料。

1849 年，纽约州通过保险分业经营的法律，要求保险公司只能经营其中的一类业务，产寿险分业经营的原则开始确立。1853 年，纽约州又通过了关于未到期责任准备金的法律。

到 19 世纪 50 年代，美国各州开始设立专门的保险监管部门。1851 年，新罕布什尔州首先成立保险委员会，次年，佛蒙特州也建立了本州的保险委员会，1855 年，马萨诸塞州也成立了类似的委员会。现代意义上的保险监管部门是于 1859 年在纽约州成立的，即纽约州保险监督委员会。

在欧洲，奥地利于 1859 年率先建立了保险监管制度，此后，英国也于 1870 年建立了保险监管制度。从此，尽管欧美各国经济政策经历了由自由放任到政府干预及自由主义复兴的变迁，但由于保险业本身的特殊性及其在整个国民经济中的举足轻重的地位。各国政府对保险业的监督管理一直朝着强化的趋势发展，其目的是建立一套严格的宏观保险监管体制，从制度上确保保险业的稳定发展。

资料来源：http：//baike. techweb. com. cn。

专栏 14.2　国际保险监管的特征

随着经济全球化的不断深化，保险监管也呈现出全球性的特征。

第一，全球保险监管规则趋于一致。由于各国监管规则不一致，监管套利的现象就会出现，在 2008 年金融危机爆发后，多家保险公司因此受到冲击。2009 年 6 月，国际保险监督官协会（IAIS）参照银行监管的“巴塞尔Ⅱ”，决定研究建立全球统一的保险监管规则，即“共同评估框架（CAF）”。CAF 将重点关注集团监管，从适用范围、集团结构与业务、定量和定性标准、监管合作、管辖权 5 个方面综合评价集团监管。

第二，全方位考虑风险，注重审慎监管原则。经济全球化的不断加快使得经济危机的全球性也表露无遗，为了应对国际方面的金融冲击，这几年英国、美国和欧盟的金融监管改革方案中都纷纷提出了要加强宏观审慎监管，而不能仅仅从微观层面只关注个体的金融风险。

第三，逆周期监管不断加强。逆周期监管是宏观审慎监管的核心内容之一，加强逆周期监管，有利于降低金融体系的顺周期行为造成的经济波动加剧，防范金融风险。顺周期行为会导致金融企业在经济上行时期大量发行金融衍生品积聚风险、助推经济泡沫，在经济下行时期引发信贷紧缩，扩大经济周期在不同阶段的波动程度。因此，各个国家都在寻求加强逆周期监管的手段，用以防范金融危机给自己造成的巨大冲击。

第四，加大对金融衍生品的监管力度。金融衍生品的创新是促进现代经济发展的一大源泉，但是，随着金融衍生品产生的速度越来越快，给监管工作带来了巨大困难。因此，几年来各国都在纷纷加强对本国金融衍生品的监管力度，以防再度发生类似危机。

第五，国际保险监管合作逐步加强。随着金融贸易日益频繁，资本跨行业、跨国流动现象非常活跃，单个国家和地区对这些资本进行监管十分困难。金融危机中，一些大型跨国公司先后陷入困境，给各个国家和地区的经济带来巨大打击。为了加强保险监管，各国普遍认为，应该加强对大型跨国集团公司的监管，尤其应该将其内部不受监管的实体和不经营业务的控股公司纳入监管范围。并且针对不同地域和不同业务领域施行统一的监管措施，将跨国公司的风险降到最低。但是，这项措施需要耗费巨大人力物力，而且不太容易实现。国际保险监督官协会（IAIS）在2009年10月举行的第16届年会上通过了《将监管联席会议用于集团监管的指引文件》，努力寻求可行方案（如联席会议制度）促使跨境监管合作机制顺利实现。

资料来源：节选自《金融时报》，2011年1月5日。

第二节 保险监管内容

一、保险组织的监管

保险组织监管是对保险组织的市场准入与退出的监管。它包括对保险机构设立、整顿、接管、分立、合并以及破产清算等方面的监管。保险监管部门对保险组织设立进行监管的目的在于：一是规定和落实保险机构开业资本金；二是限制和选择保险机构的组织形式；三是规定保险机构营业范围；四是保证保险机构高级管理人员的水平。

（一）保险组织形式的监管

保险组织是依法设立、登记，并以经营保险为主业的机构。各国政府对保险人以何种组织形式进行经营均有限制性规定。如，美国规定保险经营组织形式只能是股份有限公司和相互公司两种。根据我国《保险法》和《公司法》的规定，保险公司组织形式只能采取股份有限公司和国有独资公司。

（二）保险组织的设立、变更和终止

1. 保险组织的设立

这是对保险人资格的认定过程，主要包括一定的设立条件和程序。根据《保险法》第六十八条的规定，保险公司的设立条件是：

（1）主要股东具有持续盈利能力，信誉良好，最近3年内无重大违法违规记录，净资产不低于人民币2亿元。

（2）有符合本法（《保险法》）和《公司法》规定的章程。

（3）有符合本法规定的注册资本。

（4）有具备任职资格专业知识和业务工作经验的董事、监事和高级管理人员。

（5）有健全的组织机构和管理制度。

（6）有符合要求的营业场所和与业务有关的其他设施。

2. 保险组织的设立程序

依照我国《公司法》、《保险法》和《保险公司管理规定》的要求，设立保险公司的一般程序为：初步申请、正式申请、筹建和开业四个阶段。首先是初步申请筹建，即申请人向保险监管部门提出要求筹建保险组织的书面请求；其次是正式申请筹建，即经过筹备，申请人认为条件已基本成熟，向保险监管部门提交正式申请表和有关文件、资料；再次是申请开业，即申请人提出开业申请，并提交有关资料，经保险监管部门审查批准后，认为符合条件的，颁发《经营保险业务许可证》；最后，保险公司到工商行政管理机关办理登记，领取营业执照，并缴存保证金之后，正式营业。

3. 保险组织的变更

保险组织的变更是保险机构依法对其组织形式、注册资本、法人代表及其他高级管理人员、营业场所等重要事项进行的变更。当需要对这些重要事项进行变更时，保险机构必须报保险监管部门批准或备案。我国《保险法》第八十四条规定："保险公司有下列情形之一的，应当经保险监督管理机构批准：（一）变更名称；（二）变更注册资本；（三）变更公司或分支机构的营业场所；（四）撤销分支机构；（五）公司分立或者合并；（六）修改公司章程；（七）变更出资额占有限责任公司资本总额5%以上的股东，或者变更持有股份有限公司股份5%以上的股东。"

4. 保险组织的终止

保险组织的终止分为保险机构的解散、撤销和破产三种形式。根据我国《保

险法》的规定，保险公司的解散和撤销都要经保险监管部门批准。但由于人寿保险合同具有储蓄性质、涉及的社会面广，所以经营人寿保险业务的保险公司不得解散。

（三）保险从业人员的监管

保险从业人员包括保险公司的高级管理人员和业务人员。保险经营的专业化程度高，技术性强，从业人员的业务水平高低对保险企业的经营业绩和财务管理有着直接和重大的影响。所以，对保险从业人员的监管成为保险组织监管的重要内容。

1. 高级管理人员的任职资格

对保险企业高级管理人员的任职资格，各国都有较高的要求，并进行严格的资格审查：不符合法律规定的任职条件，不能担任公司的高级管理职务；合格管理人员没有达到法定数量，公司不能营业。在保险企业担任领导职务的任职条件包括文化程度、保险实践经验和道德素质等。我国《保险法》第六十八条规定了设立保险公司的条件。其中第四款为："有具备任职资格专业知识和业务工作经验的董事、监事和高级管理人员"；第七十条规定："投资人认可的筹备组负责人和拟任董事长、经理名单及本人认可证明"；第七十五条规定：保险公司设立分支机构，要出具"拟任高级管理人员的简历及相关证明材料"。2010 年 4 月施行的《保险公司董事、监事和高级管理人员任职资格管理规定》进一步提高了对保险公司高管人员的准入条件，如保险公司总经理从事经济工作或者金融工作的年限从 5 年、8 年分别提高到 8 年到 10 年具有保险业、金融业、金融监管或者大中型企业相关管理职务工作经验，特别强调保险业的从业经历，合规性限制不予核准任职资格的事项由 7 项增加到 12 项等。

2. 业务人员的任职资格

对业务人员如核保员、理赔员、精算人员、会计师等的配备，各国法律同样都有相应的规定。我国目前已经设立保险代理人、经纪人、公估人等资格考试制度及保险从业人员的资格认定标准。目前国际公认的保险专业人员资格认证制度主要有："英国特许保险学会"会员资格认证（CII）、"英国精算师协会"会员资格认证（FIA）、美国财产意外险承保人协会会员资格认证（CPCU）、"美国寿险承保人协会"会员资格认证（CLU）、"北美精算师协会"会员资格认证、"美国寿险管理协会"会员资格认证（FLMI）等。此外，我国《保险法》第八十五条规定："保险公司必须聘用经保险监督管理机构认可的精算专业人员，建立精算报告制度。"《保险机构高级管理人员任职资格管理暂行规定》要求：保险公司从业人员中应有60%以上从事过保险工作和大专院校保险专业或相关专业的毕业生。

3. 从业人员的行为规范

《保险法》第一百一十六条规定，保险公司及其工作人员在保险业务中不得有下列行为：

（1）欺骗投保人、被保险人或者受益人；

（2）对投保人隐瞒与保险合同有关的重要情况；

（3）阻碍投保人履行本法规定的如实告知义务，或者诱导其不履行本法规定的如实告知义务；

（4）给予或承诺向投保人、被保险人或者受益人给予保险合同以外的保险费回扣或者其他利益；

（5）拒不依法履行保险合同约定的赔偿或者给付保险金的义务；

（6）故意编造未曾发生的保险事故、虚构保险合同或者故意夸大已经发生的保险事故的损失程度进行虚假理赔，骗取保险金或者谋取其他不正当利益；

（7）挪用、截留、侵占保险费；

（8）委托未取得合格资格的机构或者个人谋取不正当利益；

（9）利用开展保险业务为其他机构或者个人谋取不正当利益；

（10）利用保险代理人、保险经纪人或者保险评估机构，从事以虚构保险中介业务或者编造退保等方式套取费用等违法活动；

（11）以捏造、散布虚假事实等方式损害竞争对手的商业信誉，或者以其他不正当竞争行为扰乱保险市场秩序；

（12）泄露在业务活动中知悉的投保人、被保险人的商业秘密。

二、保险业务的监管

保险经营的监管一般侧重于对保险业务种类和范围、保险条款、保险费率和再保险业务进行监管。

（一）保险业务种类和范围的监管

对保险经营种类和范围的监管实际上包括两方面的内容：

1. 禁止兼业

（1）非保险企业或个人不经批准，不能经营保险业务。由于保险是经营风险的特殊行业，不论是保险费率、保险条款、保险理赔，还是保险风险防范，都要求运用专门技术，专业化程度相对于其他行业要高得多，非一般行业或企业所能担当，为了保障被保险人的利益，绝大多数国家均通过立法确立商业保险专营原则，未经国家保险监管机关批准，任何企业或个人不得擅自开办保险业务。（2）保险企业不能经营其他非保险业务。同样，为了防止保险企业经营的失败和保证保险基金的专用性，保险企业也不得经营非保险业务，以及不得从事未经核准的其他性质的保险业务。

不过，不得兼业的规定近年来有些松动，2010年银行业大举参股保险。2010年1月28日，交银康联人寿保险在上海挂牌，注册资本2亿元，交通银行和外方股东澳大利亚康联集团分别持股51%和49%。标志着国内首家由商业银行控股的银行系保险公司正式落地。8月，保监会公布，批准中行全资子公司中银集团保险有限公司把所持有的中银保险100%股权全部转让给中行。10月，工商银行与法国安盛、中国五矿达成协议，收购金盛人寿60%的股权，成为其控股股东。12月27日，建设银行发布公告，合计持有太平洋安泰51%股权，成为公司控股股东。

银行保险联手和目前迅速膨胀的银保业务密切相关。对于银行而言，银保业务收入相对稳定、风险低，是银行中间业务收入的重要组成部分；对于保险公司而言，银行入股可以壮大保险公司的资本金，银行的客户资源、网络优势也会促进险企的发展，尤其是保险公司将依托银行的渠道增加保单销售。

2. 禁止兼营

同一保险公司不得同时经营财产保险和人身保险业务。由于财产保险和人身保险在很多方面存在很大的差别，如经营技术基础、承保手段、保险费计算方式、保险期限、准备金计提方式以及保险赔偿或保险金给付条件和方法等，尤其是人寿保险带有长期性和储蓄性，与财产保险显著不同，如果将二者兼营，很有可能将人寿保险的保险基金挪作财产保险的赔付，所以，一般各国保险经营都遵循“产寿险分业经营”的原则，也就是说，在产险和寿险业务上，要分业经营，同时，在保险监管上，也要产寿险分业监管。

我国《保险法》第九十五条对保险公司的业务范围作了规定：“人身保险业务，包括人寿保险、健康保险、意外伤害保险等保险业务；财产保险业务，包括财产损失保险、责任保险、信用保险、保证保险等保险业务。保险人不得兼营财产保险业务和人身保险业务。但是经营财产保险业务的保险公司经国务院保险监督管理机构核定，可以经营短期健康保险业务和意外伤害保险业务。”第一百六十一条规定，保险公司超出批准的业务范围经营的，由保险监督管理机构责令限期改正，没收违法所得，并处违法所得一倍以上5倍以下的罚款；没有违法所得或者违法所得不足10万元的，处10万元以上50万元以下的罚款。逾期不改正或者造成严重后果的，责令停业整顿或者吊销业务许可证。

（二）保险条款的监管

1. 保险条款监管的重要性

保险条款是保险合同的核心内容，是保险人与投保人关于各自权利与义务的有效约定。由于保险合同是一种附合性合同，合同条款由保险人事先拟定，而且保险条款的技术性又较强，在合同签订过程中，投保人、被保险人等当事人处于被动地位，保险人很容易利用这一点在无形中迫使被保险人接受不公平的条件，从而侵犯对方当事人的利益。所以，对保险条款的监管成为保险经营监管的主要部分，以防保险公司对被保险人做出不合理的保险承诺。

2. 保险条款监管的主要方式

对保险条款的监管主要是通过保险条款的审批和备案实现的。我国《保险法》规定，关系社会公众利益的保险险种、依法实行强制保险的险种和新开发的人寿保险险种等的保险条款，应当报保险监督管理机构审批。保险监督管理机构审批时，应当遵循保险社会公众利益和防止不正当竞争的原则。其他保险险种的保险条款和保险费率，应当报保险监督管理机构备案。保险条款审批、备案的具体方法，由保险监督管理机构制定。保险公司使用的保险条款违反法律、行政法规或者国务院保险监督管理机构的有关规定的，由保监会责令停止使用，限期修改；情节严重的，可以在一定期限内禁止申报新的保险条款和保险费率。

随着保险业的发展，逐渐出现对保险合同内容和格式标准化的趋势。与此相应，很多国家都有本国通用的保险条款，如英国主要通用“伦敦协会条款”，美国主要通用“美国协会条款”。在西方国家的海上保险市场上，许多国家的保险人直接采用“伦敦协会条款”。通用条款基本上已规范化，一般都不再列入监管的范畴。

（三）保险费率的监管

1. 保险费率监管的意义。费率监管也是保险合同监管的重要内容。保险费率是保险人用以计算保险费的标准，费率的公平、合理对于保险经营和保险市场的规范发展具有积极的作用：对保险人来说，合理的费率可以保证保险人有充足的偿付能力，也可以保证保险人实现自身的经济利益；对投保人来说，合理的费率才能使风险成本合理；对保险市场来说，合理的费率可以促进资源在保险市场的合理流动和分配。所以，各国一般都将费率监管作为保险经营监管的又一主要内容。

2. 费率监管的重点。费率监管一般围绕费率的合理性、公平性和适当性三个方面。合理性体现在保险费率必须保障被保险人的权益并维持保险人的竞争力；公平性体现在保险费率应按照险种合理分类，反映其风险大小，相同的风险程度应该统一费率；适当性体现在保险费率既保证保险人有充足的偿付能力，同时保证保险人自身的经济利益。

3. 我国保险费率的监管权限与保险条款的监管权限基本一致。中国保监会主要制定商业保险主要险种的费率，而其他险种的费率由中国保监会委托保险行业协会或保险公司拟定，并报中国保监会备案。中国保监会对报备的费率自收到备案申请文件之日起30日内未提出异议的，保险公司可以使用该费率。

2010年7月，保监会下发《关于人身保险预定利率有关事项的通知》，决定放开传统人身保险预定利率，由保险公司按照审慎原则自行决定。执行已达10多年的长期人身保险产品年复利2.5%的预定利率上限首度破冰。

（四）再保险业务的监管

1. 再保险监管的意义

再保险是实行偿付能力管理的重要手段之一。再保险人对原保险人的保险责任予以保障，在承担风险责任方面与原保险人共同协作，如果再保险人不能履行赔付责任，将会严重影响原保险人的偿付能力，从而影响生产的稳定和生活的安定。所以，国家在加强保险监管的同时必然加强对再保险业的监管。

2. 再保险监管的业务范围

再保险采取的是宽松式监管，即保险公司可以兼营再保险业务。再保险是保险人之间的一种业务经营活动，再保险人与投保人和被保险人之间不发生任何业务关系，所以，各国一般允许同一保险人兼营再保险业务。我国《保险法》第九十六条规定：寿险公司可以经营人身险的再保险业务，财险公司可以经营财产险的再保险业务，即对再保险而言没有禁止兼营的问题。

3. 再保险监管的内容

对再保险业务的管理，我国《保险法》和《保险公司管理规定》都做出明确规定：再保险业务的种类为分出和分入保险。《保险法》第一百零三条规定："保险公司对每一危险单位，即对一次保险事故可能造成的最大损失所承担的责任，不得超过其实有资本金加公积金总和的10%；超过的部分，应当办理再保险。保险公司对危险单位的划分应当符合国务院保险监督管理机构的规定。"第一百零五条规定："保险公司应当按照保险监督管理机构的有关规定办理再保险。并审慎选择再保险人。"

（五）保险资金运用的监管

保险资金运用，是保险业的一项重要职能，指的是保险公司利用保险经营活动中保险资金收支的时间差，在保证资金安全性的前提下，把保险资金用于投资，从而获取资金增值的活动。

1. 保险资金运用的原则

保险资金的运用必须遵循安全性、收益性、流动性相结合的三项原则。为了保障保险资金的安全性和流动性，对保险资金的运用进行监管非常必要。各国保险法规一般对保险资金运用的原则、范围、比例做了不同程度的要求。

2. 保险资金运用的范围

《保险法》第一百零六条规定："保险公司的资金运用必须稳健，遵循安全性原则。保险公司的资金运用限于银行存款、买卖债券、股票、证券投资基金份额等有价证券；投资不动产；国务院规定的其他资金运用形式。保险公司资金运用的具体管理办法，由国务院保险监督管理机构依照前两款的规定制定。"2010年8月5日，保监会发布《保险资金运用管理暂行办法》，首次明确保险公司股票和股票型基金投资比例以不超过上季末总资产20%为限，投资证券投资基金和股票的余额，合计不超过该保险公司上季末总资产的25%。2010年9月初，保监会出台了《保险资金投资不动产暂行办法》，保险资金进入商业地产投资领域"开闸"。

《保险法》第一百零七条规定："经国务院保险监督管理机构会同国务院证券监督管理机构批准，保险公司可以设立保险资产管理公司。保险资产管理公司从事证券投资活动，应当遵守《中华人民共和国证券法》等法律、行政法规的规定。"2010年12月16日，时隔4年，保监会终于再次发放新的资产管理公司牌照。生命人寿拿到了保监会批准筹建资产管理公司的文件。

专栏14.3 王小平："管市场、管内控、管高管"的"三管"监管理念

在我国保险监管体系中，偿付能力监管、公司治理结构监管和市场行为监管是相互补充的统一整体。福建保监局提出了"管市场、管内控、管高管"的"三管"监管理念。

（一）管市场

管市场就是对保险公司从市场准入到退出全过程的经营和管理行为进行全方位监管。目前，保险机构准入、高管准入、产品费率、承保理赔等方面都已经有详细规定，但是制度执行力不够。因此要对保险公司不留盲点地进行监管。一要加大现场检查力度。采取“广覆盖、高频率、滚动式”的检查方式，深入开展现场检查。二要加大查处力度。对通过现场检查、信访核查、暗访等形式查实的违法违规问题，对违规机构和责任人依法进行严厉处罚。三要强化日常监管。通过非现场监管，及时发现市场存在的异动情况，及时督促相关公司及时整改。

（二）管内控

管内控就是推动保险公司建立和完善各项规章制度。一是检查内控制度的完整性和有效性。要求公司能够对公司经营的各个环节进行完整有效的风险识别和评估。二是检查制度的执行力。要求不同岗位、部门有明确分工和详细的操作规程和业务流程。三是监督是否到位。督促公司将内控管理纳入评价体系。四是对内控进行评价监管。落实保监会有关内控评价办法，重点关注财险公司四大类70项评价指标，寿险公司的业务评价指标中77个控制点，财务评估指标52个控制点。五是强化案件防控机制。从源头防范案件风险。

（三）管高管

管高管就是以依法合规为标准，持续加大对高管人员的监管力度。一是严把准入关。从源头上防止高管人员“带病上岗、带病转岗、带病升职”。二是建立履职过程的持续监管机制。建立高管人员履职和不良记录档案。三是加强教育培训。教育在先，警示在先，预防在先，严格处罚。四是强化责任追究制度，督促公司加强对高管人员的审计监管，严肃追究有关高管人员责任。

资料来源：《中国保险报》，2011年5月26日。

三、保险财务的监管

（一）监管资本金

资本金是保险公司所有者对公司的投资，代表着所有者对保险公司承担法律责任的最高限额。

对资本金的监管主要侧重于对筹集资本金的方式、期限、责任和资本金真实性、有无抽逃资本金现象、增资扩股，以及资本金运营进行监管。对其进行严格监管的积极作用在于：增加保险人承保、再保险和投资的能力，避免偿付能力不足的情况发生；增加对承保及投资预期与非预期损失的弥补能力；调节责任准备金、投资准备金或资金变动所产生的影响。监管资本金的最终目的就是要保证资本金的真实性与合法性，促进保险人履行应该承担的社会责任。《保险法》第九十七条规定：保险公司应当按照其注册资本总额的20%提取保证金，存入国务院保险监督管理机构指定的银行，除公司清算时用于清偿债务外，不得动用。

（二）监管保险公司负债

监管保险公司的负债主要就是监管保险责任准备金，包括未到期责任准备金、未决赔款责任准备金、人身保险长期责任准备金、保险保障基金等。主要监管保险公司准备金的充足性，另外，揭示和纠正保险公司负债的低估或漏列，保证负债的真实性。我国《保险法》第一百四十条规定，保险公司未提取或者结转各项责任准备金，未按照本法规定办理再保险，或者严重违反本法关于资金运用的规定的，由保险监督管理机构责令限制改正，并可以责令调整负责人及有关管理人员。

我国《保险法》第一百条规定："保险公司应当缴纳保险保障基金。保险保障基金应当集中管理，并在下列情形下统筹使用：（1）在保险公司被撤销或者被宣告破产时，向投保人、被保险人或者受益人提供救济；（2）在保险公司被撤销或者被宣告破产时，向依法接受其人寿保险合同的保险公司提供救济。"《保险保障基金管理办法》规定，非投资型财产保险按照保费收入的0.8%缴纳，投资型财产保险，有保证收益的，按照业务收入的0.08%缴纳，无保证收益的，按照业务收入的0.05%缴纳，保险保障基金余额达到公司总资产1%的可以暂停缴纳。但保险保障基金只能保障保单持有者的部分利益。同时，《保险保障基金管理办法》规定，保险公司依法撤销或者破产，其清算财产不足以偿付保单利益的，保单持有人的损失在人民币5万元以内的部分，保险保障基金全额救助；保单持有人为个人的，对其损失超过人民币5万元的部分，保险保障基金救助额度为超过部分金额的90%，保单持有人为机构的，对其损失超过人民币5万元的部分，保险保障基金救助额度为超过部分金额的80%。

（三）监管保险公司资产

保险公司资产是指保险公司拥有或能够控制的、能以货币计量的经济资源，包括各种财产、债权和其他权利，也包括固定资产、流动资产、长期投资、无形资产、递延资产和其他资产。保险资产是保险公司可运用的资金，是保险公司收入的主要来源。对于不同形式和性质的资产，监管方法各不相同。

四、保险偿付能力的监管

偿付能力，是指保险组织履行赔偿或给付责任的能力。保险公司应当具有与其业务规模相适应的最低偿付能力。偿付能力是保险公司经营管理的核心，也是国家对保险公司监督管理的首要目标和核心内容。为保证保险公司的偿付能力，各国都通过立法进行监督管理。如，规定最低资本金，保证金提存、责任准备金提取、最低偿付能力指标、保费收入与资本金比例、法定再保险业务安排等。

（一）偿付能力监管的必要性

保险偿付能力监管是保险监管的核心。偿付能力分为两种：一是保险公司的实际偿付能力，即会计年度末保险公司实际资产减去实际负债的差额，实际资产种类及其认可比率由中国保监会规定，实际资产价值为各项认可资产认可价值之和。二是最低偿付能力，是保监会根据保险公司业务规模规定的最低数额。保险公司的实际资产减去实际负债的差额不得低于保险监督管理部门规定的数额，这个最低数额，就是最低偿付能力。《保险法》第一百零一条规定：保险公司应当具有与其业务规模和风险程度相适应的最低偿付能力。偿付能力不足的，应当按照保监会的要求采取相应措施达到规定的数额。

保险公司的认可资产减去认可负债的差额必须大于保险法规规定的金额，否则保险公司即被认定为偿付能力不足。由于保险合同双方权利和义务在时间上的不对称性，例如保险人先收保险费后支付保险赔款或给付，而投保人是先交纳保险费，保险事故发生后再享受获得赔款或保险金的权利，所以，一旦保险人在经营过程中失去偿付能力，而大部分保险合同又尚未到期，被保险人将失去经济保障。因此，偿付能力监管作为保险监管的核心内容。

（二）偿付能力监管的手段

主要有保险公司资本充足率监管、对保险公司进行检查。

1. 资本充足率监管

保持适当的资本是保险公司偿付能力监管的核心之一。对资本的要求一般有两种：一种是规定保险公司的最低资本限额，又称静态资本管理，这是传统的资本管理方式；另一种是风险资本管理，又称动态资本管理，是一种新的资本管理模式。

（1）最低资本限额管理，也就是资本标准管理，是指规律规定的保险公司经营保险业务必须具有一定金额的资本金的资本管理方式。资本标准是保险公司偿付能力的基础。保险公司的资本金必须符合这一要求，而最低资本金金额一般按保险公司的组织形式、业务种类和经营区域来规定。《保险法》第一百三十八条规定，国务院保险监督管理机构应当建立健全保险公司偿付能力监管体系，对保险公司的偿付能力实施监控。

（2）风险资本管理。它是指按照保险公司经营管理中的实际风险，要求保险公司保持与其所承担的风险相一致的认可资产。风险资本管理最初由美国联邦保险监管机构为了克服最低资本限额的缺陷，保证保险公司的偿付能力，提出并运用于保险监管实践的。这种管理的优势在于充分考虑了保险公司的组织形式、业务种类及规模、资产与负债的风险程度等因素。

2. 对保险公司的检查

主要有两种方式：一种是非现场检查，主要是根据保险公司上报的各种报告、报表和文件，检查保险公司经营活动是否合法、合规；另一种是现场检查，主要是保险监管人员根据需要对保险公司进行实地现场检查，检查保险公司的各项财务指标是否符合有关法规的规定。这两种方式各有优势，相互配合。

我国《保险公司管理规定》第五十九条规定，中国保监会对保险机构的监督检查采取现场监管与非现场监管相结合的方式。依照我国《保险公司偿付能力管理规定》，保险公司的偿付能力充足率不低于百分之百，这里所指的偿付能力充足率是指保险公司实际资本与最低资本的比率。保监会对保险公司按照偿付能力充足率进行分类管理，将保险公司分为不足类公司，即偿付能力充足率低于100%的保险公司；充足Ⅰ类公司，即偿付能力充足率在100%～150%之间的保险公司；充足Ⅱ类公司，即偿付能力充足率高于150%的保险公司。《保险法》第一百三十九条规定，对偿付能力不足的保险公司，国务院保险监督管理机构应当将其列为重点监管对象，并可以根据具体情况采取下列措施：责令增加资本金、办理再保险；限制业务范围；限制向股东分红；限制固定资产购置或者经营费用规模；限制资金运用的形式、比例；限制增设分支机构；责令拍卖不良资产、转让保险业务；限制董事、监事、高级管理人员的薪酬水平；限制商业性广告；责令停止接受新业务。

3. 承保责任限额的规定

为了保证保险公司的偿付能力，有必要通过保险公司业务量的限制控制其责任限额，从而分散风险，稳定经营。这主要通过下列规定控制：

《保险法》第一百零二条规定：经营财产保险业务的保险公司当年自留保险费，不得超过其资本金加公积金总和的4倍。第一百零三条规定：保险公司对每一危险单位，即对一次保险事故可能造成的最大损失范围所承担的责任，不得超过其实有资本金加公积金总和的10%；超过的部分应当办理再保险。

五、保险中介的监管

保险中介人的监管是指对保险代理人、保险经纪人和保险公估人的监管。保险公司对客户出售的保险产品多数是由保险中介人员进行销售的，因此对保险中介人员的监管是保险消费者利益的一个重要环节。

（一）资格监管

保险中介人员开展业务一般要取得营业执照，也就是要通过考试，合格后向保险监管部门注册登记，并交存规定的保证金，方可经办保险业务。《保险法》第一百一十九条规定，保险代理机构，保险经纪人具备国务院保险监督管理机构规定的条件，取得保险监督管理机构颁发的经营保险代理业务的许可证、保险经纪业务许可证，凭许可证向工商行政管理机关办理登记，领取营业执照。

（二）业务监管

保险中介人员收取佣金的标准由保险监管部门核定。《保险法》第一百三十一条对保险中介人的行为做了明文规定，如不得欺骗保险人、投保人、被保险人或者受益人；不得挪用、截留、侵占保险费或者保险金；不得串通投保人、被保险人或者受益人，骗取保险金等。保险监督管理机构对保险中介人员的业务活动进行监督和检查，发现有严重过失或违法行为，则给予罚款、吊销许可证或支付惩罚性损害赔偿金的处罚。

（三）财务监管

《保险法》规定，保险代理机构、保险经纪人应当有自己的经营场所，设立专门账簿记载保险代理业务、经纪业务的收支情况。保险监管部门对账簿进行审查和监管。

专栏 14.4 吴定富：2011 年保险监管的工作重点

强化市场行为监管，加大市场规范力度

第一，把打击虚假经营行为作为规范市场秩序的重点。财产保险领域以车险和农业保险为重点，要在巩固已有监管成果的基础上，突出整治虚假批单退费、虚挂应收保费、虚列中介代理手续费、虚列营业费用和农业保险虚假承保、虚假赔案问题。第二，把加大查处力度作为规范市场秩序的重要手段。对查实的违法违规问题，以处罚责任人、停业、吊销许可证、追究上级领导责任为主，严厉处罚违规保险机构和违规人员。第三，把完善制度和强化执行作为规范市场秩序的治本之策。从源头上规范市场行为。

坚持防范化解风险不放松，促进保险市场稳定运行

监管机构要发挥防范风险的主导作用。一是要守住系统性风险底线。保险监管必须把防范风险工作放在突出位置，切实防范保险市场风险。二是要完善风险防范制度。继续强化以公司治理和内控为基础、以偿付能力监管为核心、以现场检查为重要手段、以资金运用监管为关键环节、以保险保障基金为屏障的“五道防线”。三是防范风险传递。避免风险由点到面、由局部向行业蔓延，由个别风险演变成行业系统性风险。四是完善市场退出机制。进一步发挥保险保障基金参与风险处置的重要作用。对于发生重大风险的公司，研究探索市场退出标准和程序。

加强偿付能力监管，强化保险公司的资本约束

不断提高偿付能力监管的科学性、有效性。一是完善资本约束制度。保监会将修订《保险公司次级定期债务管理办法》，严格次级债的发债条件和认可标准，纠正一些公司过度依赖次级债维持偿付能力和高费用支出的做法。二是强化偿付能力监管的约束力。三是改进偿付能力监管制度。在现行偿付能力监管制度框架下，继续完善偿付能力评估标准。四是继续推进分类监管。进一步完善分类监管指标体系，增加手续费率、综合费用率、管理费用率等费用指标的权重，把费用支出较高的保险公司作为重点监管对象和检查对象。

加强资金运用监管，维护保险资产安全

一是完善监管制度。继续整合保险投资管理政策，完善资金运用监管制度，细化监管规则，健全监管标准。二是加强对股权和不动产投资的重点监管。三是完善资产管理机制。制定发布《保险资产托管管理暂行办法》，推进托管进程，规范托管行为。四是加强风险控制。继续健全资金运用风险监控机制，推行大类资产配置比例监管。加大资金运用现场检查力度。

加强法人监管，强化法人机构的管控责任

一是加强公司治理监管。健全薪酬考核机制，保监会将探索建立保险公司稳健薪酬机制，将风险、合规等因素纳入考核指标体系。二是加大综合性检查力度。不断加强对法人机构的综合性检查。三是强化责任追究。四是加强保险公司信息化建设。鼓励和支持保险公司基于信息化的大集中管理，实现数据、财务和后援的集中管理。五是加强教育培训。

创新工作机制，切实保护保险消费者利益

完善工作制度机制，重点解决保险消费者最关心、最直接、最现实的利益问题。一是整合监管资源。保监会将探索设立专门的保险消费者权益保护部门。二是加强信息披露。维护保险消费者的知情权。三是建立健全投诉处理机制。重点查处一批群众反映强烈、严重损害消费者利益的案件。四是加强消费者教育。

资料来源：中国保监会网站。

本章小结

1. 狭义的保险监管是指政府通过法律和行政手段对保险企业、保险经营活动和保险市场进行监督和管理。

2. 保险监管内容包括保险组织的监管、保险业务的监管、保险财务的监管、保险偿付能力的监管、保险中介的监管。

重要概念

保险监管　保险准备金　偿付能力

思考与练习

1. 什么是保险监管？保险监管有什么意义？
2. 保险监管的主要内容有哪些？

参考文献

[1] 孙祁祥:《保险学》，北京大学出版社2009年版。

[2] 付菊、李玉菲:《财产保险》，中国人民大学出版社2011年版。

[3] 林秀清:《保险理论与实务》，北京理工大学出版社2010年版。

[4] 张洪涛、郑功成:《保险学》，中国人民大学出版社2008年版。

[5] 熊福生、姚壬元:《保险学》，经济管理出版社2010年版。

[6] 许谨良:《保险学原理》，上海财经大学出版社2010年版。

[7] 王绪谨:《保险学》，经济管理出版社2004年版。

[8] 孙蓉、兰虹:《保险学原理》，西南财经大学出版社2010年版。

[9] 魏华林、林宝清:《保险学》，高等教育出版社2006年版。

[10] 孟昭喜:《养老保险精算理论与实务》，中国劳动社会保障出版社2008年版。

[11] 王海艳:《保险学》，机械工业出版社2010年版。

[12] 王燕:《寿险精算学》，中国人民大学出版社2008年版。

[13] 孟生旺、刘乐平:《非寿险精算学》，中国人民大学出版社2010年版。

[14] 魏华林、林宝清:《保险学》，高等教育出版社2006年版。

[15] 白雪卿:《论产险公司保险营销整合体系的建立》，载《保险研究》2005年第11期。

[16] 汪明晓:《保险营销和资金运用的管理》，上海交通大学硕士论文，2010年。

[17] 梅雪松:《保险投资研究》，湖南大学博士论文，2007年。